내일의
한국인

내일의 한국인

정범모 저

학지사

머리말

내일은 어떤 사람들이 한국을 이어가야 할까? 그들에게는 어떤 자질이 필요할까? 이 물음에 관련되는 사항들을 여러 각도에서 성찰하면서 이리저리 전망해 보려는 것이 이 책의 주제다. 거창한 그러나 절실하고 간절한 희망을 펼쳐 보려는 것이다.

나는 일제 강점기에 조선반도에서 태어나고 자랐다. 그때와 지금의 한국은 그야말로 천양지차다. 그때는 20불도 안 되었을 것이고, 광복 후 1950년대까지도 80불이 안 되었을 개인당 국민소득이 지금은 당당히 2만 불이다. 정치적으로도 질곡의 일제 강점은 물러간 지 이미 오래고, 광복 후에 어쩌다 겪게 된 긴 독재의 세월도 끝났으며, 지금은 어엿하게 자유민주주의를 구가하고 있다. 그리고 이러한 천지개벽과 같은 자랑스러운 탈바꿈이 내 세대의 공이었다는 자부심과 거기에 내 전공 관심인 한국 교육이 제 몫의 공헌을 했다는 자위감도 없지 않다.

그러면서도 지금 한국의 현실 그리고 한국 교육의 현황現況에 불현듯 어떤 불만과 불안에 사로잡히는 것은 어찌할 수가 없다. 왜일까? 그것이 본래 인간이란 언제나 오늘보다 더 나은 내일을 바라는 존재이기 때문일까? 아니면 아직도 한국 사회와 한국 교육에 문제가 많다는 인식과 그 전향적 해결 없이는 급변하는 세계에서 뒤떨어질 것이라는 조바심 때문일까? 또는 여전히 긴장된 남북관계와 언제나, 강대국에 둘러싸여 있는 지정학적 사정 때문일까? 어떻든 간에 우리에겐 마음을 놓을 겨를이 없고, 언제나 남달리 계속 어제를 반성하고 오늘을 성찰하며 내일을 염원해야 하는 처지인 것만 같다.

한국의 오늘은 정치 · 경제 · 사회 · 문화 등 여러 시각에서 성찰하고, 그 성찰의 토대 위에서 내일의 염원을 투사해야 할 것이다. 이런 성찰과 투사에서 나의 주된 관심은 교육이다. 교육은 사람다운 사람을 길러내면서 나라다운 나라를 만들어 가는 일이다. 따라서 교육에 관한 성찰은 우선 나라다운 나라의 내일을 경영할 '사람다운 사람'이 어떤 사람이라야 하느냐에 관한 상념에서 시작해야 한다. 즉, 한국 교육이 길러야 할 인간상人間像의 문제다. 그 인간상이 담긴 교육이념을 상정한 연후에 교육목적, 교육과정, 교육방법 그리고 교육행정의 향방이 드러날 것이다. 그렇게 내일에 바라는 한국인상을 생각해 보려는 것이 이 책의 목적이다.

인간관人間觀의 문제에는 다학문적 접근이 필요하다. 철학, 심리학, 사회학, 문화인류학, 경제학, 정치학 심지어 신경생리학 등 다양한 사고가 집결해야 하는 곳이 인간관의 문제다. 인간이란 본래 다면적이고 다중적인 존재이기 때문이다. 한두 사람의 힘으로는 능히

다 섭렵할 수 없는 다학문적 문제다. 다만, 이 소고小考가 좁은 시야를 벗어나 넓은 다학문적 전망에서 인간관을 생각하는 필요를 부각시키는 한 실마리가 되었으면 하고 희망해 본다.

이 책의 내용은, 2010년 10월에 있었던 한국교육학회 주최 국제학술회의에서 'Reorienting Education for the Twenty-first Century-A Korean Perspective' 라는 제목의 주제 강연으로 서술한 요지를 보완 · 부연한 것임을 밝혀 둔다. 그리고 나는 지난날 몇몇의 책을 펴내면서 거기에 이런저런 여러 가지 생각을 담았는데, 이 책에도 자연스럽게 그런 생각들의 편린이 담겨 있다는 것도 미리 밝혀 둔다. 인간관이라는 주제에 비추어 그 몇몇 생각을 재음미 · 재정리한 셈이다.

한 나라 교육의 중추기관은 각급 학교다. 그런 의미에서 여기서의 논의는 우선 교육자에 대한 호소다. 그러나 한 나라에서 교육하는 힘은 교사 · 교육자에게만 있는 것이 아니다. 가정의 부모, 여러 대중매체, 그리고 각계각층의 지도자들은 스스로 그렇게 인식하건 하지 않건, 모두 강력한 교육의 힘을 가지고 있는 '교육세력' 이다. 그런 뜻에서 여기서의 논의는 사회 전반, 특히 부모, 언론인, 지도층에 드리는 간절한 호소이기도 하다. 이들 모든 교육세력이 이루어 내는 교육 여하, 그 잘하고 못하고에 따라 국가적으로도 국민 개개인에게도 크나큰 이득과 축복을 안겨 줄 수도 있고 반대로 크나큰 손실과 재앙을 초래할 수 있다는 엄중한 사실을 다시 상기해 보면 나의 염원과 호소는 더욱 절실하다.

내 나이에 이렇게 저술을 할 수 있는 것을 나는 큰 축복으로 안다. 같이 학문의 길을 걸어오면서 많은 생각을 나누어 온 옛 '제자' 들,

친지들의 덕이다. 특히 언제나 학구의 길을 격려해 주시고 지원해 주시는 일송학원 尹大原 이사장께 그리고 한림대학의 한림과학원 金容九 원장께 나는 깊은 감사를 드려야 한다. 또한 언제나 힘든 원고정리를 기꺼이 맡아 주신 한림과학원 金貞媛 주임과 한국행동과학연구소 朴民義 과장의 노고에도 고마움을 새긴다.

2011. 10.

鄭範謨 적음

| 차 례 |

03 생산인 85

내일의 한국인은 장인정신과 창의력을 지닌 유능한 생산인이기를 바란다.
내일의 세계는 범상하고 진부한 생산력으로는 이겨 내지 못하기 때문이다.

04 자율인 121

내일의 한국인은 책임 있는 자유를 행사하는 역량을 지닌 자율인이기를 바란다.
내일은 타율의 풍토로는 경영하기 힘들기 때문이다.

05 내재가치 155

내일의 한국인은 사물의 내재적인 보람에 젖어들 수 있는 사람이기를 바란다.
내일은 사물의 쓸모만 생각하는 수단주의적 풍토만으로는 번영할 수가 없기 때문이다.

내일의 한국인

서장

한국의 지난 반세기 50년을 '발전의 연대' 라고 부른다면, 앞으로의 반세기는 '성숙의 연대' 라고 부르고 싶다. 그것은 마치 좌충우돌하면서 우적우적 자라나는 청년기를 지나서, 좌우전후도 차분하게 살피는 성인기에 들어서는 시기에 비유할 수 있을 것이다. 정력적이지만 문제도 고뇌도 많았고 치기도 좀 남아 있었던 청년기를 넘어서 좀 더 어른스럽고 생산적인 성인으로 성숙해 가야 하는 연대다.

그런 성숙의 연대엔 어떤 사람들, 어떤 특성을 지닌 사람들이 한국을 이끌어 가야 할 것인가? 이것이 이 책 논의의 주제다. 성숙의 연대를 이끌어 갈 인간상, 인간관의 문제다.

교육의 경우, '사람을 어떤 방향으로 길러야 하느냐' 라는 문제는 곧 교육이념의 문제다. 하지만 그 전에 '나는 어떤 사람이 되어야 하느냐' 라는 문제, 자아정체성, 자긍심, 자성의 문제이기도 하다. 그리고 그 자아의식과 자긍심은 어떤 시대, 어떤 나라에 태어나서 살고 있느냐에 크게 좌우된다. 즉, 한국의 역사 속에서 태어나서 자라나고 살고 있다는 사실이 우리의 자아정체성을 크게 결정한다.

나는 내가 태어나고 자라난 한국의 역사적 배경, 말하자면 나의 역사적 모태母胎를 다음과 같이 상상과 사실을 혼합해서 내 나름으로 관조해 본다. 이 관조가 역사적 정설에 가까우냐 아니냐는 나에겐 일단 별개의 문제다.

까마득한 옛날 일단의 늠름한 모습의 기마민족이 중앙아시아 우랄알타이 산맥의 준령을 넘어 자작나무가 우거진 시베리아 벌판을 가로지르며 질풍처럼 달리기도 하고 머물기도 하면서 동으로 동으로 전진해 갔다. 사실 여부는 둘째치고, 그 늠름한 기사騎士의 모습이 내 상상 속의 우리 조상들이다. 그중 한 무리는 바이칼 호수 근처에 삶의 터전을 잡고, 다른 무리는 둘로 나누어, 하나는 계속 동진해서 베링해협을 넘어 미 대륙으로 건너갔다.

알타이 산맥을 말 타고 넘고 벌판을 질주하던 늠름한 모습은, 전에 가끔 본 서부영화의 아메리칸 인디언들의 용기와 질서와 예의가 있는 위풍당당한 모습이 이를 연상하게 한다. 아메리칸 인디언은 그 옛날 시베리아에서 갈라졌던 우리 형제다.

또 한 무리는 길을 동남쪽으로 꺾어 몽골을 거쳐 만주와 조선반도에 이르렀다. 그리고 그 광활한 강토에 당시로서는 상당히 강한 경제 · 정치 · 군사력과 화려한 문화의 고조선이라는 나라를 세웠다.

한국사를 통독할 때마다 느끼는 한 감회가 있다. 그 반만년 역사에서 '나는 어엿한 나라의 어엿한 국민이다'라는 민족적 자긍심이 제일 높았던 시대는 나에게 이러한 상상을 일게 하는 2,000년 전까지의 고조선이었고, 그 후로는 중국의 패권주의 때문에 좀 기복은 있었으나 그 자긍심은 계속 저락하다가, 드디어 1910년 일제 강점으로 거의 자조自嘲에 가깝게 쇠잔했다. 그러다가 마침내 1945년 광복에 이르러 민족적 자긍심을 되찾기 시작했고, 지금 21세기에 들어와서 그 자긍심이 크게 고조되고 있다는 느낌이다. 좀 더 부연하면 다음과 같은 감회다.

한국 역사에 한국 사람의 긍지와 자존심이 제일 높았던 때는 2,000년 전까지의 고조선古朝鮮이었다. 중국 고서古書에는 고조선의 의연한 미풍양속을 극찬한 글귀가 넘친다. 정치력 · 군사력 · 경제력 · 문화력도 상당한 수준이었다고 사가史家들은 말한다.

그 고조선이 집요한 한漢나라의 침공으로 멸망하고, 얼마 후 그 유민들이 다시 세운 장대한 기개의 고구려마저 끈질긴 항전에도 불구하고 당唐에 폐망廢亡하고부터, 한국은 신라, 고려, 조선의 긴 역사에 걸쳐, 줄곧 중국의 군사적 · 정치적 · 문화적 패권주의에 시달리며 민족적 자존심이 점차 잠식당해 왔다. 특히 19세기에 들어서서 순조 이후의 '삼정三政의 난' 등의 폐정弊政으로 인해 그 자긍심은 극도로 피폐해졌고, 급기야 일제 강점으로 민족 자긍심은 소멸 직전을 헤맸다. 물론 긴 역사에서, 고구려 고분의 벽화, 신라의 석굴암, 고려의 청자, 조선 세종의 치정과 이순신 장군의 승전 등 민족의 자긍심을 드높여 준 일들도 많았다. 그런 영예로운 일들이 그래도 한국의 혼을 지탱해 주었다.

1945년의 광복은 민족 자긍심 소생의 큰 계기가 되었다. 그래도 계속되는 빈곤과 남북의 전란은 민족 자긍심을 쉬이 소생시키지는 못하다가, 마침내 1960년 이후의 경제발전과 1990년 이후의 민주주의 발전에 정비례해서, 한국에서는 '나도 어엿한 나라의 어엿한 사람' 이라는 자긍심이 크게 소생하고 있는 중이다. 어쩌면 21세기에 들어선 지금 한국은 20세기의 성취를 바탕으로, 옛날 공자마저도 논어에서 "도덕이 엉망인 이 땅을 버리고 배 타고 군자의 나라 구이九夷에 가서 살고 싶다" 고 한 그 구이, 즉 고조선의 옛 영광을 되찾아 가고 있는 것인지도 모른다.

고조선 사람들은 "언제나 서로 겸손하고 서로 위하고 서로 허물함이 없고, 남의 위험을 보면 목숨 걸고 구조해 주며", "길에서 마주치면 모두 서로 길을 양보하고", "서로 양보하여 싸우는 일 없으며", "도둑이 없어 문을 잠그는 일이 없고", "성미가 본래 착하고 욕심이 적고 염치가 있으며", "기골이 장대하고 용감하지만 뺏거나 노략질하는 일 없고", "깨끗함을 즐기며", "군자국", "대인지시大人之市"를 이루고 있었다는 중국 고서의 극구 찬사에 걸맞은 영광의 자아의식을 되찾아 가는 중이라고 보고 싶다. 그리고 그런 자아의식과 더불어 한국은 계속 발전해 갈 수 있는 것으로 보고 싶다.

그러나 그렇게 낙관만 해도 될까? 국내외의 여러 사정과 정세는 이런 낭만적 낙관을 허용하지 않는다고 보는 것이 더 정확하지 않을까?

지난 반세기 한국은 정말 부지런히 숨 가쁘게 달려왔다. 그것은 한국의 발전發展의 연대 또는 성장의 시대라고 불러 마땅할 것이다. 반세기만에 가난에서 풍요로, 전제專制에서 민주로, 폐쇄적인 은둔의 나라에서 현대적인 국가로 변모한 거의 천지개벽과 같은 기간이었다. 2010년을 기점으로 구차하게 외국의 '원조를 받는 나라'에서 당당히 외국을 '원조하는 나라'로 탈바꿈한 것은 그 반세기 발전 연대의 구획을 상징하는 셈이다. 그래서 많은 후진국가들이 한국을 부러워하고 배우려 한다. 그리고 한국 교육은 그 발전의 연대에서 많은 어려움에도 불구하고 막중한 소임을 수행해 왔다.

이와 대조적으로 이제 21세기에 진입한 앞으로 반세기를 나는 한국의 성숙成熟의 연대라고 부르고 싶다. 그것은 마치 한 개인이 문제도 많고 말도 많은 급성장의 청년기를 끝내면서 조금은 더 어른스러워져야 하는 성인기에 들어서는 것과 같다. 그 성숙이 충분한 단계에 이르면 그것이 이른바 선진국인 셈이다. 그 성숙의 연대에 접어들면서 우리는 한국 국가경영의 향방 그리고 한국 교육의 향방이 어디여야 하는지를 새삼 성찰하지 않을 수 없다. 우리는 우선 그 향방은, 전후좌우를 볼 겨를 없이 숨 가쁘게 마구 달려온 발전 연대의 철학과는 어딘지 좀 달라야 한다는 것을 직감할 수 있다.

발전의 연대에는 부득불 그 시절에 필요했고 불가피했던 '발전철학'이었다. 예를 들어, 어떤 수단을 써서라도 우선 가난부터 빨리빨리 벗어나자는 심리는 돈이 제일이라는 경제주의, 모든 것을 수단으로 보는 수단주의, 빨리빨리를 강조하는 단기 속결주의를 낳았다. 이런 심리가 극단으로 치달으면 각종 역기능으로 이어질 것은 쉬이 짐작할 수 있다. 경제주의는 메마른 배금주의를 낳고, 수단주의는 인간마저 쓸모로만 보는 인간 경시로 이어지며, 단기 속결주의는 졸속의 재앙을 불러온다.

성숙의 연대에는 그것에 걸맞은 철학이 있어야 하며, 그 철학이 반영된 인간상이 상정想定되고 그 실현이 추구되어야 한다. 그 인간상이 곧 성숙 연대의 교육이념이다. 발전 연대에서 인간답지 못하게 살 수밖에 없다는 가장 큰 구실은 빈곤과 독재였다. 빈곤과 독재가 그런대로 물러간 지금엔 인간답게 산다는 것이 무엇을 뜻하고 또 뜻해야 하느냐를 새삼 심각하게 자문할 필요가 있다. 그런 자문에 따르는 대답 여하가 나도 어엿한 사람이다라는 격조 높은 자긍심으로 이어질 수 있고, 그것이 격조 높은 나라다운 나라를 일구고 경영할 수 있게 한다.

이 책 논의의 초점은 그런 긍지 있는 인간상을 탐색하려는 데 있다. 나는 그 인간상을 전인全人, 공인公人, 생산인, 자율인, 그리고 내재적 가치, 역사적 현재, 보편과 특수, 자연과의 조화라는 여덟 가지 개념으로 제안하려 한다. 우선 간단하게 정리하면,

① 지 · 정 · 의 · 체 등 전인적인 바탕을 갖추고,
② 국가 · 공공을 나의 일로 아는 공인의 자질에 투철하며,
③ 맡은 일에서 높은 생산 · 성취 · 창의를 이루고,
④ 지적 · 사회적 · 도덕적 생활에서 자발적이고 자율적이며,
⑤ 일의 수단적 가치보다 일 자체의 내재적 가치를 만끽하고,
⑥ 긴 과거와 먼 미래의 조건을 내포하는 '역사적 현재'에 충실하게 살며,
⑦ 지적 · 사회적 · 도덕적 생활에서 특수성에 바탕을 두면서 언제나 보편성을 찾아가며,
⑧ 자연과의 조화를 생각하는

사람들이 한국 내일의 주인공이기를 바란다. 첫머리의 전인은 이 모두를 집약하는 기본 개념이라고 보아도 좋다.

한 나라 여하는 결국 그 나라 사람들 여하가 만들어 낸다. 그리고 그 나라 사람들 여하는 그 나라 교육 여하가 길러 낸다. 그 교육은

현대 국가에서는 각급 학교가 그 중추기능을 담당한다. 그러나 학교의 교육력 못지않게 중요한 어쩌면 더 강력한 교육력을 가정의 부모, 각계각층의 지도자들, 그리고 각종 매스미디어의 언론인들이 행사한다.

따라서 나는 우선 학교교사 · 교육자에게 학교가 길러야 할 내일의 인간상에 관한 숙의 · 숙고의 시간이 있기를 바란다. 그러나 동시에 가정의 부모, 각계각층의 지도자들, 그리고 매스미디어의 언론인들에게도 한국의 내일이 요구하는 인간상에 관한 여기 논의와 같은 숙의 · 숙고가 있기를 간청한다.

물론 시대가 바뀐다고 그에 필요한 인간 이념 · 인간상도 싹 바뀌어야 하는 것은 아니다. 인간의 본성은 30만 년 전 호모사피엔스로 출발한 이후 크게 바뀌지는 않았다고 보아야 한다. 그러나 역사의 흐름에 따라 그 본성 위에 형성되는 여러 속성에는 때로 시대와 사회에 적응하고 생존하기 위해 의미 있는 차이가 있을 수밖에 없다.

앞에 열거한 여덟 가지 인간 이념은 우선은 내일의 생존과 번영을 염두에 둔 인간상이다. 그러나 시각을 좀 달리하면, 도리어 지난날 어쩌다 우리에게 부족했던 시대와 사회를 초월해서 바람직한 인간 본성에 회귀하려는 인간상이라고도 생각할 수 있다. 예컨대, 전인적 인간상, 공인적 자질은 다만 지난날 어쩌다 우리에게 부족했을 뿐이고, 그 자체는 예나 지금이나 인간의 본연이다. 그런 뜻에서 이 책의 논의는 어느 시대에서건 교육이 길러 내야 할 인간 본연의 탐구라고 보아도 무방하다.

내일의 한국인

01 전인

내일의 한국인은 기본적인 지 · 정 · 의 · 체를 고루 그리고 높게 갖춘 전인이기를 바란다. 내일은 좁고 단순한 지식 · 기술만으로는 지탱하기 어렵기 때문이다.

시대마다 사회마다 사람들은 어떤 사람이 사람다운 사람이냐는 이상적인 인간에 관한 생각을 펴낸다. 우리말에 '선비'라는 말이 있고, 중국에서는 군자君子를 높이고, 일본은 무사도武士道를 내세운다. 영국에서는 신사도를 소중히 여긴다. 그리고 온갖 교육의 기회를 통해서 그런 사람을 길러 내려 하고, 그런 사람이 되라고 훈계한다. 이상적인 인간은 여러 특성으로 좀 다양하게 규정해야겠지만, 이들 한마디 한마디가 각기 여러 가지를 함축하는 개념이다. 이상적인 인간상은 시대와 사회에 따라 다소 다를 수도 있다. 그러나 거기에서 공통분모를 찾을 수도 있다. 나는 그런 공통분모적인 이상적 인간상으로 전인全人이라는 함축적인 개념을 자주 표방한다.

선비 · 육예 · 신사도

우리말에 '선비'라는 낱말이 있다. 나에게 '선비'란, 칙칙한 공단이 아니라 산뜻한 모시 옥색 두루마기를 입은 청절淸節한 사람을 연상케 하는 단어다. 선비란 우선 배운 것이 많고 사려가 있는 사람, 재물에는 관심 없고 청렴한 사람, 성품은 온화하지만 부정 · 사악은 엄히 힐난하는 지사志士라는 어감이 나에게는 짙게 풍기는 단어다. 내가 어릴 때 가끔 뵙던 일가의 한 어른이 그렇게 우러러보이던 기억 때문인지도 모른다. 어디에선가 선비에 관한 다음과 같은 글을 읽은 적이 있다.

> 조선왕조 500년 이상을 이끌어 온 중심에는 언제나 '선비'라 일컫는 지성인 계층이 있었다. 그들은 시대를 꿰뚫어 보는 예지의 소유자였으며, 부정과 비리를 용납하지 않는 냉엄한 비판세력이었다. 나라가 위란에 처했을 때는 목숨을 초개처럼 내던지는 의병이었고, 어쩌다 벼슬길에 나가면 서슬이 퍼런 청백리였다. 그러나 그들의 진면목은 벼슬자리에 연연하지 않고 초야에 묻혀 산천을 즐기며 천지자연의 이치를 탐구하고 경세제민의 방안을 강구하는 모습에서 찾을 수 있다. 언제나 현실에서는 한걸음 물러서 있는 듯하지만 실제로는 나라의 부강, 백성의 평안, 개인의 인격도야를 위한 구체적인 방안을 강구하느라 가슴을 태웠다.

대단한 찬사다. 정말 이런 선비들이 많았다면 그리고 이런 '선비정신'이 나라에 널리 일반화된 정신이었다면 조선이 왜 망했을까 하는 반문反問이 나올 수도 있는 찬사다. 그러나 그런 반문은 접어두고, 혹 소수였다 하더라도 그 선비정신은 오늘날에도 깊이 반추해 보아야 할 정신일 것이다. 앞의 글은 내가 어릴 때 가졌던 '선비관'과 비슷하지만 좀 더 깊이가 있다.

한영우韓永愚 교수는 저서인 『한국선비지성사』에서,[1] '선비'는 순수 우리말이라고 전제하고 그 연원을 단군신화에까지 소급해서 찾을 수 있다고 보았다. 중국 고서는 선비를 선인先人 또는 선인仙人으로 표기했으며, 그들이 곧 서장에서 언급한 "서로 겸손하고 위하고 허물이 없으며, 남의 위험을 보면 목숨 걸고 구조하는 군자국"에 사는 사람이라고 했다. 좀 내려와서 삼국시대에는 고구려에 조의선인皁衣先人, 조의는 검은 옷, 신라에는 화랑花郎들이 문文·무武·예藝를 겸비한 선비 집단을 이루었다. 한영우 교수는 딱히 기록이나 명칭은 없지만, 백제의 유민이 세운 일본에 무사도武士道가 있는 것으로 보아, 백제에도 문무를 겸비한 선비의 집단이 있었을 것이라고 추측한다.

특히 신라의 최치원崔致遠이 "나라에 현묘玄妙한 도道가 있으니 곧 풍류風流"라고 말한 것은 유명하다. 그리고 풍류는 유교·불교·도교의 삼교三敎를 어우른 것이라고 했다. 그 풍류가 화랑도의 기조였을 것이다. 그리고 우리가 익히 들어온 대로 화랑은 전국의 수려한 산천을 편력하면서 자연의 풍월을 즐기고 시문을 읊으며 충절忠節의 기개와 무예를 연마했다.

나는 이런 우리 옛 선비의 자태에서 무엇보다도 지知·정情·의意·체體를 고루 갖춘 전인全人의 모습을 본다. 문文과 학식에만 능한 것이 아니라, 사려와 지조가 있고, 자연과 풍월을 즐기며, 충절을 간직하고 무武를 닦는 전인적인 모습을 본다.

혹 앞에 인용한 "조선왕조 500년의 선비……"의 찬양에도 불구하고, 나라의 지도층을 '글공부' 능력으로만 발탁한 과거科擧제도 때문에 참된 선비정신을 잃고 문약文弱에 흘러 지·정·의·체의 전인적인 인간상이 흐려진 것이 조선 망국의 큰 원인 중 하나가 아닐까? 그런 추리의 연장선상에서, 우리가 지금 한국의 가정과 학교에서 기르는 인간상, 한국 사회가 높이 평가하는 인간상, 그리고 실제로 출세해서 지도층이 된 사람들의 인간상이 옛 전인적인 선비의 인간상과는 너무 동떨어져 있다는 사실을 어떻게 생각해야 할까?

공자가 지극히 그리워했던 주周나라를 포함하는 수천 년 전의 고대 중국에서도 군자君子는 육예六藝를 갖추는 것을 이상으로 여겼다. 육예란, 예禮 · 악樂 · 사射 · 어御 · 서書 · 수數, 즉 예의 · 음악 · 활쏘기 · 말 타기 · 글월 · 산수의 능력을 말한다. 이 또한 지 · 정 · 의 · 체에 걸친 전인적 인간상을 드러낸 것이다. '예'는 물론 예의범절이고, '악'은 음악 · 서화 등 예술을 포함한다. 공자도 음악을 많이 즐겼다. '사'와 '어'는 무력 · 무술이고 넓게는 체력과 체능을 의미한다. '서'는 글월의 능력이고 '수'는 수학 그리고 수학이 기본인 과학도 포함한다고 확대 해석해도 될 것이다.

그러나 2,000년에 한漢나라가 중국 전국을 통일하면서 지방제후의 반란을 미연에 방지하기 위한 정치적 목적으로 제후를 거세하고, 그 자리에 과거제도로 발탁한 고급 관리를 파견하면서부터 '육예'의 전인상도 쇠퇴하기 시작했다. 과거제도는, 권력자에 이롭게 주로 충효忠孝를 강조하는 유교교리의 통달도를 필답으로 평가하는 고시였다. 그때부터 육예 중에 '서'만 남고, 다른 인간 덕목은 그 자취를 잃었다. '예'는 유교교리에서 강조되어 있지만, 예의 실천 여부는 필답으로서는 평가할 수 없다.

한漢 이전의 중국 고대 문명은 찬란했다. 세계 문화사에서 처음으로 나침반 · 화약 · 바퀴, 그리고 종이와 문자와 활판 인쇄술을 발명했으며, 천문 · 지리 · 농업의 지식도 크게 발달해 있었다. 사상적으로도 공자 · 맹자 · 노자 · 장자만이 아니라 묵자 · 순자 · 상앙 · 한비자 · 양주 · 신도 · 전변 등등, 서양 고대 그리스의 소크라테스를 필두로 하는 많은 사상가에 못지않은 이른바 '제자백가諸子百家'들이 풍부하고 쟁쟁한 사상논쟁을 폈다.

그랬던 중국이 2,000년 전 한漢대 이후로, 스스로는 '중화'라고 자기도취하고 있었으나, 세계 문화사에는 사상이나 과학에서 새로 기여하는 바 거의 없는 별 볼일 없는 나라로 퇴락했으며, 나폴레옹도 중국을 가리켜 '잠자는 사자'라고 했다. 마침내 19세기에 이르러 아편전쟁이라는 수모까지 당하면서 20세기 중반까지 100년 '치욕의 역사'를 겪었다. 이 모두가 과거제도로 인한 육예의 쇠퇴, 전인적 인간 이념의 쇠락에 기인하는 것으로 볼 수 있는 것이 아닌가? 과거제도에 의해 뽑힌 엘리트 중에는 고시로는 학덕學德이 있어 보이지만, 실은 '학'은 좀 갖추었을지 몰라도 '덕'은 엉망이어서 부정 · 비리 · 비정을 쉬 일삼을 수 있는 자들이 혹 많이 끼어 있었던 것은 아닌가?

그런 과거제도를 똑같은 목적으로 고려의 광종光宗이 그대로 수입한 것이 후대에 이르러 결국은 조선의 망국에까지 이어진 것이 아닌가? 지금도 경제발전 수준에 걸맞지 않게 지도층의 부정부패가 잦고 국회는 협의보다는 패싸움의 장이 되어 있는 것도 그런 전인결핍의 긴 역사의 잔영殘影이 아닐까? 그리고 과거의 과거제도를 방불케 하는 필답고사 위주의 대학입시, 사법고시, 행정고시, 공무원 채용고시는 또 어떻게 해석해야 할까? 그런 종이 몇 장의 필답고시로 지혜와 정서와 도의를 고루 갖춘 지도층다운 지도자적 인재를 선발할 수 있는가?

고대 그리스 문화는 우선 기라성 같은 철학사상가들이 우리에게 깊은 인상을 준다. 그러나 철학 외에도 풍부한 상상력의 방대한 신화들, 현대 감각에도 호소력이 있는 수많은 아름다운 조각들, 조화미를 짙게 풍기는 건축들, 지금도 회자되는 희곡들 등으로도 감동을 준다. 그 그리스 문화에도 전인적 인간상의 강조가 그 밑바탕에 있었다. 특히 그리스에서 제우스 신을 기리기 위해서 발상發想한 각종 육상경기의 올림픽은 중요한 거국적 행사였고, 승자는 그의 조각까지 세워 주며 크게 칭송했다. 참고로 그리스의 옛 초기 올림픽에서는 선수는 전라全裸 누드로 경기했으며, 부녀자는 경기장에 관객으로 입장이 허가되지 않았다고 한다. 그리스의 옛날 조각에 남자 누드가 많았던 것도 그 때문이다.[2)]

올림픽에는 오늘날에도 회자되는 "건강한 정신은 건강한 신체에 깃든다"는 격언의 모토가 있었다. 이 격언은, 좀 뒤에 재론하겠지만, 최근의 신경생리학도 뒷받침한다. "양반은 몸가짐이 진중해야 하며 촐싹촐싹 뛰어다니는 게 아니다"라고 했던 옛날 양반들의 퇴영적인 '운동기피증'과 대조된다.

영국의 신사도gentlemanship는 스포츠 정신sportsmanship과 관계가 밀접하다. 운동경기, 스포츠를 통해서 법 · 규칙을 지키고, 부정不正을 하지 않고, 공정하며, 인고 · 극기와 단체 · 협동정신을 기르고, 도전과 응전, 무엇보다도 정정당당함을 기르는 등 수많은 덕목을 함양하기 때문이다. 그래서 영국의 명문 고등학교에서는 축구 · 럭비 · 권투 등 스포츠가 모두에게 필수과목이고 그 행사도 많다. 이는 스포츠를 통해 신사도를 기르려는 것이다. 그리고 그렇게 길러지는 체력 · 체능이 다른 여러 지적 · 사회적 활동에 활력을 주기도 하지만, 국방의 무력에도 관계가 깊음은 물론이다. 스포츠가 거의 몇몇 운동선수만의 것이고, 대부분의 고등학교 학생들은 '입시 준비' 로 운동과는 거의 절연 상태에 있는 것과 다시 대조가 된다.

일본의 옛 무사도武士道의 '사무라이' 도 그냥 칼싸움만 잘하는 칼잡이가 아니었다. 제대로의 사무라이는 긴 세월 인고단련의 검술 수련을 하는 것은 물론, 동시에 한문에 익숙하고 한시도 지을 줄 알아야 했다. 자연 · 사물의 변화를 관조하며 그 무상함의 감상에도 젖으면서 일본 전래의 단가인 '와카' 나 '하이쿠' 도 읊을 줄 알아야 했다. 삶의 무상과 사생을 초탈하는 어떤 고승高僧의 달관 같은 경지도 찾아가면서 자주 사찰에서 좌선坐禪과 명상에 잠기기도 했다. 한영우 교수가 옛 고구려와 백제의 선비에 그 연원이 있을 것이라고 추측한 일본의 무사도도 전인적인 지 · 정 · 의 · 체의 문무를 겸비한 인물이었다.

이상에서 논의한 바에 단서를 하나 달아야겠다. 앞의 선비 · 신사 · 무사 등은 당시의 지도층을 일컫는 어감이 짙다. 그러나 그들이 지향했던 전인적인 인간상은 지도층만의 이상은 아니었다. 어느 계층이었든지 전인적 인간상은 사람들이 서로가 서로에게 기대하는 인간상이었고, 다만 그것을 지도층에게는 더 높은 차원의 전인적 인간상을 기대했을 뿐이라고 보아야 할 것이다. 필경 전인적 인간상은 사람들이 서로에게 기대하는 가장 원초적이고 자연스러운 인간관이기 때문이다.

전인적 생리구조

인간의 머리, 뇌腦는 대단히 크다. 몸집에 비해서 뭇 동물 중에 가장 크다. 그 뇌가 인간의 모든 생리와 심리, 몸과 마음의 움직임을 관장하고 명령하고 집행하는 사령부다. 인간의 뇌는 대뇌 · 중뇌 · 소뇌로 구성되어 있다. 대략적으로 말해서, 뇌의 아랫부분에 있는 소뇌는 주로 몸의 생리작용과 운동을 관장하고, 뇌의 가운데를 차지하고 있는 중뇌는 주로 감정작용을 관장한다. 그리고 그 주위를 두툼한 모자처럼 감싸고 있는 대뇌또는 대뇌피질는 주로 인지 · 사고작용을 담당한다. 그러나 좀 후에 재론하겠지만, 이 세 부분은 밀접히 상호 연계하며 작용한다. 하나가 잘못되면 다른 부위까지 전체 작용에 지장이 생긴다.

진화론적으로, 동물에게 처음 발달하는 것이 생리적 생존 · 보존을 위한 소뇌다. 소뇌는 뱀에게도 있다. 그래서 소뇌를 '파충류 뇌'라고도 부른다. 중뇌는 개나 호랑이 등에서 나타나는 '포유류 뇌'다. 좀 더 진화한 중뇌는 새끼를 젖 먹여 기르려면 새끼에 대한 정情이 있어야 하기 때문에 발달한 셈이다. 뱀은 중뇌가 없거나 왜소해서 '정'을 모른다. 자기 알에서 깨어난 새끼도 눈에 띄면 잡아먹는다. '뱀처럼 냉정하다'는 말은 맞는 말이다. 냉정이 아니라 도리어 정이 없는 무정인 셈이다. 더 진화한 대뇌 내지 대뇌피질은 원숭이, 특히 사람의 '영장류 뇌'에서 크게 발달한다. 대뇌피질은 복잡하고 추상적인 인지 · 사고작용을 관장한다. 대뇌는 인간에게서 각별히 크다.

인간의 전인성은 이러한 인간의 뇌의 구조와 작용에 필연적으로 그 바탕을 둔다. 곧 전인의 지·정·의·체에서 '지'는 대뇌에, '정'과 '의'는 중뇌에, '체'는 소뇌에 직결되어 있기 때문이고, 셋은 오묘한 상호 연계 속에서 작용하기 때문이다.

인간의 정신작용은 지·정·의·체가 연계된 한 전체로써 작용한다. 신경생리학자 다마지오Damasio는 책 이름도 도전적인 『데카르트의 오류』라는 저서에서, 여러 임상 사례를 토대로 '체표지이론體標識理論, somato-marker hypothesis'을 주장했다.[3)] 요는 신체와 마음을 별개의 것으로 갈라놓은 데카르트의 생각은 잘못이며, 사람의 몸과 감정과 사고는 서로 연쇄적으로 작용한다는 것이다.

예컨대, 어쩌다 산에서 큰 곰을 만나면, 우선 중뇌 속의 '편도체'가 내분비선을 자극하고 맥박을 뛰게 하면서, 동시에 공포의 감정이 일고, 곧 이어 순간적으로 숨거나 도망갈 궁리를 하게 한다. 생리와 감정과 사고가 연쇄적으로 거의 동시에 작용한다. 또는 어떤 문제를 해결하려고 추리하고 결정하는 과정에서, 어떤 생각이 의식에 떠오르려 하다가도 그 생각이 지난날의 어떤 경험 때문에 불쾌한 감정과 생리적 반응을 유발하는 것이라면 그 생각이 아예 의식에 떠오르지 못하게 미리 무의식 속으로 억압해 버린다. 감정이 먼저 의식에 떠오를 생각을 걸러 내는 '체'의 역할을 하는 셈이다. 프로이트가 말하는 무의식적 억압repression과 같은 기제다. 따라서 통상적인 견해인 '감정에 흔들리지 않는 냉정한 이성적 사고'란 있을 수 없다는 말이다.

비슷한 맥락에서 여러 재미있는 사례와 실험 예를 인용하면서, 레러Lehrer는, 위급 상태에서의 순간적인 결정과 일상생활에서의 대부분의 결정은 추리나 숙의 없이 과거의 경험에 기억되어 있는 감정이 결정하고, 복잡한 그러나 여유가 있는 문제에서만 이성적 추리가 겹쳐 작용한다고 그의 저서 『우리는 어떻게 결정짓는가』에서 주장하고 있다.[4] 따라서 세련된 정서는 세련된 결정을 짓고, 반대로 고약한 정서는 고약한 결정을 지으며, 극단의 경우 아무 감정이 없으면 아무 결정도 못 내리고 '어쩔 줄 모르는' '결정 무능증'에 이를 수도 있다.

신체운동과 지적 작용에 관해서, 메디나Medina는 사람의 뇌는 본래 사람이 부지런히 '움직이며' 살아가야 하는 삶의 처지에서 발달하고 진화한 것이라고 전제하면서, 그의 저서 『뇌의 규칙』에서[5] 첫 장의 제목을 '운동은 뇌의 힘을 북돋는다'는 규칙으로 시작한다. 움직이지 않으면 몸도 마음도 빨리 늙고, 특히 학습 · 추리 등 지적 작용은 둔화된다는 것이다. 뇌의 무게는 전체 체중의 2% 밖에 안 되지만, 흡입하는 산소의 20%를 그 작용에 쓴다. 사람은 안 먹어도 30일은 살 수 있고, 물을 안 마셔도 한 일주일은 살 수 있으나, 뇌는 산소 없이는 5분도 견디지 못한다. 신체운동은 그 산소를 더 많이 흡입하고 뇌에 충분히 공급하는 역할을 하면서 뇌에 활력을 더해 준다. 한 실험연구에서, 하루 30분씩 일주일에 세 번, 12주 동안 조깅을 한 아이들은 인지활동의 점수가 크게 향상되었고, 그 운동을 그만두었더니 점수가 다시 이전으로 되돌아갔다.

얼마 전 『Newsweek』지에 실린 "좋은 머리를 기를 수 있느냐?"라는 특집기사도 많은 것을 시사한다.[6] 많은 사람이 머리가 좋아지기를 바라면서 거기에 도움이 된다는 여러 음식 · 약물 · 요령을 찾지만 그 임상적 효과는 다 의심스럽고, 다만 세 가지가 임상적 근거가 있다고 제안한다. 이 세 가지는 운동과 명상, 그리고 비디오 게임이다. 한 연구는 적정량의 신체운동은 기억력과 지적 집행 능력을 20% 향상시킨다고 밝혔다. "운동은 경험과 지식을 기억해 두는 중뇌 속 해마체海馬體 부분에 새 뉴런신경세포들을 만들도록 촉진하고" "뉴런을 기르는 물질, 뇌 속에서 신호를 전달하는 인자, 그리고 뇌 전두엽 피질 등의 생산을 자극하며", 또한 "운동은 신경의 기능적 회로를 형성해 가면서…… 지능의 바탕을 이루는 새 신경연접synapse의 생산을 자극한다." 인간의 뇌는 경험으로써 그 구조와 기능이 바뀔 수 있는 고도의 '신경가소성neuroplasticity' 을 가지고 있다. 즉, 적절한 신체운동은 뇌의 구조를 재구성하고 그 지적인 기능도 향상케 한다는 것이다. 사람의 '지'와 '정의'와 '몸'은 같이 작용한다.

명상meditation은 근자 신경학자 · 심리학자 사이에서 많은 관심을 받고 있다. 불가의 좌선과 같은 명상은 주의 집중을 조절하면서, "외부 세계에서 들어오는 감각적 신호를 선별적으로 받아들여 처리하는 대뇌 부위를 더 두툼해지게 한다." 주의 집중의 부위가 커지면 지능도 높아진다는 말이다. 비디오 게임은 노인들에게 실험해 본 결과 정신적 민첩성을 향상시키는 효과가 있었다고 하지만, 널리 확인된 바는 아니다. 달리 할 일이 많은 성장기에 있는 아이들에게는 많이들 걱정하듯이 비디오 게임은 중독성의 문제도 있다.

심리학에서는 인간이 건전하게 자라나고 살아가는 데에 반드시 충족되어야 하는 기본적 필요needs 내지 욕구에 관한 이론이 여러 가지 있다. 나는 그런 인간의 기본적 욕구를 네 가지로 요약해 본다. 즉, 생리적 · 정서적 · 사회적 · 자아실현적 욕구다. 이 네 가지는 뇌 구조를 그대로 반영한다. ① 생리적 욕구에는 식 · 음 · 공기의 필요와 적당한 활동 · 휴식 · 성의 필요 등이 포함되고, 이들은 주로 소뇌의 소관이다. ② 정서적 욕구에는 정적 유대의 필요와 불안 · 공포 · 죄악감으로부터의 자유 등의 필요가 포함되고, ③ 사회적 욕구에는 각종 집단에의 소속감 · 집단에 의한 수락감 · 집단에의 공헌감 등의 필요가 포함되며, 이 둘은 주로 중뇌의 소관인 셈이다. ④ 자아실현의 욕구는 독특하게 인간적인 욕구로서 주로 대뇌피질의 소관이고, 성취 · 조화 · 자유 · 자아의 필요, 진 · 선 · 미 추구의 필요 등이 포함된다.

인간의 욕구 구조를 어떻게 개념화하든 간에, 현대 심리학의 중요한 발견의 하나는 이들 욕구 중 어느 하나라도 극심하게 좌절당하면 그것이 곧 성격적 파탄으로 이어진다는 사실이다. 식 · 음의 욕구가 심하게 좌절되면 생명이 위태로워지는 것은 더 말할 나위 없다. 매한가지로 정서적 애정이나 안정의 필요 또는 사회적 소속감의 욕구가 심하게 장애를 받으면, 가벼운 불안증 · 신경증에서부터 포악한 정신병적 성격이나 자살에까지 이어질 수 있다. 잔인한 연쇄살인이나 자주 듣는 중 · 고등학생의 자살 소식은 그 안타까운 예다.

인간의 이런 다중적인 욕구는 적절한 수준으로는 모두 균형 있게 전인적으로 충족되어야 하며, 가정 · 학교 · 직장 기타 사회 전반에서도 이를 위한 전인적 배려가 있어야 한다.

인간적 기대

인간의 전인성은, 앞에서처럼 그 모습을 굳이 동서양의 이상적 인간관이나 최근 신경생리학 또는 심리학의 주장에서 찾지 않아도, 우리의 일상에서도 쉬 되돌아볼 수 있다.

부모치고 자기 아이가 지적으로는 뛰어나지만 인정머리 없고 몸은 허약한 아이를 바라는 부모는 없다. 지적 · 정서적 · 도덕적으로도 어느 정도는 고루 갖춘 아이를 바랄 것이다. 그것이 결국 그 아이의 행복도 약속하고, 이 사회의 안녕에도 기여할 것이라 믿기 때문이다.

우리는 남을 평가할 때에 자연스럽게 전인적 인간상의 잣대를 적용한다. 머리는 좋은데 성미는 고약하고 도덕적으로는 비열한 사람을 훌륭한 인간이라고 여기지는 않는다. 입사 지망자를 사정하는 사장이 지망자가 그런 '덜된' 사람인 줄 알면서 그를 채용할 리가 없다.

또한 우리는 자기 자신을 되돌아보고 자체 평가할 경우에도 자신이 공부를 잘하는 사람일 뿐만 아니라, 스포츠 한두 종목쯤은 프로급은 아니라도 남과 어울릴 수 있을 정도로는 능란하기를 바란다. 굳이 노래 잘 부르는 것을 자랑으로 여길 필요는 없지만, 스스로 음치인 것을 자랑으로 여길 사람은 없다. 어느 한 길에 특출하기도 바라지만, 어느 정도는 남과 과히 뒤떨어지지 않게 넉넉한 인간적인 바탕을 스스로 지니고 있기를 원한다. 아니면 어딘지 덜된 '인간적인 결손' 을 느끼게 마련이다.

우리는 서로 남들이 자신을 인간 대접을 해 주기를 바란다. 인간을 인간 대접한다는 것은 여러 가지 행위를 포함한다. 배고픔을 채워 주는 것도 인간 대접이고, 억누르지 않고 하고픈 대로 하게 해 주는 것도 인간 대접이다. "남에게 대접받고자 하는 대로 남을 대접하라"는 황금률도 인간 대접이다. 그중에 빼놓을 수 없는 인간 대접의 차원이 남을 전인적 존재로 대접하는 일이다. 가령, 회사 사장이 직원을 일하고 그 대가로 봉급만 주면 그만인 경제적 동물로만 여기고 대한다면, 그 사장은 직원을 인간 대접하지 않는 비인간적인 인간이다. 왜냐하면 돈이 중요하기는 하지만, 인간은 돈만 바라보는 존재가 아니라 돈 이외에 휴식 · 오락도 즐겨야 하고, 인정 · 칭찬도 바라며, 가족 걱정도 해야 하고 그 나름의 인생 목적도 추구할 수 있기를 바라는 존재이기 때문이다.

매한가지로 어떤 교장이 학생을 가르치는 대로 공부만 잘해야 하는 존재로 여기며, 성적만 올리면 학교 임무는 다하는 것으로 생각한다면, 그 교장도 학생을 인간 대접하지 않는 비인간적 · 비교육적인 교장이다. 학생들은 학교생활에서 우선 공부를 잘할 수 있기를 바라지만, 동시에 친구도 맺고 친구와 같이 놀고 즐기기도 하고 정과正課 공부 외에 신나는 스포츠나 예능활동에 몰입할 수 있는 기회도 갈망한다. 이런 전인적 성장의 기회를 마련해 주지 않으면 그 또한 비인간적인 처사다.

우리말에 '멋'이라는 말이 있다. 멋은 아주 한국적인 개념이라서 다른 나라 말로 옮기기 어려운 개념이다. 또 멋이 어떤 것이고, 무엇이 멋있는 것이냐에 관한 여러 사람의 논의가 있지만, 멋이란 명확히 정의하기는 어려운 개념이다. 나는 멋은 전인적 인간상과 관계가 깊다고 생각한다. 전인성은 멋의 한 필수조건이다. 가령, 노벨상 후보도 될 수 있는 훌륭한 물리학자가 있다고 하자. 우리는 그를 탁월한 학자라고 높이 평가는 할지언정, 그것만으로 그를 '멋있는 사람'이라고 하지는 않을 것이다. 그 학자가 동시에 피아노도 수준급으로 연주할 줄 알고 시도 짓고 검도도 하고 스키도 즐기는 사람이라면 우리는 그를 멋있는 사람이라고 칭송할 것이다. 어느 한 가지의 뛰어남에서 멋이 풍기는 것이 아니라, 다양의 조화, 즉 전인의 모습에서 멋이 풍긴다.

옛날에는 학문만 아니라 시서화詩書畫가 어울린 선비를 멋있다고 여겼다. 추사秋史는 〈세한도〉 때문에도 더 멋있는 인물이다. 옛 선비는 소명이 있으면 조정에 봉사하되, 뜻에 맞지 않으면 관직을 미련 없이 버리고 표연히 초야에 돌아와서 풍류를 즐길 줄 아는 인간의 폭幅에 멋이 있었다. 더구나 문인으로서만 아니라, 전장에서 승리를 거듭하는 명장으로서 문무文武를 겸비한 선비는 지극히 멋있는 인물의 표상이었을 것이다. 그래서도 나는 이순신 장군을 흠모한다. 멋은 다양多樣의 겸비, 지·정·의·체 또는 진·선·미의 겸비와 그 조화에서 풍겨 나온다. 즉, '전인'에서 풍겨 나온다.

인력의 개념

알루미늄으로 창틀을 만들어 팔면 1톤당 1만 달러를 받는다면, 같은 1톤으로 비행기를 만들어 팔면 1톤당 100만 달러는 받는다. 제품에 투입되는 기술·과학·지력知力의 차이가 낳은 격차다.

같은 운동화라도 우리는 유명 브랜드의 운동화를 선호한다. 유명 브랜드를 뽐내려는 치기도 없지 않겠지만, 역시 유명 브랜드 운동화는 '믿음직'하다. 상품의 품질을 속이지 않는다는 '신용'이 있다고 믿기 때문에 그것을 산다. 신용은 정직성을 의미하는데, 정직성은 도덕성道德性의 문제다.

여인들의 견직 스카프를 서울의 백화점에서는 5만 원, 10만 원, 약 50~100달러면 꽤 좋은 것을 살 수 있다. 그런데 같은 견직으로 된 스카프인데 파리의 패션 상점에서는 500달러, 1,000달러로 팔린다. 사치병에 걸린 사람들이 사는 것이라고 웃어 버릴 수도 있겠으나, 그래도 역시 디자인이 훨씬 산뜻하고 아름답다. 심미적審美的 감각에 차이가 있기 때문이다.

이렇게 따지고 보면, 결국 지력과 도덕력과 심미력이 상품의 경제적 부가가치를 창출하는 셈이다. 말을 바꾸면, 진·선·미를 고루 넓게 그리고 높게 '전체론적holistic'으로 추구하는 사회문화가 경제발전의 원동력이라는 말이 된다. 그리고 그 힘은 경제발전에만 머물지 않는다. 전인적인 사람들 그리고 전체론적인 사회문화는 한 나라의 정치·경제·문화·도덕 등 국가 활동 전반에 활력을 불어

넣는다.

인력人力이라는 개념이 있다. 경제를 위시한 여러 국가 활동은 결국 사람의 '힘'으로 이루어지기 때문에 생긴 개념이다. '인적 자원'도 비슷한 개념이다. 인력 또는 인적 자원은 1960년대 경제발전 초기에 특히 많이 거론되었던 해묵은 개념이다. 더구나 부존 자연자원이 빈약한 한국에서 인력은 퍽 매력적인 개념이다. 얼마 전까지도 교육부를 '교육인적자원부'라는 거북한 이름으로 바꾼 적이 있으나, 인력이나 인적 자원의 개념에는 다시 생각해 봐야 할 문제점이 많다.

경제발전 초기에는 단순지식 · 단순기술로도 또는 무지식 · 무기술로도 '악'만 쓰면 조금은 돈벌이를 할 수 있다. 한국에서도 한때 가발 제조용으로 여자들의 머리털을 깎아 수출한 적이 있다. 그런 '산업'에서는 별 지식도 기술도 필요 없었고, 단순한 수공업 · 경공업에도 복잡한 지식 · 기술은 필요 없었다. 따라서 초기 단계에서의 인력개발은 단순지식 · 기술의 개발이 주 목적이었다. 그러나 경제가 점점 고도로 발달해 가고 외국과의 경쟁도 더 심해짐에 따라 단순지식 · 기술로는 안 되고, 인력개발도 실업고등학교 위에 대학, 나아가 대학원 수준의 지식 · 기술교육으로 연장되어야 했다. 더 고도의 지적 능력이 필요하기 때문이다.

고도의 경제활동은 고도의 지적 능력만 아니라, 앞에서 예를 들었듯이 고도의 심미적 감각과 세련된 정서를 요구한다. 두 가지 물품이 다 같이 쓸모가 충분하고 값이 같아도 사람들은 더 예쁘고 멋있는 상품을 산다. 같이 잘 진료해 주는 병원이라도 의사와 간호사가 친절하고 자상한 병원을 찾는다. 가식이 아닌 진정한 친절은 남의 사정을 내 사정처럼 느끼는 '정서적 지능'의 하나인 감정이입의 능력에서 우러나온다. 고도의 경제발전은 고도로 그렇게 세련된 심미감 · 정서를 요구한다.

또한 경제활동은 본래 '신용'을 전제로 한다. 서로의 상품과 행위를 믿지 않으면 모든 상거래는 성립이 되지 않는다. 서로 믿지 않으면 그 교환행위는 믿을 수 없는 적敵과 포로를 교환하는 서부영화의 장면처럼 살벌한 의심과 경계 속에서 진행될 수밖에 없다. 지폐도 신용이고, 신용장도 신용이고, 은행 · 수표 · 카드도 신용이다. 신용은 거짓말하지 않고 속이지도 않는다는 초보적인 도덕규범에서 비롯한다. 경제활동이 고도로 복잡해지고 상호 관련이 넓어지고 깊어질수록 그 사회에는 더 고도의, 그리고 더 광범한 신용, 따라서 더 고도의 도덕관념이 요구된다. 아니면 고도성장에는 제동이 걸리게 마련이다. 자동차나 비행기같이 수만 개의 부품은 수만의 신용을 전제로 하는 것이고, 그중 하나라도 신용을 지키지 않으면 큰 사고로 이어지게 마련이다.

이렇게 생각하면 결국, 발전 초기의 협소했던 인력의 개념은 이제 넓게 지 · 정 · 의 그리고 체도 포함할 뿐만 아니라, 그 각기가 높게 세련화 · 고도화되어 있는 여러 특성으로 개념화되어야 한다는 말이 된다. 즉, 인력의 개념은 그 너비도, 높이도 확대되어야 한다. 그 너비는 지 · 정 · 의 · 체를 포함한다 치고, 그 높이를 높여야 한다는 것은 어떤 뜻으로 해석해야 하는가?

고급 인력

사람들의 모든 특성이나 능력에는 으레 낮고 높은 여러 단계의 차등이 생기게 마련이다. 바둑의 실력에는 10급 10단의 차등이 있다. 축구팀의 실력도 차등이 있다. 기술자, 교사, 의사, 학자에게도 그런 능력의 차이가 있을 것은 틀림없다. 하다못해 흙덩이를 옮기는 삽질도 더 빨리 쉽게 많이 해내는 사람이 있고 그러지 못하는 사람이 있다. 더 세련되고 고도화된 지 · 정 · 의란 무엇인지는 몇몇 논자들의 서술에서 그 예를 찾아볼 수 있다.

'지'에 관해서 블룸Bloom은 교육이 길러야 할 학생들의 지적知的 능력을 지식 · 이해 · 응용력 · 분석력 · 평가력 · 종합력의 여섯 가지로 분류했다.[7] 그리고 이 배열에서 앞의 능력일수록 소수의 쉬운 개념을 다루고 지적 작용도 간단한 능력이고, 뒤의 것일수록 많고 어려운 개념을 다루고 필요한 지적 작용도 복합적인 능력이라고 보았다. 또한 이 배열은 앞의 능력 위에 뒤의 능력이 형성되는 계열적 · 누적적인 간단복합구조simplex structure를 이루며, 앞의 것일수록 '하등정신과정', 뒤의 것일수록 '고등정신과정'이라고 불렀다. 뒤의 것일수록 고도의 지적 능력이라는 것이다.

나는 편의상 이런 차등의 지적 능력을 ① 이해, ② 사고력, ③ 창의력의 셋으로 간소하게 개념화해 본다. 그리고 '이해'는 개념이나 원리의 뜻을 알고 그 초보적인 응용도 할 줄 아는 능력, '사고력'은 더 복잡한 문제를 다루면서 그것에 관한 자료를 수집하고 가설을 상정하고 검증함으로써 그 문제를 해결하는 능력, 그리고 '창의력'은 더 고도의 사고력으로서 새로운 문제에 새로운 통찰로 새로운 답을 찾아내고 만들어 내는 능력이라고 정의해 본다. 이렇게 정의하고 보면, 후진국의 경제발전은 개념 · 원리 · 방법의 단순한 이해로도 가능하지만, 중진국에 이르려면 더 복잡한 문제 해결의 사고력이 필요하고, 선진국이 되려면 계속 새로운 것을 찾아내고 만들어 내는 창의력이 필수라는 생각에 이르게 된다. 기실 창의력은 선진국의 입장권이고, 선진국 경쟁은 결국 여러 분야에서의 창의력의 경쟁이라고 해야 한다.

'정'에 관해서는 한때 베스트셀러였던 『정서적 지능』이라는 책에서 골만Goleman이 제안한 정서이론이 참고가 된다.[8] 그는 정서적 지능을

① 자신의 감정을 알기
② 그 감정을 삭일 줄 알기
③ 어떤 목적을 위해서 욕심이나 감정을 참을 줄 알기
④ 남의 감정을 내 것처럼 느낄 줄 알기
⑤ 원만한 인간관계를 유지할 줄 알기

등 다섯 가지의 정서적 능력이라고 정의했다.

골만 자신은 그렇게 명언하지는 않았지만, 이 배열도 앞의 것에

능해야 뒤의 것이 가능하다는 계열적 · 누적적인 배열임을 함축하고 있다. 내가 화내고 있다고 스스로 알아야 그 화를 삭일 수도 있고, 그렇게 화를 삭일 줄 알아야 어떤 목적을 위해서 그것을 참을 수도 있고, 그렇게 내 감정이 평온을 찾을 수 있어야 남을 이해하고 감정이입할 수 있는 여유도 생기며, 그렇게 남에 대한 감정이입에 능해야 인간관계도 원활하게 유지할 수 있기 때문이다. 뒤의 것일수록 '고등 정서 능력'인 셈이다.

'의'에 관해서는 콜버그Kohlberg의 도덕발달이론이 참고가 된다.[9] 그는 도덕발달단계를 유아기 · 아동기 · 청년기에 걸쳐 여섯 단계로 나누어, 각 단계의 도덕적 지향성을 다음과 같이 특징지었다. 즉,

① 벌–복종 지향—예: "안 하면 벌 받는다."
② 수단적–상대주의 지향—예: "네 등 긁어 줄게 내 등 긁어다오."
③ 상호 화합 지향—예: "싸우지 말고 사이좋게 지내자."
④ 권위 · 사회질서 유지 지향—예: "사람들은 사회질서를 지켜야 한다."
⑤ 사회계약 · 법적 지향—예: "이래야 하는 것이 법률이다."
⑥ 보편적 윤리원칙 지향—예: "사람들은 남의 권리를 존중해야 한다."

라는 특징으로 구분했다. 이들은 발달 단계이기 때문에 다음 단계가 앞 단계보다 더 성숙되고 세련된 고도의 도덕관념임을 의미한

다. 어떤 일을 '벌이 무서워서' 하는 1단계의 도덕관념보다는 '권위와 사회질서는 지켜야 한다'는 4단계가 더 성숙된 것이다. 그러나 그것은 사랑 · 자비 · 인 또는 '너의 행동이 보편적 입법이 되도록 행위하라'는 등의 보다 보편적인 원칙에 따른 도덕관념보다는 덜 성숙된 것이다.

콜버그는 그의 논의의 어디에선가 사회 전반의 도덕발달에도 그의 발달 단계설이 적용될 수 있다고 시사했다. 즉, 사회 전반의 도덕적 풍조가 후진국일수록 ①, ②, ③ 등 '하등'의 도덕관념이 우세하고, 선진화할수록 ④, ⑤, ⑥ 등의 '고등' 윤리가 살아 있을 가능성이 짙다는 것이다.

지적 · 정서적 · 도덕적 특성들의 차등을 어떻게 개념화하든 간에, 한 국가의 발전 수준을 선진화할 수 있는 인력은 이렇게 옆으로도 확대되고 높이로도 고도화된 것이라야 한다면, 그것은 '인력'이라는 개념보다는 그저 '인간'이라는 개념, 인력개발보다는 그저 인간교육이라는 개념이 더 적합하다는 말이 된다. 그리고 그렇게 확대되고 고도화된 인력 내지 인간은 경제발전뿐만 아니라 한 나라의 정치 · 사회 · 문화 전반에도 그 원동력이 된다는 것은 자명한 이치다.

나는 본래 인력 또는 인적 자원이라는 개념을 그리 좋아하지 않는다. 너무 경제일변도로 인간을 수단 시하는 어감이 짙기 때문이다. 1970년대 초, 아직도 '인력'이 매력적인 개념이었던 시절, 어느 국제학회에서 들은 블로그Mark Blaug라는 영국 경제학자의 말이 하도 신랄했기에 지금도 생생하게 기억난다. "경제개발계획에서의 인력 접근법이라는 개념에는 두 가지 단점이 있다. 하나는 그것이 불가능하다는 것이고, 또 하나는 그것이 거짓말이라는 것이다." 이어 "경제학자의 양심으로는 아무리 길게 앞날의 인력을 추정한다 해도 2년 앞이 고작이다." "인간의 어떤 능력, 어떤 특성이 경제발전에 기여하는지, 그것이 지식인지 사고력인지 근면성인지 성취동기인지 윤리의식인지는 정확히 아직 아무도 모른다. 그 종합으로 보는 것이 제일 타당할 것이다"라고도 말했다.

사람들의 전인성 여하와 국가발전의 관계는 부정적으로도 작용한다. 즉, 사람들에게 어쩌다 전인성이 결여되면 그것은 여러 가지 사회비리로 이어진다는 기제도 있다. 개인당 GDP가 세계 10위 내외고 G20 정상회의 개최국이라는 발전 수준에 어울리지 않게, 한국 사회에서는 아직도 갖가지 사회비리를 목도한다. 부정부패가 없는 투명성 정도를 비교하는 국제투명성기구Transparancy International의 최근 발표에서 한국의 투명성은 178개국 중에서 39위로 처져 있다. 전인성의 결여는 고위 관료들의 끊이지 않는 부정부패 사건들, 국책의 숙의·협의는 제쳐 놓은 정치인들의 치고받고 욕 퍼붓는 패싸움, 걸핏하면 터지는 폭력시위, 잦은 부정식품 사건 등의 큰 원인이라고 나는 추론한다. 한 나라에 이런 사건들이 전혀 없을 수는 없다 하더라도 우리에게는 그 빈도가 너무 잦아 보인다.

이런 사건을 목도할 때마다 거기에 관계되는 군상들의 정서적 또는 도덕적 특성의 결여, 즉 어떤 전인성의 결여를 연민하게 되는 것은 비단 나만의 심리는 아닐 것이다. 이런 잦은 비리와 부정부패 현상에는 어떤 사회적 제도의 잘못도 작용하고 있겠지만, 거기에 개인이 욕심과 감정을 삭이고 참지를 못하고, 감정이입이 비약해서 남 생각 별로 하지 않는 정서적 미성숙 또는 들키지 않고 벌만 받지 않으면 된다는 도덕적 미성숙의 탓이 크다고 해야 한다. 문제는 그런 전인성의 결여가 그들의 생활사의 어떤 경험 또는 어떤 무無경험에 기인하는 것이냐에 있다. 나는 원인의 대부분 또는 적지 않은 부분이 가정이나 학교나 사회에서 지나친 지식 편중의 양육방법, 교육방법, 인사선발 · 채용방법이라고 믿는다.

전인교육

우선 '전인' 하면 팔방미인이라고 생각하고, 전인교육하면 어떤 뾰족한 특장의 재능은 없는 팔방미인을 길러 내는 교육이라고 생각하는 오해부터 바로잡아야겠다.

학교가 전인교육을 해야 하는 데에는 두 가지 목적이 있다. 하나는 모든 학생에게 폭넓은 학습경험을 제공함으로써 건전한 인간생활과 사회생활에 기본적으로 필요한 전인적 바탕을 함양하려는 목적이고, 또 하나는 그런 폭넓은 학습경험의 프로그램 속에서 학생 개개인이 자기의 취미와 적성에 맞는 일을 발견하고 그것을 더 깊이 탐구할 수 있는 기회를 제공하려는 목적이다. 전인교육은 인간의 폭과 깊이 또는 높이에 다 같이 관심을 둔다.

대부분의 가정에는, 특히 넉넉지 않은 가정에는 피아노도 바이올린도 없고, 화학실험기구도 분광기도 천체망원경도 없다. 수영장·테니스장은 물론 철봉·뜀틀도 없고, 각종 공작도구도 변변치 않고, 문학·과학·역사 등에 관한 서적들도 드물다. 그러나 이런 다양한 시설과 그 사용 경험의 기회를 학교에서는 제공할 수 있어야 한다. 폭넓은 경험은 전인의 함양에도 필수지만 학생 개개인의 취미·적성·재능의 발견과 그 초보적인 '정공' 학습에도 필수다.

본래 모든 학교교육 체제는 유치원을 포함해서 초·중등학교도 대학도 대학원까지도, 학생들 학습의 '폭'과 '깊이'또는 높이를 둘 다 겨누며 또 겨누어야 한다. 보통의 표현으로 폭은 교양교육여기 표현으로 전인교육이고, 깊이는 전공 또는 전문교육이다. 초등학교 교육과 중등학교 교육은 대부분 교양·전인교육이다. 그러나 초·중등학교에서도 자기 특수재능을 발견하고 그 기초를 연마할 수 있는 초보적인 '전공'의 기회는 마련되어 있어야 한다. 대학교육은 대개 전공학과가 나뉘어 있다. 그러나 대학에도 엄연히 그 나름으로 전인교육인 교양과정이 있다. 대학원 교육에서도, 예컨대 화학전공이라면 그것에 밀접히 관계되는 수학·물리학·생물학의 고등교양이 연수되어야 한다. 기업체의 사내교육에서마저도 직무 관계 외의 교양교육을 실시하고 있다. "깊이 파려면 우선 넓게 파기 시작해야 한다"는 통상의 격언은 교육에서도 진리다.

어떤 깊이또는 높이에 도달하기 위해서 그만큼의 넓은 폭이 필요하다는 것은, 근래 자주 거론되는 학제적 또는 다학문적 접근의 요청에서도 드러난다. 또한 여러 학문의 이론들이 서로 부합하는 교차점에서 새 이론이 형성된다는, 근래의 '통섭'이라고 번역되고 있는

consilience라는 개념과도 연결된다. 그리고 요새 그 사회적 요청이 많은 '창의력' 도 다양하고 이질적인 문화 내용의 접촉에서 자주 발현한다는 사실도 이에 무관하지 않다.

전인이 그저 가장 자연스러운 인간상인 것과 같이, 전인교육도 실은 별로 유별날 것 없는 가장 자연스러운 그리고 본연적인 교육의 모습이다. 그저 '교육' 이라고 해도 되는 것을, 다만 하도 자주 교육의 실제가 과금의 한국 교육처럼 그 본연에서 유리된 이지러진 모습으로 진행되는 경우가 많기 때문에, 굳이 그렇게 '전인교육' 이라고 이름 지어졌을 뿐이다. 대부분의 정상적인 부모의 자녀교육은 자연스럽게 전인교육이다. 「교육기본법」 제9조에도 교육목적을 "학교교육은 학생의 창의력 계발 및 인성의 함양을 포함한 전인적 교육을 중시하여 이루어져야 한다" 라고 규정하고 있다. 전인은 인간 본연의 모습이라는 뜻이다.

그 전인적 교육은 지 · 정 · 의 · 체에 걸친 폭넓은 인간문화 활동에 폭넓게 참여하게 함으로써만 가능하다. 학교교육에서는 그런 인간문화를 여러 교과敎科로 편성한 교과과정에서 다룬다. 예를 들어, 초등학교에서는 교과를 국어, 수학, 사회, 과학, 예술, 체육, 영어, 특별활동창조적 경험 등으로 나누고 있다. 중학교 · 고등학교에서는 교과가 좀 더 세분화되어 있다. 교과과정에 어떤 교과를 배치하고 각 교과에 어떤 내용을 담느냐는 계속되는 문제지만, 이런 교과의 배열은 일단 전인교육의 취지에 맞게 폭넓게 편성되어 있는 셈이다.

문제는, 교육목적과 교과과정에서는 이렇게 전인교육의 취지가 반영되어 있어도 교육실천에서 교과운영 · 교수방법 · 교육평가 · 교육시설로 진행함에 따라 그 취지가 점점 더 심하게 희석되어 가면서, 실제에서는 전인교육의 모습을 거의 찾아볼 수 없게 된다는 데에 있다. 이런 희석 현상은 초등학교에도 있지만, 중학교 · 고등학교에서 특히 더 심하다.

교과운영에서는 그 편성대로가 아니라 교과의 편중이 심하다. '국 · 영 · 수'가 주된 관심이고, 사회와 과학은 벌써 소홀히 취급되고, 음악 · 미술 · 체육은 주로 '특기생'들의 관심일 뿐이며, 과외활동으로서의 특별활동은 거의 없는 상태라고 해야 한다. 교수방법에서는 여전히 강의 위주를 벗어나지 못하고, 실험 · 제작 · 조사 · 답사 · 협의 · 공동작업 등의 경험은 별로 없다. 교육평가에서는 여전히 필답시험 일변도다. 특히 교육시설 · 설비에 이르러서는 전인교육에 필수인 다양한 한문 · 예능 · 스포츠 활동은 생각도 할 수 없게 그 시설이 빈약하고, 그런 시설은 학교 밖의 상업용 시설을 써야 한다는 생각마저 번져 있다. 당국의 교육예산 편성에도 그런 생각이 깃들어 있다.

내가 알고 있는 한, 미국 · 영국 · 일본의 초등학교는 물론 중 · 고등학교에서는 우리보다는 그래도 전인교육의 모습이 훨씬 짙다. 풍부한 교육시설 속에서 풍부한 문화활동을 할 수 있고, 교수방법 · 평가방법도 다양하며, 교과운영은 편중 없이 규정대로 충실히 이행하고 있는 것을 볼 수 있다. 한국에서도 도리어 일제 강점기에는 초 · 중등학교에서 전인교육의 모습이 있었다고 회고하지 않을 수가 없다. 예컨대, 서울의 웬만한 중 · 고등학교에는 거의 수영장이 있었다. 스포츠나 예능이 특기자들의 전유물이 아니었다. 그리고 1950년대에는 전인교육의 표어와 실제가 그래도 꽤 살아 있었다. 그런데 그것이 왜 그 후 쇠퇴의 길로 접어들었을까?

많은 사람이 전인교육 상실의 원인을 대학입시의 압력이라고 말한다. 이는 틀린 말은 아니다. 그러나 거기에는 더 많은 여러 가지 사회문화적 원인이 작용하고 있다고 보아야 한다. 우선 지난날의 과거제도와 관존官尊사상과 출세 지향, 숭문崇文사상이라는 역사적 원인도 작용하고 있을 것이다. 또한 광복 후 거의 100%의 취학률에 이른 급격한 학생 인구의 팽창, 그리고 대학들의 '질' 차등으로 인한 경쟁의 격화라는 원인도 있을 것이다. 더 심각하게는, 오랜 전인교육 상실의 역사 속에서 편향된 교육을 당연시하고 정상시하는 타성적인 풍조가 우리 사회의 교사 · 부모 · 매스미디어 · 정책당국을 사로잡고 있다는 원인도 있다. 하나같이 깊은 성찰이 필요한 원인들이지만, 그중에서 나는 우리나라의 '필답고시주의'라는 풍조를 특히 문제 삼는다.

벌써 수십 년 전, 만원 버스 속에서 내 뒤에 서 있던 두 청년이 얘기를 주고받고 있었다. "그런 시험문제 가지고 판사 · 검사에 필요한 자질을 알아낼 수 있나!" "그래, 참 웃기는 고시야!" 아마 사법고시를 치르고 나오는 길인 모양이었다. 나는 어깨너머로 그 대화를 들으면서 혼자 가벼운 웃음을 지었다. 그들은 내가 교육평가라는 강의를 맡고 있는 대학교수고, 마침 그날 아침 강의에서 사법고시를 예로 들면서 그 평가의 타당도를 문제 삼았던 것은 몰랐을 것이기 때문이다.

우리나라는 '고시왕국'이라고 부를 수 있을 만큼 유난히 시험 · 고시 천지다.[10)] 초등학교에서도 걸핏하면 필답시험이고, 아이들의 '학습장'도 학습 아닌 시험연습장이다. 중 · 고등학교에서는 시험이 더 잦다. 공부가 주인지 시험이 주인지 모를 지경이다. 대학입학시험도 필답의 수능고사로 시작하는 고시다. 이들 필답시험들이 학생들의 미래 운명을 크게 좌우한다. 교육방송을 한다는 EBS방송도 대부분 교육방송이 아니라 '시험문제풀이 연습'의 방송이다. 대학에서도 시험이 있지만 고등학교에서보다는 덜한 편이다. 졸업하고 나면 입사시험, 공무원시험, 행정고시, 사법고시가 기다리고 있다. 이 모두가 사람의 운명을 좌지우지하고, 나아가 결국 나라의 운명도 결정한다.

그러나 인간평가의 원리상 엄연한 사실은 종이-연필로 재는 필답고사만으로는 인간의 지 · 정 · 의 · 체의 여러 차원의 능력이나 특성을 충분히 타당하게 측정 · 평가하지 못한다는 사실이다. '지'마저도, 지식의 기억이나 간단한 응용력 이상의 '고등정신능력'들은 여간 전문적으로 연구 · 제작하지 않고서는 필답고시로는 측정하지 못한다. 더구나 실생활에서 부닥뜨리는 여러 문제에서 순간순간 작용해야 하는, 일컬어 유동적 지능fluid intelligence은 필답고시 밖의 일이다. 따라서 실제의 학습활동이나 직무수행이 지 · 정 · 의 · 체의 전인적 작용으로 진행되는 것이라면, 수능고시 우수자가 반드시 우수 대학생을 예언하는 것도 아니고, 필답의 행정 · 사법고시 합격자가 반드시 그의 사명감 · 청렴도 · 지도력을 보장하는 것도 아니다. 옛날 필답의 과거시험 합격자나 장원 중에는 도리어 당쟁과 수탈과 부정의 '장원'들이 끼어 있기도 했을 것이다. 오늘날의 각종 고시 합격자라고 그 예외는 아니다.

문제 해결의 관건은 두 가지다. 하나는 각종 사회기관에서 선발 · 채용 · 승진에서 적용하는 인사평가를 지 · 정 · 의 · 체를 아울러 평가하는 전인평가 방법으로 전환하는 일이다. 그리고 또 하나는 그런 전인평가는 필연 주관적 평가일 수밖에 없기 때문에 그 주관적 평가를 믿는 사회적 신뢰를 구축하는 일이다.

필답고사 외에도 인간평가 방법에는 여러 가지가 있다. 여기에 그것들을 나열하고 논의할 필요도 겨를도 없지만, 여러 기록 분석, 작품 분석, 면접, 행동평가, 실행평가, 기타 각종 심리검사 등 여러 가지 방법이 있다. 근자에, 어떤 사람을 뽑아 들이느냐가 회사의 이익에 직결되어 있는 것을 실감하는 기업체들은 점차로 여러 가지 전인평가 방법을 채택하고 있는 것을 볼 수 있다. 대학의 교육 효능을 올리고, 또는 국가의 경영 효능을 올리는 일이 기업의 효능을 올리는 일 못지않게 중요한 일이라면 이들 영역의 인사평가에도 심각한 반성이 필요하다.

전인평가는 여러 가지를 아울러 고려하는 평가이기 때문에 필연 주관적일 수밖에 없다. 사람들은 객관식 고사를 주관식보다 더 믿고, 평가 결과를 숫자인 점수로 표시하면 '객관적인 근거가 있다'고 믿는 경향이 있다. 그러나 모든 필답고사는 주관식도 객관식도 실은 다 근본적으로 주관적인 평가다. 객관식도 어디에서 어떤 문제를 어떻게 내고 어떻게 채점하느냐에 따라 결과는 딴판으로 나올 수 있기 때문이다. 또한 과학적이라는 믿음을 주기 쉬운 점수 숫자도 실은 상당한 부분이 실망스러울 정도로 넓은 오류 · 오차가 따라다닌다. 반면, 사람들이 주관적이라고 덜 믿는 주관식 평가도 여러 방법을 동원하면 그 객관도를 상당히 올릴 수 있다. 모든 평가에 정도의 차이는 있으나 객관식에도 주관식에도 오차는 반드시 따라다닌다. 객관식이라고 그 오차의 범위가 반드시 좁은 것도 아니다.

다만, 주관식 평가에도 그런 오차는 불가피하다 하더라도 사私는 절대로 끼지 말아야 한다. 여기에 평가방법에 앞서 상호 간의 사회적 신뢰라는 커다란 사회적 요인이 개재하게 된다. 평가자는 '사'를 개입시키지 않는 청백한 평가를 한다는 믿음을 주고, 피평가자는 그런 '사' 없는 평가자를 믿는 사회적 신뢰가 한국 사회에 형성된다면, 전인평가에 의한 전인적 인간상의 고양과 그에 따른 여러 사회효능의 향상과 더불어, 이 나라의 최대 두통거리의 하나인 입시지옥과 사교육 팽대의 문제도 그 해결의 서광이 보일 것이다.

내일의 한국인

02 공인

내일의 한국인은 남과 공공을 깊이 생각하는 공인이기를 바란다.
빈곤의 시대에 부득이 '나'부터 생각했던 심성으로는
내일을 감당하기 힘들기 때문이다.

진화론에서 연약한 원숭이의 후예라고 하는 인간은 육체적 근력으로는 호랑이 · 사자 · 표범 등 맹수와 대적해서 당해 낼 힘이 없다. 그래서 긴 진화의 과정에서 인간은 두 가지 생존전략을 발달시켜 왔고, 그것으로써 만물의 영장의 위치에 올랐다.

하나는 맹수보다 더 영리해짐으로써 꾀로 맹수들을 이겨 낸다는 전략이다. 그래서 인간의 두뇌는 유난히 크다. 특히 지적 사고 작용을 담당하는 대뇌피질 부분이 다른 동물에 비해서 유별나게 크다. 그 영리한 두뇌로 인간은 돌도끼 · 돌칼에 활 · 창 등 각종 도구를 만들어 내서 맹수들을 제압했다. 영리하고 머리가 좋은 것은 현대생활에서도 중요한 생존전략인 것은 말할 나위 없다. 그러나 두뇌가 큰 것이 유리하기는 하지만, 엄마 태내에서부터 너무 크게 발달하면 분만이 어려워져 모자가 다 위험에 빠질 수 있다. 그래서 인간의 두뇌는 태내에서는 적당한 정도로만 커지고, 생후에 더 커지고 성숙하면서 복잡하고 치밀하게 발달해 가게 마련되어 있다. 따라서 그 발달을 위한 생후의 풍부한 경험과 적절한 교육 · 학습이 필수조건이 된다.

또 하나는 혼자서는 호랑이를 대적하지 못하지만, 집단으로 짜고 여럿이 덤벼들면 이리 꾀고 저리 피하면서 호랑이를 궁지에 몰아넣어서 제압할 수가 있다는 전략이다. 그런 집단적 전략이 치밀할수록 진화론적으로 생존에 유리했다. 따라서 인간은 생존을 위하여 필연 집단적으로 생활하는 사회적 동물로 진화했고, 그런 사회생활에 불가결한 여러 생리적 기관과 심리적 · 사회적 능력이 진화해 갔다. 예컨대, 중뇌와 대뇌로 서로 남의 감정을 감지하고 남이 무슨 생각을 하고 있고 무엇을 원하는지를 짐작하고, 또 나의 감정 · 생각 · 욕망도 적절히 전달할 줄 아는 사회적 능력을 발달시켜야 했다. 이런 능력 여하가 집단과 개체의 생존에 직결되기 때문이다.

현대사회에서도 이런 사회적 능력 또는 자질은 필수인 것은 말할 나위 없다. 그렇게 남과 공공을 생각하는 자질을 갖춘 사람을 여기에서는 공인公人이라고 불러 본다. 공민公民이라고 해도 되지만, 공민은 관官 아래의 민民이라는 대조가 마땅치가 않아서, 공인으로 불러 본다. 인간은 사私가 존중되어야 할 사인이기도 하지만, 동시에 공공 속에서 그 구실을 다해야 하는 공인이기도 해야 한다. 나의 개인생활 · 가정생활 · 취미생활은 사생활이다. 그것을 공개할 필요는 없고 의무도 없다. 그러나 일단 집을 나와 거리에 서면 나는 교통규칙을 지켜야 하고, 직장에서는 무능 · 비리 · 부정이 없어야 하며, 나아가 공공의 가장 중요한 틀인 나라를 번영케 하고 보전해야 하는 '공인' 이 된다.

거울뉴런과 편도체

나는 공인 · 사회인의 근본적인 심리적 기저는 감정이입感情移入, empathy이라고 본다. 즉, 남의 희 · 노 · 애 · 낙 및 공포와 고통 등의 감정을 내 속에 옮겨 넣어 내 감정처럼 느끼는 심리기제가 감정이입이다. 짧게 공감共感이라고 부르는 논자도 있으나, 좀 길지만 감정이입이라는 말이 그 심리기제를 더 정확히 드러낸다. 감정이입의 대상이 나의 부모 · 형제일 수도 있고, 동무 · 친지일 수도 있으며, 또는 거리에서 스쳐가는 생면부지의 남일 수도 있다. 나아가 그 대상이 내 직장, 내 나라의 고뇌일 수도 있고 남의 나라와 인류에도 확장될 수 있다.

감정이입에는 신경생리적 기반이 있다. 그 하나는 최근 발견된 거울뉴런mirror neuron이라는 의미심장한 신경세포다. 사람 뇌에는 남의 행동과 심리를 거울처럼 비춰 받아들이는 뉴런, 신경세포가 있다는 것을 1997년 이탈리아의 신경학자 리촐라티Rizzolatti가 발견했다.[1] 그는 원숭이의 뇌에 전극을 꽂고 운동과 관련된 뇌기능을 연구하는 도중, 우연히 한 원숭이가 바나나를 먹고 있는 것을 본 다른 원숭이도 똑같이 먹는 동작에 관계되는 신경 부위가 반응한다는 것을 발견했다. 남의 행동과 심리를 거울로 비추듯이 받아들인다는 말이다.

이 발견이 돌풍을 일으켰고, 어떤 학자는 'DNA 발견 이후의 가장 중요한 발견'이라고까지 극찬했다. 그 후 많은 연구가 진행되면서, 거울뉴런이 뇌의 전두엽 · 두정엽 · 측두엽을 잇는 F5 부위라는 회로에 활성화되어 있다는 것도 발견하였다. 거울뉴런은 남의 행동을 신경회로에서 그대로 모방해서 재연할 뿐만 아니라, 행동의 의도까지도 짐작해 낸다. 즉, 행동만 아니라 그 뒤의 심리도 자신 속에 재연한다. 우리가 영화를 보면서 웃고 울고 하는 이유, 넘어져 아파 우는 아이를 달래 주는 이유, 반대로 남의 감정에 무감각한 사람의 이유, 자폐증처럼 남에게 관심이 없는 이유 등은 거울뉴런의 활성화 여부에서 찾을 수 있다는 말이다.

그보다 훨씬 전인 1970년대에도 모방에 관한 실험들이 발표된 적이 있다. 예컨대, '혀 내밀기' 실험이 그 하나다. 생후 2주일도 안 되는 갓난아이를 어른이 안고 눈을 맞춘 다음, 혀를 길게 내밀어 보이면 갓난아이도 빤히 쳐다보다가 자기도 혀를 내미는 시늉을 한다. 반복되는 같은 실험에서 그 시일이 점점 줄어들어서 생후 3일인 아이도 혀를 내미는 경우도 있다.

또 하나의 예가 있다. 야생 원숭이는 거의 다 뱀만 보면 기겁을 하고 소리를 지르며 도망간다. 그러나 실험실에서 태어나고 자라난 원숭이는 뱀이 무서운 줄도 모르고 마음대로 뱀에게 접근한다. 그러나 그런 실험실 원숭이도 야생 원숭이가 뱀을 보고 기겁하는 것을 보게 되면, 다음부터는 저도 기겁을 하며 뱀을 피한다. 지금에 와서 해석하면, 이런 모방도 거울뉴런 때문이었던 셈이다.

감정이입의 또 하나의 신경생리적 기반은 사람의 감정을 좌우하는 기관으로서 중뇌 속에 있는, 1장에서도 간단히 언급한 변연계邊緣系, limbic system가 있다. 특히 그중에 편도체扁桃體, amygdala라는 살구씨처럼 생긴 기관은 사람의 공포심과 불안감을 관장한다. 무서움 · 두려움은 죄악감이나 혐오감과도 관계되기 때문에 정서적 행위와 도덕적 행위에 많은 영향을 준다. 생득적으로 또는 생후의 어떤 사고로 편도체가 덜 발달했거나 고장이 나면, 문자 그대로 정을 모르는 '무' 정하고 잔혹한 냉혈한이 될 수도 있다. 가끔 세상을 떠들썩하게 하는 연쇄살인을 저지르는 잔학殘虐성 정신병자psychopath들이 그에다.

이들 잔학성 병자는 희로애락의 감정이 거의 없다. 따라서 기쁨도 모르고 화도 잘 내지 않고, 슬픔도, 후회도, 가책도 모른다. 그들은 남의 희로애락이나 공포와 고통에도 감정이입을 하는 일이 없다. 보통 사람은 어쩌다 나쁜 짓, 끔찍한 일을 저지를 때 맥박이 뛰고 가슴이 두근거리고 진땀이 나는 법이지만 이들에게는 그런 변화가 없다. 도리어 맥박은 내려가면서 그저 태연하게 잔인한 일을 저지른다. 보통 사람은 거짓말을 할 때에도 약간은 이런 생리적 변화가 생긴다. 거짓말 탐지기는 그 변화를 이용한 것이다. 그러나 잔학성 병자에게는 그런 변화가 없기 때문에 거짓말 탐지기는 무용지물이 된다. 그러면서도 그들의 기억 · 추리 · 계획 등의 지적 작용은 별 지장 없이 정상적이다. 감정을 느끼지도 않고, 따라서 감정표현을 잘 하지 않는 이외에는 다른 사람들에게 극히 정상적인 사람으로 보인다.

중증의 잔학성 정신병에는 연쇄살인자 같은 극악한 경우도 있지만, 그보다는 경한 여러 정도의 잔학정신병적 성격의 소유자, 즉 여러 정도의 무감정, '무' 감정이입의 사람들이 있을 수 있다는 문제가 있다. 또 거울뉴런의 활성화도 사람에 따라 그 정도가 다를 수 있다. 이들이 다른 사람들 생각을 별로 하지 않는 각종 범죄 · 사기 · 부정 · 비리를 일삼는 사람들이고, 또는 여러 인간관계에서 남의 비위를 잘 거스르는 사람들이다. 그만큼 사회성의 부실과 공인의 자질의 결여를 의미한다.

또 하나, 거울뉴런 그리고 변연계라는 감정이입의 생득적인 신경생리적 장치가 있다 해도, 그 장치는 생육과정에서 성숙해 가는 것이기 때문에 그 생육과정에서 어떤 불행을 겪으면 그 정서의 성숙에 지장이 올 수 있다는 문제가 있다. 어렸을 때 부모의 버림 속에서 많은 시간을 고독하게 혼자 지냈다든지 또는 심하게 매 맞으며 학대 속에서 자라났다든지 하면 잔학정신병적인 정서적 장애가 생긴다는 것은 많은 사례에서 증명되어 있다.

옛날 1950년대 심리학자 할로Harlow는 새끼 원숭이로 한 유명한 실험을 했다.[2)] 한 새끼 원숭이를 태어나자마자 어미에게서 떼어서 철제 우리 속에서 혼자 자라게 했다. 잘 먹이고 깨끗하게 건강하게 키웠다. 원숭이는 건강하게 자랐으나, 그 고독으로 인해서 정서는 엉망이 되었다. 원숭이도 본래 타고나기는 사람과 비슷하게 사회적인 동물인데, 이 원숭이의 사회성은 철저하게 결단이 났다. 틈만 나면 피가 나올 정도로 자기 손가락을 빨고, 다른 원숭이를 보면 기겁하고 소리를 지르며 우리 구석으로 도망가든지, 가까이 오면 사납게 공격을 했다. 그는 또 하나의 실험을 했다. 갓 태어난 아기 원숭이 우리 속에 두 가지 인형 엄마를 만들어 넣어 놓았다. 하나는 철사로 엄마 모양을 만든, 그러나 젖병이 달린 '철사엄마'고, 또 하나는 포근하게 안길 수 있게 폭신한 털로 만든 그러나 젖병은 없는 '털엄마'였다. 결과는 아기 원숭이는 배고플 때만 철사엄마에게 갈 뿐, 나머지 시간은 대부분 부드러운 털엄마에게 안긴 자세로 지냈다. 아기 원숭이도 포근하고 부드러운 신체적 감촉을 찾는다. 그것이 '사랑'인 셈이다.

감정이입을 포함하는 여러 정의情意의 건전한 성숙을 가능하게 하는 기본적 신경생리적 기제는 누구에게나 생득적으로 다 마련되어 있다. 그러나 그 성숙에는 생육사에서 최소한의 건전한 심리적 환경이 필요하다는 결론이다.

국력 · 국격 · 국혼

사람의 감정이입의 대상은, 앞에서도 언급했듯이 일차적으로는 다른 사람, 가족 · 친지 그리고 거리에서 만나는 면식 없는 사람들이다. 그러나 감정이입의 기제는 사람들의 여러 사회집단에도 작용되고 또 작용해야 하는 것은 명백하다. 동네, 학교, 직장 그리고 나라, 나아가 세계와 인류, 더 나아가 대자연 전체로도 확장되어 작용되고 또 작용되어야 한다. 언젠가, 대학의 교양교육과정을 논의하는 한 세미나에서 어떤 분이 "교양이란 결국 여러 사회문제를 내 문제처럼 내면화한 것이 아니겠느냐"라고 갈파한 것이 내게 인상 깊게 남아 있다. 정곡을 찌른 말이다. 흔히 사람들이 호소하는 애향심 · 애교심 · 애사심 · 애국심의 기저에는 그렇게 사회집단의 문제를 내 문제로 느낄 줄 아는 교양이 있어야 할 것은 명백하다.

각계각층의 사회집단 중에서 나라, 즉 국가는 각별한 중요성을 지닌다. 그것이 민족국가건 다민족국가건 또는 전제왕조나 독재국가건 민주국가건 간에, 국가는 그 속의 사람인 국민의 삶을 특정한 법으로써 보장도 하고 규제도 하는 힘을 가지고 있는 정치체이기 때문이다. 사람들은 나라의 규제도 많이 받지만, 나라 없이는 사람들은 생명도 재산도 그 안전을 보장받지 못한다.

국가와 국민은 공생共生관계에 있다. 국가가 어엿하지 않으면 그 국민 개인의 삶도 어엿할 수가 없고, 나라가 망하면 우리가 일제 강점기에 겪었듯이 그 나라 사람도 풍비박산으로 도탄에 빠진다. 반면 사람들이 어엿해야 그 나라가 어엿할 수 있다는 것도 엄연한 사실이다. 조선조가 망한 데에는, 밖의 험악했던 외세도 외세지만 안으로 나라 사람들 특히 지도층 사람들이 '어엿하지' 못했던 탓도 없지 않았다. 또한 지금의 세상이 아무리 세계화되고 다국적 기업이 성하다 해도 사람들의 소속과 생활의 기본 단위는 국가인 것도 엄연한 사실이다. 나라의 여권 없이는, 비상시 이외에는 외국에 나가지도 못하고 외국에서 받아 주지도 않는다. 따라서 예부터 모든 나라는 나라의 모습을 어엿하게 갖추려고 온갖 노력을 경주해 왔다. 그 모든 노력의 중심에는 나라의 일을 내 일처럼 생각하는 넓은 뜻의 감정이입인 '애국심'의 배양이라는 희구가 있었다. 그리고 이를 위해 모든 공식적 또는 비공식적인 교육이 동원되기도 했다.

여기에 하나 확실히 구별해 두어야 할 것이 있다. 민족과 국가는 다르다는 점이다. 민족은 긴 역사에서 같은 언어 · 관습 등 같은 문화를 공유해 온 그러나 정체政體는 없는 무정형無定型 집단의 총칭이고, 국가는 '단일' 민족이건 다민족이건 또는 한반도에서처럼 어쩌다 두 나라로 갈라진 민족이건 간에, 한 국토와 국민과 정체를 가지고 있는 집단을 뜻한다. 따라서 민족애와 애국심도 구별되어야 한다. 오랜 역사와 문화를 같이 한 민족은 정서적으로 서로 가깝게 느끼는 그리운 존재다. 어쩌다 외국에서 동족을 만나면 무턱대고 반갑다. 그러면서도 예나 지금이나 어쩌다 같은 민족이 두 나라로 갈

라져서 싸우는 관계에 접어들기도 한다. 여부 간에 우리의 삶을 보장하면서 먹여 살려 주고 생명과 재산을 보호해 주는 것은 정체가 있는 국가지 정체가 없는 민족이 아니다. 따라서 한 나라의 국민에게는 애국심이 애족심에 앞서야 한다. 애족의 이름으로 애국을 잊거나 소홀히 하는 것은 일종의 자학自虐 행위인 셈이다.

한 나라를 어엿한 나라로 만들 수 있는 공인으로서의 자질은 무엇무엇이라고 보아야 하는가? 거기에는 수많은 의견이 있을 수 있다. 나는 그것을 ① 국력國力을 기를 수 있는 사람, ② 국격國格을 올릴 수 있는 사람, ③ 국혼國魂을 간직한 사람으로 개념화해 본다. 나는 한때 국가의 발전을 국력 신장과 국격 고양의 두 차원으로 규정해 보았다.[3] 그러나 근래에 셋째 국혼 견지라는 차원의 필요를 절감한다.

첫째, 한 나라의 공인은 자기가 맡은 직업활동을 유능하고 탁월하게 수행함으로써 국력 신장에 기여하는 능력을 가지고 있어야 한다. 그것이 우선 공인의 자질이고 나라사랑의 길이다. 나라사랑의 길은 먼 데 있는 것이 아니다. 외교관은 외교를 능란하게 수행하고, 군인은 빈틈없이 나라를 지켜 내고, 학자는 뛰어난 연구를 해내고, 거리의 청소부는 능률적으로 거리를 청소해 내는 것이 공인으로서의 자질이고 애국의 길이다. 모든 직업은 직업인 한 어떤 모양으로든 사람들과 나라의 공익에 공헌하는 공공성을 지니고 있기 때문이다. 청소부는 그로 인하여 거리가 깨끗해지면서 사람들에게 상쾌감을 주는 공공성을 지닌다.

지금 한국에는 2만 내지 3만을 헤아리는 직업의 종류가 있다고 한다. 나라가 발전할수록 직종도 복잡다기해지고, 분류 원칙을 더 세분화하면 그 종류는 더 많아질 것이다. 결국 한 나라의 국력은 이 모든 직종에 종사하는 사람들의 직업 수행능력의 총화를 의미한다. 두서없이 예로 나열한다면, 정치력 · 행정력 · 외교력 · 군사력 · 기술력 · 관리력 · 판매력, 인문 · 사회 · 자연에 걸친 연구력, 음악 · 미술 · 연극 · 연예에 걸친 예술력, 축구 · 테니스 · 골프 등 각종 스포츠 경기력 등등의 총화가 국력이고, 모든 영역에서 탁월한 능력을 발휘하는 사람들이 국력의 원동력인 셈이다. 이런 공인의 자질은 '생산인'이라 특징짓고, 다음 3장에서 더 깊이 논의하기로 한다.

둘째, 한 나라의 공인은 국격을 드높일 수 있는 심성을 갖추고 있어야 한다. 국격은 사람의 인격人格에 견주어 본 개념이다. 힘이 센 사람도 성미가 고약하고 예의가 없는 사람이 있고, 성미가 부드럽고 예의도 바른 사람도 있다. 인격, 인간적 품격의 차이다. 나라에도 비슷하게 국격, 나라의 품격의 차이가 있다.

여러 나라를 다녀보면, 다시 찾아오고도 싶고 이런 나라에 살고 싶다는 호감이 드는 나라가 있다. 반대로 살기는커녕 다시는 오기 싫어지는 시틋한 나라도 있다. 호감이 가는 나라가 반드시 크고 부자인 나라는 아니고, 시틋한 나라가 반드시 가난한 나라는 아니다. 부자 나라건 아니건 간에 호감이 가는 나라는 대개 사람들이 상냥하고 부드럽고 예의바르며, 밤거리도 안전하고 가게에서 상품과 판매원도 속임수 없이 믿음직한 나라다. 국격이 있는 나라다. 반대로 시틋해지는 나라는 사람들의 얼굴 표정이 싸늘하고 퉁명스럽고, 속을까 봐 바짝 긴장해야 하는 나라다. 국격이 낮은 나라다.

한 나라의 국격은 세 가지, 법과 도덕과 정서의 수준이 결정한다. 사람들의 법 준수 관행이 흐트러져 있고 당국의 법 집행 관행마저 허술해서 각종 불법과 부정과 부패, 사기와 무고 등이 잦은 나라가 다른 나라 사람들의 존경과 호감을 얻지 못하는 것은 당연하다. 특히 지도층의 잦은 부정부패는 그 가시성이 높고 그 미치는 영향이 넓기 때문에 국격을 심각하게 퇴락시킨다. 우리는, 가끔은 우리의 법의식에 법을 어겨야 살 수 있었고 법에 반항하는 것이 애국적이고 민주적인 용감한 행동으로 여겼던 옛 일제 강점기와 독재정권기의 부정적 법의식이 우리에게 아직도 남아 있는 것은 아닌지 반성해 볼 만하다. 명실공히 민주국가로 거듭난 지금에는 법의 준수와 집행이 민주국가의 생명이라는 긍정적인 법의식이 좀 더 짙어야 할 필요가 있다. 사람들의 긍정적 법의식과 법대로의 준수와 집행이 국격을 고양한다.

법과 도덕은 뿌리를 같이한다. 법은 성문율이고, 도덕은 불문율인 셈이다. 도덕을 꼭 여러 윤리학설처럼 까다롭고 어렵게만 생각할 필요는 없다. 까다로운 윤리 이론도 많고 시대와 사회에 따라 도덕 관념의 차이도 있으나, 아주 기본적인 도덕행위는 대부분 까다로울 것도 없고 어느 사회에서나 자명하고 공통적으로 요구된다. 거짓말하지 말고, 속이지 말고, 약속 잘 지키고, 교통신호 잘 지키고, 새치기하지 말고, 남을 공연히 성가시게 굴지 말고, 호텔로비나 식당 또는 백화점 등 공공장소에서 큰소리로 떠들지 말고, 좁은 길에서 마주칠 것 같으면 길을 양보하고 등등은 아무 윤리학적 논의가 필요 없는, 아마도 만국 공통의 소박한 공중도덕일 것이다. 그러나 그런 소박한 공중도덕마저도 그 현실에서는 나라에 따라 차이가 있다는 것이 문제다. 소박한 공중도덕을 넘어서 좀 더 높은 사명적使命的인 도덕관념, 예컨대 사랑 · 자비 · 인 또는 정의 · 의리 · 성실 · 청렴 등에서는 더 큰 차이가 있을지도 모른다. 사람들의 소박한 공중도덕, 나아가 사명적 윤리의 실천 수준이 국격의 높낮음을 정한다.

도덕과 정서도 또 다른 의미에서 뿌리를 같이한다. 선善의 판단은 유쾌감 · 위안감을 전제로 하고, 악惡의 판단은 불쾌감 · 혐오감 · 불안감을 수반하기 때문이다. 1장에서 인용한 골만의 분류를 다시 빌리면, 자신의 감정이나 욕정을 스스로 알고, 필요하면 그것을 삭이고 참을 줄도 알고, 특히 남의 감정을 내 것으로 감정이입할 줄 아는 것이 대인관계를 원만하고 부드럽게 만들 수 있다. 대인관계가 부드럽다는 것이 인정 있고 친절하고 남을 배려하며 남의 마음을 편하게 하는 것이 곧 도덕적 감각이기도 하다. 우리는 그런 사람을 반기고 가까이하려 하며, 그런 사람들이 많은 나라를 좋아한다. 그 반대로 무정하고 불친절하고 남을 불편하게 만드는 사람을 기피하고 혐오하며, 그런 군상들을 많이 만나는 나라를 싫어한다. 여기에도 국격의 차이가 생긴다.

따라서 한 나라의 공인의 자질에는 긍정적인 법의식에 따른 법 준수의 정신, 기본적인 공중도덕을 위시한 도덕적 심성, 감정이입을 비롯한 성숙된 정서가 포함된다. 이런 특성을 갖춘 사람들이 그들 자신의 품격만이 아니라 나라의 품격도 드높인다.

셋째, 한 나라의 공인은 국혼을 간직해야 한다. 여기에 국혼이란

단적으로 정의해서 '나라를 수호하려는 의지'를 말한다. 보통 표현의 '애국심'을 비장한 결의로까지 승화 또는 심화한 정신, 경우에 따라서는 온갖 형극과 죽음까지도 각오하면서 국난國難을 이겨 내려는 정신을 말한다.

사회적 존재이기 마련인 인간은 모두 생득적으로 애국심의 맹아를 가지고 태어난다고 나는 믿는다. 자신이 그 속에서 자라난 소속 집단은 자신을 길러 준 어머니의 품과 같고, 소중하고 그립기 때문이다. 외국팀과의 축구시합에서 한국팀을 열광적으로 응원하지 않는 한국 사람은 없다. 다 애국심이고 애국자다. 그러나 그 애국심을 앞의 국혼으로까지 승화 또는 심화해야 한다는 데에는 생각해야 할 문제가 많다.

2010년 서해에서 천안함 격침 사건이 터져 남북의 정세가 초긴장의 상태로 불안해졌을 때, 군에 입대 중인 어떤 병사가 집에 휴대전화로 "엄마, 나 전쟁이 나서 죽을까 봐 무서워!"라고 전화했다는 신문기사가 있었다. '이것이 나라를 지킨다는 군인의 정신인가? 우리 군은 이런 군인을 기르고 있는가? 우리 사회의 어디가 잘못되어 나라를 지킨다는 군인이 이 모양인가? 이러고서도 나라가 지탱되는 것인가? 만에 하나 지탱 못한다면 이 나라는 어떻게 되고, 이 나라 사람들은 어떻게 될 것인가?……' 하찮은 기사 하나가 마음을 심란하게 했다. 국혼 없는 한 군인의 모습이 서글펐다.

얼마 전 또 하나의 어두운 신문기사가 실렸다. 한 여론조사 결과를 다룬 그 기사는 "안보 위협은 비슷한데 이스라엘 국민 70%는 '정부를 믿는다', 대한민국 국민 70%는 '불안에 떤다'"라는 표제로 시작했다. “기회가 된다면 다른 나라에 가서 살고 싶다”가 한국인은 38%인데, “이란이 핵무기로 이스라엘을 위협할 경우 이스라엘에 머물겠습니까?” 에 이스라엘인 80%가 ‘나라를 떠나지 않겠다’ 라는 답이었다.

1960년대 어느 해인가 이스라엘이 주변의 여러 아랍 국가들과 이른바 ‘7일 전쟁’을 벌인 때가 있었다. 전쟁이 터졌다는 소식에 동경에 유학 중인 아랍계 학생들은 이스라엘 대사관 앞에서 매일 규탄 시위를 벌이고 있었고, 이스라엘 학생들은 다 제각기 아무 말 없이 곧 짐을 싸고 이스라엘로 귀국했다. 싸워서 나라를 지키려 돌아간 것이다. 전쟁은 처음부터 이스라엘의 승리로 점쳐져 있었다. 이스라엘 사람들은 국혼이 늠름했다. 이스라엘이 아랍 국가들과 역사와 문화 외에 뭐가 다른 것이 있어 이런 차이가 생기는 것인가? 생각해야 할 문제가 많다.

최근 우리에게도 희망의 낭보가 있었다. 훈련이 격심한 정예로 이름난 해병대 입대 지망률이 지난 3년간 2.3, 2.1, 2.4대 1이었는데, 연평도 사건 이후 상승해서 2011년 1월에는 4.5대 1로 급증했다는 소식이다. 어떤 신문은 그것을 ‘분노한 청춘’ 이라고 표현했고, 그들의 안보의식, 즉 국혼이 기성세대보다 더 투철하다고 했다. 바라건대, 애국심이 다만 일시적 ‘분노’ 때문만이 아니라, 평상시에도 심화되어 그것이 국민의 국혼으로 널리 퍼져가기를 염원한다. 일제강점기에 많은 사람이 만주로 건너가 죽음을 각오한 독립군이 되었다. 그 국혼이 지금의 평상시 그리고 어떤 위급시에도 엄연하기를 염원한다.

단, 애국심이 심화된 국혼이 국제사회에서 배타적이고 '나르시시즘' 적인 독존적 쇄국주의에 빠져서는 안 될 것이다. 그것은 도리어 국제무대에서는 자해自害에 가깝다. 또한 국내적으로 애국심이 기존 체제에 대한 맹목적인 묵종默從과 찬양으로만 이어져서도 안 된다. 나라가 빗나가지 않고 제 갈 길을 갈 수 있게 자성하고 감시하고 비판함으로써 국력과 국격의 계속적인 고양에 기여하는 것도 애국심과 국혼의 길이다.

민주 성공의 요건

대한민국은 한 국가다. 그리고 그 헌법에 민주주의, 더 정확히 말해서 자유민주주의를 국시로 택한 국가다. 앞의 국력 · 국격 · 국혼은 모든 형태의 국가에 필요하며, 따라서 민주국가에도 필요한 조건들이다. 그러나 민주주의의 경영과 번영에는 왕조나 독재국가와는 또 다른 조건들이 부가되어야 한다. 그것을 민주적 공인의 자질이라고 불러 본다.

민주주의는 여러 각도에서 여러 가지로 정의할 수 있다. 나는 자주 민주주의를 감정적 · 소극적으로는 개 · 돼지나 노예 또는 로봇처럼 살지 않아도 되는 나라라고 정의한다. 그렇게 살 수밖에 없었던 옛 식민지와 독재의 시대가 지긋지긋해서다. 그리고 개념적 · 적극적으로는 '국민 각자가 자율적으로 행복을 추구할 수 있는 권한이 최대한 허용되어 있는 나라' 라고 정의한다. 최대한의 자율이 자유민주주의의 궁극적인 시금석이기 때문이다.

감정적이건 개념적이건 이 정의는 인간의 존엄성이라는 이념에 그 뿌리를 둔다. 어느 시대 어느 나라건 인간의 존엄성 사상이 전혀 없던 사회는 없을 것이다. 없었다면 애당초 사회 자체가 형성되지 않을 것이기 때문이다. 다만, 민주주의는 그 사상을 가장 드높게 정치 이념 그리고 생활 이념으로 간직하는 사회체제다.

한마디로 민주주의라고 하지만, 우리가 바라는 민주주의는 '자유민주주의'를 줄인 말이고, 자유민주주의는 실은 자유와 민주주의 두 개념의 합성어라고 생각해야 한다. 명색은 민주주의지만 자유는 없는 또는 심하게는 자유를 탄압하는 나라가 허다하기 때문이다. 좁은 의미에서의 민주주의는 1인 1투표의 보통선거를 의미하며, 대통령 선거와 마찬가지로 '권력 획득' 또는 권한 부여의 한 원리다. 그런 보통선거가 권력 세습이나 무력혁명에 의한 권력 획득보다 낫다는 신념에서다. 이와 대조적으로 정치적 의미에서의 자유는 그렇게 획득한 권력을 국민의 자율적인 행복추구권을 최대한 보장하면서 행사하는 '권력 행사'의 한 원리다. 따라서 민주주의와 자유는 서로 관련은 있지만 별개의 개념이다.

실제로 허울이 좋아 민주적인 보통선거지 권력을 거머쥔 다음 그 권력 행사에서는 국민의 자유를 유린하고 박탈하는 독재를 일삼는 경우가 비일비재하다. 독일의 히틀러, 필리핀의 마르코스, 아르헨티나의 페론 등이 그 예다. 한국의 이승만, 박정희 대통령도 일단 그 반열에 든다. 이러한 비자유민주주의illiberal democracy는 신생국가에서는 도리어 예외 아닌 상례다. 그것은 어딘가 심히 모자라는 불완전한 '결격형缺格型 민주주의'인 셈이다.

문제는 왜 이렇게 고상한 포부를 가지고 출발했던 민주주의가 쉬 결격형의 비자유민주주의로 전락하는가 하는 것이다. 이 점에서 벌써 옛날 19세기 초반 프랑스 정치학자 토크빌Tocqueville이 미국 정치의 실황을 면밀히 관찰하고 펴낸 명저 『미국의 민주주의』의 결론 부분이 아주 교훈적이다.[4] 그는 미국의 성공적인 민주주의 운영의 원인은 결국 세 가지라고 결론짓는다. 첫째는 천혜의 풍부한 자연 자원이고, 둘째가 법의 지배고, 셋째가 사람들의 도덕적 · 지적인 특성이라고 했다.

첫째, 광활한 국토와 풍부한 자연 자원은 쉽게 풍요를 갖출 수 있게 했으며 부족한 자원을 가지고 아옹다옹 싸울 필요가 없었다. 기실 너무 가난한 나라에서는 민주주의를 도입해도 쉬 무너져 다시 독재로 전락한다는 근래의 연구도 많다. 쉐보르스키Prezeworski와 리몬기Limongi의 연구가 그 예다.[5] 이들은 1950년에서 1990년 사이의 세계 모든 나라를 대상으로 연구한 결과, 1인당 국민소득이 1,500달러 이하인 나라에서는 보통선거에 의한 민주주의를 도입해도 대개 8년도 안 돼 독재로 변질되고, 9,000달러 이상이 되어야 민주주의가 정착된다고 결론지었다. 어느 정도의 기본적인 풍요는 민주주의의 보존과 발전에 필수다.

둘째, 모두가 옛 신분을 버리고 다 '알몸'으로 미국에 이민한 사람들에게는 사람들을 이래라 저래라 지배할 왕도 없고 귀족도 없고 특권층도 없었다. 그러나 여러 사람이 같이 살아야 하는 사회생활에는 어떤 모양으로든 규율과 통제는 없을 수가 없다. 달리 기존의 통제자 · 명령자가 없는 그들에게는 그들이 합의해서 정한 법만이 그 통제의 원리가 될 수밖에 없었다. 민간인이 법적 판결에 참여하는 배심원제도도 그런 법의식을 배양한다. 법을 세우고 지키고 집행하는 습성이 거의 체질적으로 사회화된 셈이다. 모든 나라에 그런 경향이 다소 있지만, 미국에서는 법조인이 유난히 존경을 받는다.

셋째, 미국에서는 민주적 공공생활에 필요한 도덕적 · 지적 특성은 교육과 직접 정치과정 참여로써 함양된다. 이민 초기부터 '건국의 아버지들'은 교육을 강조했다. 그 교육은 당시 유럽 나라들의 교육처럼 그 주 목적이 사람들을 '사적 생활에 유능하게' 하려는 것이 아니라, '정치' 생활, 즉 공적 생활에 필요한 자질을 기르는 것이 목표고 목적이었다. 지식교육이 도덕교육과 분리되어 있지 않았으며, 입법 · 행정 · 사법에 관한 지식도 책으로만이 아니라 실제 경험으로 익혔다.

이 세 가지 원인 중에서도 가장 결정적인 요인은 사람들의 행동관습, 즉 도덕적 · 지적인 특성이라고 토크빌은 결론지었다. 그의 추론은 다음과 같다. 남미도 미국 못지않게 자원이 풍부한데 남미에 민주주의가 성공한 나라는 없다. 그러니 풍요가 최종적인 결정 요인은 아니다. 또 멕시코도 미국과 비슷한 법을 가지고 있는데 그곳에서는 민주주의가 살아나지 못한다. 그리고 같은 법을 가지고 있는 미국 안에서도 동부에서는 민주주의가 원활하고 서부에서의 민주주의는 거칠고 문제가 많다. 따라서 법이 중요하기는 하지만, 그에 앞서 또는 그와 동시에 민주주의를 원활하게 운영할 수 있는 사람들의 도덕적 · 지적 특성이 필수라는 말이 된다.

토크빌의 이런 주장을 원용한다면, 많은 신생국가가 민주주의를 택했으면서도 쉬 독재적인 비자유민주주의로 전락하는 이유도 추론할 수 있다. 즉, 그런 나라들에는 제각기 특수한 사정도 있겠지만, 일반적으로 너무 가난하다든지 또는 법이 법대로 서지 못한다든지 또는 민주주의를 영위하기에는 사람들의 도덕적 · 지적 수준이 미흡하다든지 할 경우에 민주주의는 조만간 비자유민주주의로 전락하기 쉽다는 추론이다. 한국에서도 가난의 시절에는 겉 허울은 민주주의였어도 긴 세월 실은 비자유민주주의였다. 경제가 어느 정도의 풍요에 이른 1990년에야 민주주의의 꽃인 평화적 정권 교체가 가능했다. 그러나 그 자유민주주의라는 꽃이 결실하기에는 다른 두 조건, 특히 도덕적 · 지적 특성의 성숙이 더 필요한 셈이다.

그렇다면 그 긴요한 '도덕적 · 지적 특성'들을 무엇으로 보느냐가 문제다. 나는 그 답을 다음에 자유라는 개념을 중핵으로 총괄해 본다. 그 전에 이런 도덕적 · 지적 특성들이 바로 앞서 논의한 국격을 드높인다는 점, 따라서 민주주의의 신장은 곧 국격의 고양을 의미한다는 점을 새삼 적기해 둔다.

자유의 개념

민주국가의 공인으로서 긴요한 지적 · 정서적 · 도덕적 자질의 중핵은 성숙하게 내면화된 자유의 개념이라고 나는 믿는다. 나는 자유는 민주적 사회철학의 중핵적 개념이고, 또한 학교의 도덕교육, 사회교육, 정치교육 또는 흔히 거론되는 민주시민교육도 그 목적의 태반이 성숙된 자유 개념의 이해와 그 내면화에 있다고 믿는다.

'자유!'란 참 그리운 말이다. 어쩌면 자유는 인간만이 아니라 움직여야 사는 모든 동물의 기본 욕구일지도 모른다. 개도 새도 우리 속에 가두어 놓으면 싫어한다. 틈만 나면 우리 밖으로 나와 자유를 찾으려 한다. 사람들의 민주주의도 압제자에게 자유를 뺏기는 것이 싫다는 데에 연유한다. 근대 민주주의의 발상이라고 하는 13세기 초 영국의 대헌장Magna Carta도 지방의 영주들이 왕의 압제에서 벗어나 자유를 찾기 위해 왕과 맺은 협약이었다. 보통선거가 목적은 아니었다. 18세기 후반 프랑스 혁명도 당초에 왕과 귀족의 압제에서 벗어나려는 뜻이었는데, 왕이 끝내 말을 듣지 않자 아예 왕을 없애 버리고 민주적 보통선거로 정체를 바꾼 사건이다. 이런 예들은 자유의 희구가 민주주의의 염원보다 앞선다는 것을 뜻한다.

언뜻 내 마음대로 할 수 있다는 어감을 풍기는 자유라는 개념은 실은 그 행사에는 '걸리는 데'가 많은 개념이다. 때로는 대칭적인, 때로는 대척적인 여러 다른 개념들과 관계지어 생각해야 할 문제가 많은 개념이다.

첫째, 흔히 강조되는 대로 자유는 책임과 표리의 관계에 있다. 자유의 행사에는 반드시 그 결과에 대한 책임을 수반한다. 책임 없는 '자유'는 자유 아닌 방종 · 방자다. 이 점에서 실존주의實存主義 사상가들이 주장하는 엄준한 자유의 해석을 엄숙하게 음미할 만하다. 그들은 인간이란 근본적으로 '전적全的 자유'의 존재이며, 동시에 '전적 책임'의 존재라고 주장한다. 즉, 인간은 어떤 경우에도 전적으로 자유로운 존재라는 말이다. 단, 동시에 전적으로 그 책임을 져야 하는 존재이기도 하다. 예를 들어, 살벌한 독재국가에서도 사람은 근본적으로 자유롭다. 다만, 반항했을 때 따르는 형벌이라는 책임이 두려워서 부자유라고 말할 따름이라는 것이다. 따라서 "자유는 지고 다니기 아주 무거운 그렇다고 버리기도 아까운 보물이다"라고 했고, "인간의 자유는 축복이 아니라 저주다"라고도 했다. 이런 엄준한 자유의 개념은 인간 실존에 필연적인 '실존적 자유'라고 부를 수 있다. 그것은 보통사람들은 행사하기 어려운 자유다. 그러나 예컨대 죽음을 각오한 혁명가들은 용감하게 직면하고 행사하는 자유다. 기실 모든 자유의 행사에는 거기에 수반되는 책임 때문에 언제나 다소간에 용기가 요구된다.

우리가 흔히 거론하는 자유는 한 국가가 법 또는 관습으로 허용하고 보장하고 있는 실정적實定的 자유를 뜻한다. 실정적 자유는 국가체제에 따라 그 범위가 다르다. 민주국가에서는 그 자유의 범위가 넓고, 독재국가에서는 그 범위가 좁다. 넓건 좁건 그 나라의 국민은 그 실정적 자유의 범위 안에서 행동해야 할 의무를 지닌다. 법 안에서의 행위에는 그 법적 책임을 묻지 않지만, 법 밖의 행위에는 책임을 묻는다. 그러나 법 안의 행위에도 법적 책임은 묻지 않는다 하더라도 사회적 · 도덕적 그리고 개인적 책임은 반드시 따른다. 거주 · 직업 · 종교 · 언론의 자유는 있다. 그러나 그 자유의 행사 여하는 사회공공에게 또 자기 자신에게, 그리고 좀 거창하게 말해서 역사에게 이利가 될 수도 있고 해害가 될 수도 있다. 자유의 언저리에는 책임이 둘러싸고 있는 셈이다. 따라서 자유는 호락호락 행사할 수 있는 것이 아니다.

둘째, 자유는 규율規律과 대칭적인 관계에 있다. 그러면서도 동시에 서로 보완관계에 있다. 사람은 자유를 행사하는 개인적 존재다. 그러나 동시에, 같이 살아가야 하는 사회적 존재이기도 하다. 같이 살아가야 하는 사회생활에는 기본적인 규율에 따른 통제가 필수다. 그렇지 않으면 그것은 사회생활이 아니며 무법·무정한 약육강식의 정글일 뿐이다. 그래서 모든 민족이나 모든 종교에는 반드시 어떤 근본적인 계율이 있었다. 고조선의 팔조법금, 기독교의 십계, 불교의 오계가 그 예다. 이런 고대의 계율은 그 당시 집단의 법과 도덕과 정서를 반영한다. 그러나 자유민주주의 사회에서는 그 규율을 반영하는 법·도덕·정서가 자유의 위축이 아니라 자유신장의 방향으로 세련되게 진화해야 할 문제가 남는다. 이 문제는 앞서 논의한 '국격'의 문제와도 같기 때문에 여기에서 재론할 필요는 없다.

다만, 언뜻 규율이 자율을 제한하는 것 같지만, 실은 규율이 있기에 자유도 있을 수 있다는 점은 새겨 둘 만하다. 교통질서가 엉망이면 마음 놓고 자동차를 몰고 갈 수 있는 자유는 없어진다. 교통규칙이 있어야 그 자유가 가능하다. 밤거리가 위험하면 밤에 거리를 산책할 자유는 없다. 사회질서가 있어야 그 산책의 자유가 가능하다. 버릇없이 자란 아이는 결국 따돌림을 당하게 마련이고, 교우 등 인간관계에서의 자유에 한계가 생긴다. 법은 한편 자유를 제한하기도 하지만, 또 한편 자유를 보장하기도 한다.

셋째, 자유는 평등과도 대립관계에 들기도 한다. 자유와 평등은 모두 인권人權이라는 관념에 뿌리를 두면서도, 흔히 대척적 관계에 들면서 그 균형과 조화를 요구한다. 인간은 한편 남과 같고 남과 같은 취급을 받기를 원하면서도 또 한편으로는 남과 다르고 남보다 나은 취급을 받기를 원하는 모순된 존재라고 해야 한다. 남처럼 잘살기를 원하기도 하지만, 남보다 더 잘살기도 원한다. 두 욕구는 개인심리 안에서도 병존하지만, 사회적 이념으로도 병존하면서 자주 갈등관계에서 대립하기도 한다. 학교 평준화 문제에서도 '내 아이도 같이 공부하자'는 평준화 주장도 있지만, '내 마음대로 학교를 골라 가자'는 자유의 주장도 있다. 전형적인 민주국가에는 자유를 기치로 하는 보수정당이 있고, 평등을 기치로 하는 진보정당이 있는 것도 자유와 평등의 균형과 조화에서 민주주의가 발전한다는 것을 의미한다.

프랑스 혁명의 유명한 표어 자유 · 평등 · 우애는 그냥 좋은 말들을 일직선상에 나열해 놓은 것이 아니라, 자칫 갈등관계에 빠질 수 있는 자유와 평등을 조정하고 그 균형을 잡을 수 있는 원리로 우애를 내세운 삼각형의 관계로 나는 해석한다. 서로의 사정을 이해하고 감정이입하는 우애의 정신이 결국 자유와 평등을 융화할 수 있다는 원리를 함축하는 표어인 셈이다.

넷째, 자유는 불안과도 대칭적으로 연관된다. 개인도 사회도 어떤 연유로 불안해지면, 그 불안의 정도만큼 자유를 유보해야 하고, 심지어 자유를 포기하는 현상도 생긴다. 예컨대, 불안한 전쟁 시에 국민은 많은 자유를 유보할 수밖에 없다. 그래야 '일사불란'하게 힘을 모아 대적할 수 있기 때문이다. 또한 극도의 가난 속에서는 '자유보다 빵이 급하다'는 것도 당연한 심리기제다. 앞에서 인용한 민주주의와 경제발전의 관계도 이 심리기제를 방증한다. 빵을 준다면 자유는 일단 유보한다.

더 심층적인 심리기제도 있다. 프롬Fromm의 주장대로, 긴 역사에서 사람들은 종교의 압력에서 해방되고, 독재의 정치적 압제에서도 해방되고, 전통적 도덕규범에서도 해방되어 옛날보다는 극히 자유로운 존재가 되었다. 그러나 망망대해에서 표류하는 것과 같은 지나친 자유는 불안의 심리를 자아내면서, 도리어 어떤 기반羈絆을 찾아 속박해 주기를 바라는 심리에 이르게 한다. 너무 거친 바다를 만나면 배는 든든하게 밧줄로 매 줄 항구의 정박소를 그리워한다. 자유의 공간은 그것을 능히 소화할 수 있는 역량이 부족해서 힘에 겨우면 마치 넓은 광야에 홀로 서 있는 것처럼 허전하고 불안해진다.

또한 자유를 제대로 소화할 능력이 부족한 사람이나 어린아이에게는 그만큼 자유를 제한할 수밖에 없는 것도 당연하다. 자동차 운전 능력이 없는 사람에게 운전의 자유를 줄 수는 없고, 삼척동자에게 칼을 맡길 수는 없다. 자유는 책임, 규율, 평등, 불안이라는 대칭적 조건을 능히 균형 있게 소화할 수 있는 사람에게만 의미 있게 주어질 수 있는 특권이다. 무지 · 무능 · 무정 · 무도덕으로부터의 자유는 자유의 근본조건이라고 해야 한다. 흔히 교양교육과 같은 뜻으로 사용되는, 인문교육이라고 번역하는 liberal education은 문자 그대로 '자유교육', 그 무지 · 무능 · 무정 · 무도덕으로부터 해방시킴으로써 사람의 '자유를 신장해 주는' 교육이라는 뜻을 담고 있다. 교육은 인간을 자유화한다.

공인 함양

앞에서 인용했듯이 19세기 초 토크빌은, 유럽에서는 학교교육을 개인의 사적 생활에 유리한 능력을 기르는 곳으로 여기고 있는 반면, 미국의 학교교육은 공적 생활에 필수적인 자질, 즉 공인을 기르는 것이 그 주 목적이었다고 관찰했다. 그의 관찰은 오늘의 미국 학교교육에도 그대로 들어맞는다고 해야 한다. 그리고 그의 관찰은 한국 학교교육의 현실에 신랄한 충고를 던진다. 학교교육이 거의 전적으로 개인적인 출세나 치부의 수단으로 간주되어 왔다는 느낌을 금할 수 없기 때문이다.

공인의 함양은 학교에서만 이루어지는 것은 아니다. 여러 지역사회활동, 직장활동, 여러 협회 · 자원단체활동 그리고 국가의 정치활동 전반에서도 함양하고 또 함양되어야 한다. 그런 공인 함양의 방도로 다음의 세 가지 생각을 제안한다.

학교에는 사회생활 영역의 여러 교과가 있다. 장차 국가경영에 직결되는 역사 · 지리, 정치 · 경제 · 사회, 문화 · 도덕 등의 소양을 다루는 사회계 교과학습은 당연히 공인의 교육에 필수다. 거기에서 학생들은 공공생활에 필요한 기본 지식을 학습한다. 그 사회계 학습이 입시준비 때문에 '국 · 영 · 수'에 밀려 명목적인 학습으로만 다루어지고 있는 것은 내일의 이 나라를 위해 실은 심각한 문제라고 해야 한다. 이런 사회계 학습은 지식 습득에만 목적이 있는 것이 아니다. 각종 사회문제에 관한 조사력, 자료 수집력, 자료 해석력, 분석력, 비판력, 판단력 등을 기를 수 있는 기회도 거기에 마련되어 있어야 한다. 그러려면 자연히 강의와 독서를 넘어서 그렇게 사회문제를 분석하고 조사하고 자료를 수집 · 해석하고 비판하고 판단해 보는 다양한 학습활동이 필요하다. 그럴 학습시간과 활동이 마련되어 있지 않은 것이 문제다.

이런 학습활동 과정에서 학생들은 여러 정서적 · 도덕적인 특성 계발의 경험도 할 수 있어야 한다. 예컨대, 남의 이야기를 들을 줄 알고, 남의 입장에 감정이입도 하고, 양보와 절충도 하고, 건설적인 협의 · 토론도 할 줄 알고, 협동해서 작업을 계획하고 진행할 줄 알고 등등 원활하고 생산적인 정서적 · 도덕적인 경험도 할 수 있어야 한다. 사회계 교과학습에 이런 활동이 풍부했더라면, 그렇게도 잦은 지도층의 부정비리나 걸핏하면 폭언과 폭행으로 얼룩져 협의 · 타협 없는 평행선을 일삼는 국회 광경도 없을 것이다.

한국의 학교교육은 어쩌면 크게 전도顚倒되어 있다고 해야 한다. 실생활에서 직접 종사하고 활동해야 할 사회, 자연, 예능, 실업 등의 문제를 다루는 '내용' 과목은 소홀히 여기고, 그것을 다루기 위한 수단으로 필요한 국 · 영 · 수 등 '도구' 과목만 강조하고 있기 때문이다.

모든 학습이 그렇지만, 특히 공인적 자질은 공공생활 과정에 직접 참여하는 경험을 통해서 가장 효과적으로 체득된다. 가정이건 학교건 직장이건 모든 집단에는 필연적으로 결정하고 입안하고 준비·시행하고 평가하는 등 해야 할 일들이 많다. 그 일들에 집단 성원들이 넓게 같이 참여할 기회가 많을수록 그들에게 공인적 자질이 함양된다. 예를 들어, 학교에서 운동회를 하기로 했을 때, 그 결정에 교장과 교사뿐만 아니라 학생들도 그 운동회의 입안·준비·시행·사후 평가에 적절히 참여할 수 있다면 학생들은 공인적 자질 함양의 기회를 갖게 된다. 직장에서도 매한가지다. 물론 사장과 간부들이 회사운영의 책임자다. 그러나 사내의 제반 활동의 결정·입안·시행·평가에 사원들의 적절한 참여가 있다면 사원들의 공인적 자질은 향상의 기회를 갖는다. 한 나라의 면·군, 동·구, 시·도 등의 대소 행정단위에서도 마찬가지다. 공인은 공공활동에 참여함으로써 필요한 특성이 내면화된다.

앞에서 인용한 토크빌은 미국의 군 수준에서부터 진행되는 미국 사람들의 활발한 공공활동 참여에 특히 깊은 감동을 받았다. 각종 선거에 참여함은 물론, 문제가 생기기만 하면 동네 사람들이 모여서 제각기 의견을 말하고 듣고 토론하고 협의하고 합의하는 장면이 토크빌에게는 유럽 나라들에는 없는 기본적인 정치활동일 뿐만 아니라 미국인들의 '정치교육', 공인교육의 장이라는 깊은 인상을 주었다. 시민이 재판에 참여하는 배심원제도는 정치교육의 효과가 아주 크다고 보았다. 하기는 애당초 미국 사람들은 그럴 수밖에 없었다. 이래라저래라 할 왕도 귀족도 없고 전통적 관습도 없는 상황에서는 같이 머리를 맞대고 해야 할 일을 결정할 수밖에 없었을 것이다. 민주국가를 실현하기에는 다른 나라에 없는 희귀하게 좋은 사회조건이었던 셈이다. 그러나 다른 나라에서도 민주주의의 성숙을 원하는 한, 사회 전반에서 국민의 공공생활 과정의 풍부한 참여를 자극하고 장려하고 유도함으로써 그 공인의 자질을 '교육'해야 할 것이다. 어쩌면 우리는 옛날 백성들이 자기의 운명 만사를 덕이 있는 '명군'에 의지했던 버릇이 아직도 좀 남아 있어서, 그것이 공인적 자질의 함양에 방해가 되고 있는지도 모른다.

여기에서 '모방학습'의 크나큰 중요성에 대해 언급해야겠다. 관찰학습 또는 사회학습이라고 부르는 모방학습은 20~30년 전까지도 학습심리학의 주류 관심사는 아니었다. 그 주류는 직접 경험으로써 배우는 경험학습, 행동학습, 강화학습이었다. 그러나 앞에서 인용한, 뱀이 무서운 줄 몰랐던 원숭이가 다른 원숭이가 뱀을 보고 기겁하는 것을 보고 나면 저도 뱀을 피한다는 등의 실험 사례들은 '보기만 해도 흉내내고 배운다'는 모방학습에 새로운 관심을 일으켰다.[6] 특히 앞에서 언급한 최근의 거울뉴런의 발견은 모방학습의 강력하고 광범한 영향력을 장차 더 풍부하게 입증할 것으로 기대된다.

아이는 부지불식간에 엄마·아빠를 닮는다. 학생은 선생님이 가르치는 국어·수학만 배우는 것이 아니라, 선생님의 말투도 몸짓도 품행도 추행도 부지불식간에 닮는다. 사원들은 부지불식간에 사장과 간부의 언동을 닮는다. 국민은 사회적 가시성可視性이 높은 대통령, 장관, 국회의원 등의 언동을 닮아 가고, 텔레비전의 연극·연예인을 닮아 간다. 이대로라면 모방학습도 '무서운' 학습기제다. 대통령의 막말은 그대로 국민의 막말을 부추기고, 국회의원들의 난투

장면은 국민의 난투행위를 부추긴다. 물론 그 역도 가능하다. 즉, 대통령·국회의원이 국민에게 바람직한 품행의 귀감도 될 수 있다. 귀감龜鑑은 거울로 비춰 닮는다는 뜻이다.

특히 모방학습은 공인교육의 핵심인 도덕학습·정서학습에 결정적인 중요성을 지닌다. 따라서 국민이 공인으로서의 자질을 함양하는 데에는 이 나라 지도층의 언동이 크나큰 영향을 준다는 말이 된다. 엄밀히 말해서 부모는 아이의 나쁜 행동을 나무랄 자격이 없다. 그 나쁜 행동은 대부분 애당초 부모에게서 닮아 배운 것이기 때문이다. 아이가 거짓말하는 것은 부모가 거짓말하기 때문이고, 아이가 공부 안 하는 것은 부모가 공부 안 하는 경우가 대부분이다.

한 나라의 전통에는 변화하는 것도 많지만, 좋은 것이건 나쁜 것이건 변화하지 않고 끈질기게 이어지거나 끝머리가 남아 있는 경우도 많다. 우리나라 윷놀이는 캐나다의 인디언에게도 있었던 것으로 미루어, 윷은 아마도 1만 년은 넘게 이어져 온 놀이일 것이다. 조상 숭배와 어른에게 경어 쓰기도 수천 년을 헤아리고 지금까지 이어져 왔다. 한국인의 기질에도 그렇게 옛날부터 이어져 온 것이 많을 것이다. 앞에서도 언급했듯이 옛 과거제도의 잔영도 지금까지 남아 있다고 보아야 한다. 심리학자 융Jung은 '집단무의식'의 이론으로 유명하다. 한 민족의 사고방식에는 긴 수천 년의 과거 역사에서 쌓이고 쌓인 층층의 사고방식이 지금에도 무의식적으로 작용하고 있다는 이론이다. 모든 전통의 거의 무의식적 계승도 근본적으로 세대에서 세대로 이어지는 모방학습의 기제에 의한 것이라고 나는 추론한다. 공인적인 자질도 그렇게 이어지는 것인지도 모른다. 결국 공인의 자질을 함양함에는 지도층의 의식적인 '시범'의 노력이 가장 긴요한 관건일지도 모른다.

마지막으로 다시 강조하고 싶은 것은 공인적 자질 함양의 가장 장기적 대책은 앞 장에서 논의한 이 나라 각급학교의 폭넓은 전인교육을 부활하고, 그것을 잇는 대학의 폭넓은 교양교육을 강화해야 한다는 점이다. 앞에서도 언급했듯이 교양이란 근본적으로 사회적 문제를 나의 문제의식으로 내면화한 것이기 때문이다. 인문 · 사회 · 자연 · 예술에 걸친 잘 짜인 교양과정은 지도자 양성에도 필수조건이다. 그런 교양교육에서 지도자에게 필수적인, 균형 잡힌 지와 정과 덕이 길러지고 넓게 사람들을 이해하는 개방된 포용력도 함양된다. 이 나라의 모든 지도층 인사들이 그런 교양과정을 제대로 거쳤다면 자주 보고 듣는 옹졸한 변사또형의 지도층 인사도 지금보다는 아주 드물었을 것이다. 내일을 위해서는 그런 전인교육, 교양교육을 부활 · 강화해야 할 것을 다시 한 번 강조한다.

03 생산인

내일의 한국인은 장인정신과 창의력을 지닌
유능한 생산인이기를 바란다.
내일의 세계는 범상하고 진부한 생산력으로는
이겨 내지 못하기 때문이다.

사람은 먹어야 산다. 그러려면 가만히 있어서는 안 되고 어떤 일을 해야 한다. 그 일을 잘 해내면 잘 살고 잘 못 해내면 궁해지게 마련이다. 옛날에도 그랬고 오늘날에도 그렇고 내일도 그럴 것이다. 아주 옛날 미개의 수렵 · 채취 시대에는 그 일이 사냥하고 열매 따고 하는 일이었으나, 문명이 복잡해진 현대에는 그 일의 종류가 수만 가지에 이른다. 오늘날에는 그중에서 한 가지 일을 골라서 생업 내지 직업으로 삼아야 한다. 그것은 현대인의 필연이고 당연이다.

암울했던 일제 강점기 1921년에 이광수李光洙는 '민족개조론'이라는 글에서[1]그는 만년에 친일파로 낙인찍혔으나, 당시의 그는 우국지사였다 그 내용으로 여덟 가지를 호소했는데, 그중 하나에 '반드시 일종 이상의 직업을 가질 것'이라는 조항이 있었다. 나는 '사람은 으레 직업을 가져야 하는 법인데, 그 당연한 일을 왜 굳이 들먹이나?' 의아하게 여겼다. 그러나 비슷한 시기에 도산 안창호安昌浩의 「민족에 드리는 글」을 읽고 그 말이 이해가 되었다. 그의 글 중에 "우리 민족의 생활이 소위 하급이라고 일컫는 평민들은 실지로 노동을 힘들여 하며 살아 왔거니와, 소위 중류 이상 상류 인사라는 이들은 그 생활하는 것이 농사나 장사나 자신의 역작力作을 의뢰하지 아니하였고 그 생활의 유일한 일은 협잡이었습니다"라는 구절 때문이었다. 또 어떤 글에선가, 옛날 양반들은 벼슬만이 목적이었고, 벼슬하지 못하면 굶어도 손톱에 흙이 끼는 일은 안 했고, 따라서 굶어 죽지 않으려면 뺏어 먹든지, 속여 먹든지, 빌붙어 먹든지, 빌어먹든지 할 수밖에 없었다는 말도 생각났다. 직업의 '職' 자가 '벼슬' 직이라는 것도 벼슬만 직업이고 다른 직업은 천업이라는 생각을 부추겼을지도 모른다.

그랬던 옛날에 비하면 지금 우리의 직업관은 판이하게 달라진 셈이다. 그리고 엄청 복잡 · 다양해지고 전문화되고 경쟁과 유동성이 심한 현대의 '일의 세계', 직업의 세계에는 관련되어 생각해 보아야 할 문제도 많다. 무엇보다도 우선 일의 세계는 개인에게는 삶의 기반인 동시에 국가에는 국력의 원천이라는 점에서 심각한 문제다.

소명으로서의 직업

직업은 일단 개인의 생계 수단이다. 돈벌이의 수단이다. 돈벌이에 이어지지 않는 취미활동이나 봉사활동은 직업이 아니다. 그러나 직업은 단순히 돈벌이 수단만은 아니다. 직업이라고 부를 수 있으려면, 그 일은 동시에 어떤 모양으로든 사회적으로 유용 · 유익해야 한다. 다른 사람들에게 어떤 편의나 이익을 주는 것이라야 한다. 아무리 돈벌이가 된다 해도 도둑질이나 도박을 직업이라고 하지는 않는다. 따라서 효능적인 직업활동은 개인의 삶의 운영과 그의 자아실현에도 필수고, 동시에 국가사회의 번영 · 발전에도 필수다.

당연한 이야기지만, 왜 직업을 심각하게 생각해야 하는지 그 이유를 두 사회학자는 다음과 같이 요약한다.[2)] 첫째, 직업은 사람들이 생시의 대부분을 보내는 생활활동이다. 그래서 사람들의 최대 관심사다. 둘째, 직업은 다른 사람들과 상호작용하는 사회적 역할을 지닌다. 그것은 연극에서 배역들이 상호작용하는 것과 같다. 셋째, 직업은 개인과 큰 사회를 잇는 연결고리를 이룬다. 사람은 대부분 직업을 통해서 사회에 어떤 공헌을 한다. 넷째, 직업은 사람의 개인적 정체성正體性 형성에 가장 중요한 근거가 된다. '너는 뭐냐?' 라는 물음에 첫 대답은 대개 '나는 의사다' 또는 '나는 공무원이다' 라는 등의 직업명이다. 다섯째, 직업은 그 직업집단의 독특한 '하부문화' 를 형성하고, 일정한 지식, 태도, 가치관, 행동을 요구한다. 여섯째, 직업은 사회적 단결과 통합의 중요한 기초를 형성한다.

직업의 영어 vocation에는 생계를 위한 돈벌이라는 생각을 넘어서는 종교적인 뜻이 있다. 직업은 신의 소명召命이라는 생각이다. 즉, 성경의 '창세기' 말대로 신이 우주를 창조했는데, 그 창조의 일을 계속해 가는 것이 인간에게 주어진 사명이라는 것이다. 그래서 직업을 calling부름이라고도 한다. 일, 직업을 신성시하는 관념이다. 이런 관념에는 일에 귀천貴賤이란 없다는 생각도 수반한다. 장관도 농민도 청소부도 다같이 신의 심부름을 하고 있기 때문이다. 굳이 비꼬아서 해석하면 자칫 귀천의식이 개재하기 쉬운 현실에서 천직자도 그 일을 천하게 생각하지 말고 열심히 일하라는 훈계를 담은 생각일 수도 있다. 그러나 사회 전체로서는 다 필요한 직업이기 때문에 원칙적으로는 귀천의식이 없어야 할 것은 당연한 일이다.

일의 세계

사람의 교육은 원시적으로는 직업교육으로 시작한 셈이다. 수렵·채취시대에는 아이들에게 사냥하는 방법, 따먹어도 되는 열매, 풀, 버섯을 가려내는 방법을 가르쳐 주는 것이 급선무였다. 그래야 끼니를 잇고 살아갈 수 있기 때문이다. 교육은 처음부터 '일의 세계'와 관계된 일이었다.

오늘날의 학교교육도 넓은 뜻으로 해석한다면 초등학교, 중학교, 고등학교, 대학도 다 원칙적으로는 직업교육기관이다. 다 장차 '먹고 살아가야 할' 삶, 자신의 삶 그리고 나라의 삶을 준비하기 위한 교육이기 때문이다. 어른들은 가끔 아이들에게 "너 이다음에 뭐가 될래?"라고 묻고, 아이들도 가끔 그렇게 자문한다. 그것은 대부분 어떤 직업을 가질 것이냐를 묻는 질문이다. 그만큼 직업에 대한 관심은 원초적이다.

흔히 교육 내용을 인문계liberal 또는 교양교육과 실업계vocational 또는 전문교육으로 나누는데, 이 구분도 실은 엄밀한 구분일 수 없다. 인문계 과목의 직업도 많기 때문이다. 실업계 직업에도 기본 교양은 필수다. 실업교육에 관한 한 보고서는 어느 작업장에서나 다 필요한 기본적인 기능으로 다음의 일곱 가지를 들었다.[3)]

① 기초-'학습하기'를 학습하기learn to learn

② 능력-읽기, 쓰기, 셈하기

③ 소통–듣기, 말하기

④ 적응–창조적 사고의 문제 해결

⑤ 자신 관리–자존심, 목적 설정/동기, 직능 계발

⑥ 집단생활–대인능력, 협상, 단체활동

⑦ 영향력–조직생활, 지도력

말할 나위 없이, 이런 능력들은 인문교육이건 실업교육이건 교육 전반에서 길러야 할 전인적인 능력들이다. 전인교육은 기초적인 직업교육으로서도 긴요하다.

우리는 1장에서 전인교육의 목적은 두 가지라고 했다. 하나는 모든 학생에게 넓은 문화활동에 걸친 기본적인 지 · 정 · 의 · 체의 소양을 함양하려는 목적이고, 또 하나는 전인교육이 제공하는 다양한 활동과 시설에 접함으로써 학생 개개인이 자기의 취미 · 적성을 발견하고 그 학습경험을 초보적이나마 '전문적'으로 추구할 수 있는 기회를 제공하려는 목적이라고 했다.

초등학교와 중등학교에서 피아노도 쳐 보고, 유화도 그려 보고, 건축설계도 제도해 보고, ……화학실험도 해 보고, 천체망원경도 사용해 보고, 식물채집도 해 보고, ……역사탐방과 지리탐사도 해 보고, 긴 문학작품의 감상 · 비평도 해 보고, ……각종 공작도 해 보고, 농사도 지어 보고, ……여러 가지 스포츠도 해 보고 하는 다양한 기회 속에서 학생들은 넓은 '일의 세계'의 그림을 그리면서 그 속에서 자신의 진로進路의 방향을 가늠해 간다. 그런 전인교육의 기회와 시설이 실은 가장 기초적인 직업교육 프로그램이다. 폭넓고 동시에 학습경험 심화의 기회도 풍부한 전인교육 프로그램에서는 이미 중등학교 시절에 상당한 수준의 전문적 역량을 갖춘 인재가 출현하는 사례도 많다.

다른 나라에 비해서, 우리나라 고등학교 졸업생의 대학 지망은 유난히 관변적 출세와 경제적 수익에 유리하다고 여기는 학과에 편중된 경향을 보인다. 아무리 인지상정이고 시세라고는 해도, 인문계건 자연계건 기초학문 학과의 지망이 저조한 것은 여러 문화 분야의 국력이 균형 있게 발전해야 한다는 견지에서는 염려스러운 현상이다. 그 원인의 하나는 전인교육의 부재 속에서 자신의 적성을 자신 있게 발견할 기회 없이 시세에만 흔들려 지망하는 탓도 없지 않을 것이다. 또한 2년제 실업계 전문대학 졸업생의 취업률이 4년제 대학 출신 취업률을 훨씬 상회하는데도 불구하고, 4년제 대학을 더 선호하는 추세에도 학생들이 자신의 적성을 발견하지 못한 탓도 없지 않아 보인다.

지금대로는 대부분의 고등학교 졸업생은 '일의 세계'를 탐색하는 경험이 없다. 그저 어림짐작이나 요행수로 진로를 결정하는 셈이고, 그 결과로 적재적소가 아닌 부적배치misplacement로 인한 개인적 실의失意와 국가적 손실도 적지 않을 것이다.

자신의 직업, 자신이 하는 '일'을 유능하게 수행하는 능력은 그 개인의 자아실현의 길이기도 하고 국가발전에 기여하는 길이기도 하다. 더구나 그 능력이 지극히 탁월한 능력일 경우에는 개인의 공적과 명예는 물론이고 나라의 번영과 영광도 크게 드높인다. 그래서 우리는 여러 직종의 장인 또는 달인들, 기업가들, 창조적인 영재들의 출현을 바란다.

여기에 곁들여 프롬Fromm이 사람들을 성격적 특징 네 가지로 나눈 것을 참고할 만하다. 첫째는 수취受取, receptive 지향적 성격으로서, 젖먹이가 엄마에게서 젖을 받아먹는 것처럼 남에게 만사를 의지하고 남들은 나를 그렇게 도와줄 의무가 있는 것으로 생각하는 성격이다. 내 일도 남이 결정해 주기를 바라는 성격이다. 둘째는 반대로 착취搾取, exploitative 지향의 성격이며, 남을 이용하고 짜내고 뭔가를 뺏어 올 대상으로 보는 성격이다. 악랄한 폭군이나 욕심쟁이 사장이 그 예다. 셋째는 시장市場, marketing 지향적 성격으로서, 뚜렷한 자아나 주관 없이 주변의 시세대로 행동하는 사람이다. 주변의 눈치를 살피기에 바쁘고, 내가 추구해야 할 가치도 내가 정하는 것이 아니라 남들이 정하는 것으로 생각한다. 넷째는 생산生産, productive 지향적 성격이다. 뭔가를 만들고 이루어 내면서, 스스로는 자아충만감을 만끽하고 남에게는 도움을 주는 사람이다. 일을 잘해서 돈을 벌어 아이도 잘 기르고 사회에도 도움을 주는 아버지의 모습이다. 단, 프롬은 '생산'을 아주 넓은 뜻으로 해석했다. 그는 물건을 만들어 내고, 그림 · 음악을 만들어 내고, 기술 · 이론을 만들어 내는 일뿐만 아니라, 아이를 돌보고 건전한 인격으로 기르는 것도 생산으로 보았다. '인격'을 생산함이다. 즉, 여기 우리 논의에서도 생산을 그런 넓은 뜻으로 해석하려고 한다.

장인정신

장인匠人이란 본래 목수나 도공 등 연장을 써서 뭔가 만들어 내는 사람이라는 뜻이지만, 거기에는 명장, 거장과 같이 남다르게 특출한 재능을 가진 사람이라는 어감도 풍긴다. 달인達人도 비슷한 말이다. 또 '만든다'를 넓게 해석하면 모든 직업은 다 뭔가 만들어 내는 일이다. 따라서 장인을 어떤 일이건 그 일에서 남다르게 뛰어난 능력을 가지고 있는 사람이라고 정의하고, 그런 장인의 정신적 특징을 흔히 '장인정신'이라고 부른다. 박세리는 골프의 장인, 이창호는 바둑의 장인, 아인슈타인은 물리학의 장인인 셈이다. 기실 교사·의사·변호사, 예술가·사업가·정치가, 각종 기술자는 물론 사무원·판매원·청소원 등 모든 직종에 장인, 달인이 출현할 수 있다. 그들은 스스로는 자신의 잠재능력을 꽃피우는 자아실현을 이루고, 안으로 국력을 북돋우고 밖으로 국격도 드높이면서 사회에 공헌하는 사람들이다.

나는 그런 장인들의 정신적 특징을 세 가지로 보고, 자주 그 예로 명기名器를 빚어내는 도공의 경우를 든다. 첫째, 장인은 자기 일에 대해서 남다른 애착과 사명감을 가지고 있다. 장인 도공은 명품 도자기를 빚어내는 자신의 일이 바로 자신의 존재 이유고, 자신의 삶의 뜻을 펴 나가는 자아실현의 길이라고 믿기 때문에 그 일에 남다른 애착을 가지고 있다. 또 그렇게 명기를 빚어내는 일이 자신이 사회 발전에 공헌하는 길이라고 믿기 때문에 그 일에 남다른 자부심과 사명감을 갖는다. 자신의 직업이 사회 통념상으로 귀한 직업이건 천한 직업이건 거기에는 개의치 않는다. 물론 수입이 많으면 좋고, 남들이 내 직업을 높게 평가해 주면 좋지만, 그런 수입이나 평가는 그에게 이차적인 문제일 뿐이고 거기에 연연해하지는 않는다. 또한 그런 애착과 사명감 때문에, 어떤 '벼슬자리'의 영예나 큰 돈벌이의 유혹을 받는다 해도 쉬 도공의 일을 버리지는 못한다. 그것은 자기 존재를 버리는 일과 같기 때문이다.

둘째, 장인은 자기 일에 관한 남다른 지식과 기량을 가지고 있다. 장인적인 도공은 무슨 진흙이 어디에서 나오고, 그 진흙을 어떻게 반죽하고, 어떤 모양으로 빚고, 도요는 어떻게 만들고 어떤 온도로 굽고 어떤 유약을 쓰고 등등 자기 전문의 구석구석에 관한 지식과 기량을 긴 세월의 연찬研鑽과 경험을 통해서 체득하고 있다. 그는 자기의 전문영역에 관한 한, 그 소왕국小王國 안에서는 자기가 왕이라는 자부심을 가지고 있다. 따라서 그는 남이 자기 일에 이래라저래라 잔소리하고 명령하고 용훼하는 것을 제일 싫어하는 자율적 성격을 지닌다. 그러면서도 그 월등한 식견과 기량과 자부심을 유지하기 위해 충고에는 언제나 개방적이고, 계속적인 전문적 연찬도 게을리하지 않는다. 그의 지식과 기량의 온축蘊蓄은 때로는 다른 사람들을 경탄케 하는 어떤 입신入神 지경의 신비로운 비결秘訣에까지 이를 수도 있다—산속의 스승 검술도사가 수련 끝의 제자에게 전수하는 비결처럼.

셋째, 장인은 자기 전문지사에 관한 한, 높은 표준과 엄격한 윤리를 스스로 적용한다. 장인적인 도공은 조금이라도 흠이 있는 작품은 물론, 범상한 작품으로도 만족하지 않는다. 가마에서 구워 나오는 그릇 중에서 보통 사람의 눈에는 멀쩡해 보이는 그릇도 조금이라도 흠이 있거나 마음에 들지 않으면 사정없이 망치로 깨부수어 버린다. 그러고는 몇 안 되는 상품만을 손에 올려 들고 눈여겨보면서 흐뭇한 표정을 짓는다. 즉, 그는 그의 작품에 남달리 높은 표준을 적용한다. 또한 장인은 다른 일상생활에서는 게으르기도 하고 약속도 자주 잊어버리고 일을 '적당히' 얼버무리기도 하는 경우가 있을지도 모른다. 그것은 일반윤리에 관한 문제다. 그러나 자기 전문지사에 관한 한 그는 절대 게을리도 소홀도 적당히도 얼버무림도 속임수도 용서하지 않는 엄격한 전문윤리를 자신에게 적용한다. 그런 표준 미달, 윤리 미흡은 자신의 존재 이유에 흠이 되는 '자기훼손'이기 때문이다.

우리나라의 모든 직종에 종사하는 사람들, 교사와 의사, 회사원과 공무원, 군인과 경찰, 청소부와 배달부 등등의 직업인들 중에 이런 장인정신에 투철한 사람들이 대부분이라면 한국의 국력과 국격이 비약적으로 상승할 것은 명백하다.

장인에 이를 수 있는 전문적 지식 · 기량의 기본은 자라나는 시절의 어디에선가 습득되어야 한다. 어린 시절 부모의 성화에 따라 배우기 시작한 피아노일 수도 있고, 전문대학 시절에 배운 컴퓨터 프로그래밍일 수도 있다. 어디에서 배웠건 그것이 장인다운 역량으로까지 자라려면 몇 가지 조건이 필요하다. 즉, ① 내재적 가치의 발견, ② 반복적인 연습 · 연찬, ③ 반성적 사고, 그리고 ④ 성취동기라는 조건이다.

우선, 자신이 하는 일 그 자체에 어떤 내재적 가치內在的價値, 즉 어떤 재미, 묘미, 가치, 또는 뜻을 발견할 수 있어야 한다. 그 일이 어떤 돈이나 명예를 위한 수단적 가치가 아니라, 그 일 자체가 지니고 있는 '내재적' 가치에 눈을 뜰 수 있어야 한다. 도공에게는 물론 그릇 빚기가 생계를 위한 수단적 가치가 될 수 있다. 그러나 장인에 이르려면, 그 이상으로 그릇 빚기 그 자체에 어떤 재미 · 묘미를 발견할 수 있어야 한다. 직업에 몰두하는 무아지경, 가마 속 불의 정열, 불길을 지켜보는 고요한 밤의 정적, 빚어낸 그릇의 아름다움 등 그 자체에 즐거움을 느낄 줄 알아야 한다. 나는 인간이 하는 모든 일에는 그런 내재적인 재미나 즐거움이 있다고 본다. 농부가 땅을 가는 힘든 일에도 정다운 흙냄새, 들에 우는 새소리, 이마에 흐르는 땀을 식혀주는 시원한 바람이 있다. 이 내재적 가치의 문제는 다음 5장에서 부연해서 재론할 것이다.

다음, 장인 출현에는 엄청 많은 반복적反復的인 연찬 · 연습이 필요하다. 프로 골프선수는 하루 수천 번 퍼팅 연습을 하고, 피아니스트는 하루에 거의 모든 시간을 피아노 앞에서 지낸다. 계속 반복해서 기량을 익히고 어려운 것을 반복 연습으로 극복하기 위해서다. 그러는 과정에서 처음에는 의식적으로 힘들여 주의를 집중해서 연습해야 하지만, 반복하면 그 기량의 동작이 주의 집중 없이도 저절로 물 흐르듯 매끈하게 진행된다. 이른바 자동성automaticity의 단계에 이르게 된다. 테니스를 처음 배울 때에는 포핸드 · 백핸드 · 발리 · 서브 등 각종 기술에 포함된 각 단계의 팔 동작, 다리 동작 하나하나에 신경을 써야 한다. 그러나 연습을 반복하면 그런 데 일일이 신경 씀이 없이 그 기술은 '자동화' 되고, 다른 더 어려운 기술이나 전략에 머리를 쓴다. 그렇게 자동화가 점점 고급 기량에 이를수록 고도의 장인이 된다. 언젠가 바둑의 명인 조치훈이 둘러 앉아 있는 아마추어 선수 20명과 돌아가며 일대일로 대국하는 장면이 텔레비전에 나온 적이 있다. 조치훈은 한 사람 앞에서 2, 3초 정도밖에 안 보냈다. 그래도 결과는 조치훈의 전승이었다. 조치훈의 바둑은 무섭게 자동화되어 있었다. 하기는, 아마추어 선수와의 대국을 깊은 생각 없이 자동적으로 처리 못할 지경이면, 깊이 정신을 집중해야 할 프로선수와의 대국은 엄두도 못 낼 것이다.

이런 기량의 자동화는 모든 영역의 기량, 스포츠의 기량, 예능의 기량, 학구의 기량, 사업의 기량에 다 해당된다. 그런 자동화에는 반복 연습이 관건이다. 이른바 '용불용설用不用說'이 여기에 관계된다. 생물의 기관 중 자주 사용하는 것은 발달하고 사용하지 않는 것은 점점 퇴화한다는 이치는 사람들의 기량에도 적용된다. 근래 한 논자는,[4] 한 번 어떤 경험에 의하여 새 신경연접으로 기량이 형성된 다음에 그 기량을 계속 사용하면, 그 신경연접을 이루고 있는 전선과 같은 뉴런의 축색axon 보호막인 지방질myelin을 두툼하게 함으로써 신경의 흐름이 더 원활해지고, 따라서 그 기량이 강화된다고 말한다. 반복 연습은 신경생리의 변화도 수반한다는 말이다.

그다음의 조건은 반성적 사고反省的思考다. 막연한 반복은 기량 유지에는 몰라도 기량의 향상에는 큰 효과가 없다. 반성적 사고란 일을 하면서도, 일한 다음에도 '이 일을 좀 낫게 해내는 방법은 없을까?' 계속 자문自問하는 버릇을 말한다. 하다못해 삽으로 밭을 엎어 가는 일, 물로 창을 닦는 일, 설거지 하는 일도 막연하게 아무 생각 없이 기계적으로 손을 놀리는 게 아니라, '어떻게 하면 이 일을 좀 더 빨리 덜 힘들이고 더 깨끗하고 멋지게 해낼 수 있을까' 를 생각한다. 주의를 집중해서 일을 하면 그 개선의 길이 나선다. 흔히 '달인' 이란 그렇게 비교적 단순한 작업, 예컨대 초밥 만들기, 옷 짓기, 시계 수리하기 등을 남들보다 훨씬 빨리 쉽게 맵시 있게 해내는 재주를 가지고 있는 사람이라는 어감이 강하다. 인간은 본래 스스로도 한 번 해 본 경험으로 다음 경험을 개변해 가는 스스로 학습하는 존재다. 반성적 사고는 그 학습을 더 예리하게 한다. 그런 반성적 사고는 상당한 창의적인 결과로 이어지는 경우도 많다.

훨씬 고급의 기량을 요구하는 스포츠 · 예능 · 사업 · 학문 등의 영역에서는 그런 반성적 사고의 필요가 더 절실하다는 것은 말할 나위 없다. 이런 영역에서는 그때그때의 반성적 사고는 물론, 좀 더 체계화한 연구나 연수의 형식으로 반성적 사고를 진행해 간다. 참된 장인은 계속적인 반성인이고 연구 · 연찬인이다.

넷째, 장인 출현의 조건은 높은 성취동기成就動機다. 이것은 다음 항목에서 좀 길게 생각해 본다.

성취동기 · 기업가정신

사람에 따라 맡은 일에 대한 열의가 다르다. 일을 다른 사람들보다 훨씬 더 많이 더 훌륭하게 해내려고 하는 의욕, 즉 성취동기가 높은 사람이 있고 그렇지 못한 사람이 있다. 성취동기는 1960~1970년대 경제발전 문제가 세계적 관심사였을 때, 그 이론, 측정방법, 관련 사항, 훈련 프로그램에 관한 연구도 많았다. 성취동기에 관한 이론적 관심은 주로 맥클렐란드McClelland에 의해서 주도되었다.[5] 한국에도 성취동기의 연구와 그 훈련 프로그램을 실험실시한 바 있다.[6] 그렇다고 지금에 와서 무의미해진 것은 아니다. 성취동기는 어제도, 미래에도 생산적인 장인과 창조인의 필수조건이기 때문이다.

많은 어려움 속에서도 그 난관을 극복하고 많은 사업을 창업해서 많은 사람에게 일자리를 마련해 주면서 나라의 경제발전에 기여하는 기업가들의 정신구조를 가리켜 기업가정신entrepreneurship이라고 부른다. 우리나라에서 삼성의 이병철, 현대의 정주영, 선경의 최종현 같은 분은 기업가정신의 대표적인 인물이다. 벌써 옛날 1950년에 사회학자 슘페터Schumpeter가 경제발전의 중요한 요인 중 하나가 '기업가정신'이라고 갈파한 것이 어쩌면 성취동기에 대한 관심의 효시였는지도 모른다. 그는 기업가정신을 다음과 같이 요약한다.[7]

> 무엇보다도 먼저 꿈이 있다. 그리고 꼭 왕조까지는 아니더라도, 한 개인적인 왕국을 세우려는 의지가 있다. ……그리고 정복하려는 의지가 있고, 싸워 이기고, 남보다 탁월함을 증명하고, 성공의 과실 때문이 아니라 성공 그 자체 때문에 성공하려는 충동이 있다. ……마지막으로 창조하고, 일을 잘 해내고, 자신의 정력과 재치를 발휘하는 기쁨이 있다.

그가 말하는 기업가정신은 그대로 성취동기에 해당한다. 여러 이론적 근거와 실험의 결과를 종합해서, 성취동기가 높은 사람, 즉 성취인들의 몇 가지 행동적 특징을 정리해 볼 수 있다. 앞서 논의한 장인도 그런 성취인의 특성을 지닌다.

첫째, 성취인은 과업지향성課業指向性이 강하다. 일 그 자체를 즐긴다. 성취동기가 낮은 사람들보다 더 많은 시간, 더 정신집중하면서, 더 많은 일을 해낸다. 그러나 그는 아무 일에서나 열심히 일하는 것은 아니다. 누구나 할 수 있는 시시한 일은 도리어 기피하고, 조금은 어렵고 도전적인 일을 반긴다. 그리고 남이 보기에는 시시한 일 속에도 어떤 도전적인 문제를 찾아낸다. 그것이 자기의 능력을 테스트해 볼 수 있는 기회이기 때문이다.

그러나 성취인은, 슘페터가 말한 것처럼 수익이나 상이나 높은 지위나 명예 등 일의 과실 때문에 일에 열중하지는 않는다. '돈을 준다'고 열심히 일하는 것은 낮은 성취동기의 사람들이 하는 짓이다. 성취인은 성취, 성공 그 자체를 즐긴다. 정말 기업가는 돈 버는 것이 목적이기보다는 어려운 일을 훌륭하게 해내는 기쁨 그 자체가 목적이다. 따라서 성취인은 '출세'를 위해 일하는 지위지향地位指向에도 관심이 없다.

둘째, 성취인은 적절한 모험성冒險性을 지닌다. 어려운 일, 도전적인 일은 언제나 어느 정도의 불확실성, 불안, 위험성을 내포하게 마련이다. 따라서 성취인은 약간은 모험을 즐겨야 한다. 실제로 성취인은 비성취인들보다는 적절하게 높은 모험을 택한다. 하등의 모험이 필요 없는 관용적인 일, 반대로 순전히 요행이 작용하는 도박 같은 일은 싫어한다. 그러나 그는 실패의 위험성이 너무 뻔한 일은 피한다.

요는, 성취인은 자신의 능력 수준에 대한 주관적인 판단과 과제의 어려움 수준에 대한 객관적인 판단을 정확하게 그리고 적절하게 저울질해서 모험의 수준을 정할 줄 안다. 그에 비하면, 비성취인들은 너무 무기력한 낮은 수준의 도전 또는 너무 무모한 높은 수준의 모험을 취하는 경향을 나타낸다. 예를 들어, 서서 앞으로 팔짝 뛰어서 얼마나 멀리 갈 수 있느냐를 물었을 때, 성취동기가 높은 아이들은 실제 자기 능력 안팎에 가까운 거리를 짐작으로 내세우는데, 성취동기가 낮은 아이들은 터무니없이 짧은, 또는 터무니없이 긴 거리를 겨냥한다.

셋째, 성취인은 만사에 비성취인보다 자신감自信感이 넘친다. 자신감이란 '주관적인 성공 확률감'인 셈이다. 특히 그의 자신감을 뒷받침할 아무 사실이 없는 생소한 일에 대해서도 웬만하면 '해 볼 만하다'는 자신감을 나타낸다. 그렇게 일반적으로 자신감에 넘치지만, 성취인은 무턱대고 자신감을 갖는 것은 아니다. 일에 대한 정보에 접하거나 경험을 해 본 다음에는 그 자신감을 현실에 가깝게 조절한다. 그는 비현실적인 몽상가는 아니다.

넷째, 성취인은 쉬 짐작할 수 있듯이 비성취인보다 부지런하고 정력적精力的이고 혁신적인 활동을 즐긴다. 그는 일의 성취를 위하여 더 많은 사람을 만나고 더 많은 곳을 찾아 가고 더 많은 정보를 수집하고 더 많은 방법을 실험한다. 물론 더 많은 시간 더 열심히 일하고 일에 더 정신집중한다. 더 많이 꿈꾸고 더 많이 계획하고 더 많이 일한다. 그러나 성취인은 아무 일에나 다 열심인 것은 아니다. 일을 '나의 힘'으로 이루어 냈다는 성취감을 느낄 수 있는 일에만 열중한다.

따라서 관례적이고 힘들지 않은 일에는 시틋하고, 성공과 동시에 실패의 가능성도 있는 일을 더 선호한다. 예컨대, 진정한 기업가는 100%의 확률로 100만 원을 벌 수 있는 일은 부하직원을 시키고, 자신은 성패확률이 50%인 일에 덤벼든다. 그 이득이 200만 원이건 또는 50만 원이건 자신의 힘으로 성공을 이끌어 내기 위해서다.

그러려면 자연히 성취인은 계속 새로운 일을 찾아가게 된다. 한 번 성공한 일은 그에게는 이미 진부한 일이기 때문에, 계속 성취감을 만족시키려면 계속 참신한 문제와 참신한 문제 해결 방법을 찾아가게 된다. 진정한 기업가는 새 것을 찾아가는 '기업가'지 현상유지에 골몰하는 '관리자'는 아니다. 새로운 문제가 없으면 비성취인보다도 더 게으르고 늘어지고 놀면서 세월을 보내기도 한다.

다섯째, 성취인은 책임감責任感이 강하다. 성취인은 남의 힘이나 요행에 의해서가 아니라 자신의 능력과 열정의 투입으로 사태가 결정되는 것이라고 믿는 사람이다. 따라서 일이 성공하면 그것은 남의 공이거나 재수의 공이 아니고 바로 나의 공, 나의 책임이다. 이것이 성공의 과실을 독차지한다는 뜻은 아니다. 그 과실은 같이 일한 사람들 모두의 몫으로 돌린다. 반면 일이 실패하면, 그것도 남의 탓, 재수의 탓이 아니고, 바로 나의 탓, 나의 책임이라 생각한다. 그는 남에게 별로 의지하지도 않지만, 남에게 책임전가도 하지 않고 재수탓도 하지 않는다. 일의 성패에 대한 책임은 자기 자신의 것이다.

성패에 책임을 지려 하기 때문에 자연 그는 자유가 있는 일을 선호한다. 자유가 없는 상황에서 해야 하는 일에는 그만큼 책임도 질

수가 없기 때문이다. 독자적으로 사고하고 계획하고 결정할 수 있는 자유가 넓게 허용되어 있는 일에서만 그의 성취동기는 활발히 작용한다. 따라서 그는 일일이 명령을 받으면서 일해야 하는 상황을 싫어하고, 그런 상황에서는 열의도 상실한다. 책임을 지려면 자유가 있어야 하고, 자유가 있으면 책임을 져야 하기 때문이다.

여섯째, 성취인은 자기의 성취행동의 결과結果를 알고 싶어 한다. 그것이 성취감을 느낄 수 있는 근거이기 때문이다. 사람들은 성취인이 아니라도 자기 행동의 결과를 알고 싶어 한다. 연을 만들었으면, 그것이 나는지 못 나는지 알고 싶고, 교사가 학생을 가르치고 나면 학생들이 얼마나 잘 배웠는지 알고 싶어 한다. 그러나 문제는 행동 결과가 연 만들어 날리기처럼 구체적이고 '직결적'인 경우도 있지만, 교사의 교육 효과처럼 그 효과가 추상적이고 '지연적'으로 나타나는 경우도 있다는 것이다. 후자의 경우 비성취인은 그 결과 알기를 흐지부지 잊어버리기 일쑤다. 그러나 성취인은 구체적이건 추상적이건 자기 행동의 결과에 관한 정보를 애써 찾는다. 또 하나의 문제는 행동 결과가 반가운 성공일 수도 있고 비참한 실패일 수도 있다는 것이다. 비성취인은 혹 실패가 노출되기를 꺼려 결과 알기를 회피할 수도 있다. 그러나 성취인은 성공이면 성취 의욕을 만족시킬 수 있고, 실패면 그것을 다음 행동을 수정하는 교훈으로 삼는다. 누군가, '달인은 저지를 수 있는 모든 실수를 경험하고 그것을 고친 사람'이라고 했다.

하지만 성취인은 결과를 위하여 일에 열중하지는 않는다. 세속에서는 구체적인 성공 결과는 대개 금전, 지위, 명예, 승리, 사회적 평판 등이다. 그러나 성취인은 그런 수익이나 지위나 명예를 위해서 일하지는 않는다. 그는 일 자체의 재미 · 보람 그리고 일 성취의 희열감 자체 때문에 일하는 것이며, 수익 · 지위 · 명예는 그에게는 그저 그 성공을 알려 주는 부수적인 한낱 지표일 뿐이다.

일곱째, 마지막으로 성취인은 미래지향적未來指向的이다. 긴 앞을 내다보고 내일을 꿈꾸고 장래를 계획하고 오늘을 '참는다.' 큰일을 이루려면 그 역량을 길러야 하고, 그러려면 오늘의 고된 학업 · 수련도 참고 이겨 내야 하기 때문에 당연한 정신 자세다.

한국에서 이런 일곱 가지 정신적 특성을 지닌 성취인들의 수가 비약적으로 증가한다면 한국의 국력도 그만큼 비약적으로 증대할 것은 명백하다. 이제 문제는 사람들 생육사의 어디에서 어떻게 성취동기가 길러지는 것이냐다. 이 문제는 장인, 성취인 그리고 다음에 논의할 창의인이 서로 겹치는 데가 많기 때문에 좀 후에 합하여 논의하기로 한다.

창의력 · 영재

나는 흔히 쓰는 용어인 천재, 수재, 영재를 구분해서 쓸 것을 제안한다. 천재天才는 그야말로 하늘이 내린 재능의 소유자다. 예컨대, 다섯 살부터 작곡만 하면 명곡이 쏟아져 나왔다고 하는 모차르트 같은 천재다. 후천적으로는 길러 낼 도리가 없는 인재다. 따라서 여기에서는 논외다. 수재秀才는 학교에서 배우는 것을 돌돌히 잘 외워서 시험 잘보는 빼어난 수석 · 우등생을 말한다. 말하자면 '시험선수'다. 이에 반해서, 영재英才는 학문 · 예술 · 기능 등에서 어떤 희한한 '꽃' 을 피워 내는 인재, 즉 창의 · 창조의 인재를 일컫는다. 그 꽃이 크고 화려할 수도 있고, 작고 청초할 수도 있다.

사람들은 흔히 수재와 영재를 혼동하는데 이것은 큰 잘못이다. 수재는 가르친 대로 외운 것을 그대로 쏟아내어 시험 잘봐서 성적이 우수한 학생이지만, 영재는 가르친 것을 넘어서 엉뚱한 생각으로 새로운 착상을 하는 학생이다. 수재의 기준은 순응順應이고 영재의 기준은 창의創意다. 수재는 시험 잘봐서 출세하고 잘 살지 몰라도, 영재처럼 학문 · 예술 · 사업 영역의 문화발전에 기여하지는 못한다. 수재는 이미 아는 답 그러나 감춰져 있는 답을 찾아 '조여 들어가는' 수렴적收斂的, convergent 사고에 능한 사람이고, 영재는 아무도 모르는 답을 찾아 '사방을 쏘다니는' 발산적發散的, divergent 사고에 몰두하는 사람이다.

따라서 창의력은 IQ와는 다르다. 창의력의 인물은 IQ가 120 정도는 되어야 하지만, 그 이상에서는 IQ와 창의력은 상관관계가 없다. 도리어 180, 200 등 너무 높은 IQ는 창의력에 방해가 된다. 기존의 지식 · 기능에 대한 순응이 너무 강해서 새로운 것을 찾아가는 '창의' 의 여지가 그만큼 없어지기 때문이다. 신문들은 대학입시 수석을 대서특필하지만, 그들은 창의의 인물은 아니다. 여러 가지 시험은 잘보고 기존 체제에 잘 순응해서 개인적으로 출세하고 치부할는지는 몰라도 새로운 문화적 공헌을 하는 창의적인 영재는 아니다. 따라서 이런 수재들을 영재라고 오인하고 공공의 재원을 들여서 영재도 아닌데 특별한 '영재' 교육의 혜택을 줄 필요도 없다는 말이 된다.

나는 창의력을 새로운, 뜻있는 것을, 만들어 내는 힘이라고 규정한다. '새로운' 것이란 물론 이제껏 없었던 것을 뜻한다. 어린아이가 자기 나름의 사람 그림을 그려 내면 그것도 이제껏 없었던 새로운 것이다. '뜻있는'이란 재미가 있든지, 큰 감동을 주든지, 깊은 진리를 드러냈든지 하는 경우다. 어린이의 그림은 새롭기는 하지만, 거기에는 별 깊은 뜻이 없다. 이에 비하면 피카소의 그림 '게르니카'는 큰 감동을 주는 창조다. 아인슈타인의 상대성 원리는 심오한 진리를 담고 있는 창의다. 여기에서는 '만든다'는 의미를 넓은 뜻으로 해석한다. 그림도 만들고 소설도 만들고 학문도 만드는 일이다.

앞에서 논의한 장인과 성취인은 창의적 인물, '창의인' 일 수도 있고 아닐 수도 있다. 창의력이 미미해도 장인, 성취인이 될 수는 있다. 그러나 창의력을 겸비하면 금상첨화다. 창의인은 남들이 하지 못하는 창의 · 창조를 이루는 것만으로도 그 일에 관한 장인이고 성취인인 셈이다. 더구나 재능의 발달,[8] 창의력의 출현,[9] 성취동기의 계발[10] 등에 관한 여러 연구를 살펴보면, 그런 인물들의 생육사에서 많은 공통점을 발견할 수 있다. 다음에 주로 창의인의 출현을 중심으로 그 주요 공통점을 찾아본다.

그 전에 하나 밝혀 둘 점이 있다. 근래 한국에서도 창의력에 관심이 크게 고조되고 있다. 이는 당연한 관심이다. 일컬어 선진국 진입의 가장 중요한 지표는 그 나라 사람들의 창의력이기 때문이고, 국제경쟁은 근본적으로 창의력의 경쟁이기 때문이다. 계속 새로운 상품, 새로운 기술, 새로운 아이디어, 새로운 이론을 창출하지 못하면 선진국에 진입할 수도 없고 선진국을 유지할 수도 없기 때문이다. 언젠가 대통령 연설에도 창의력 계발이 언급되기도 했고, 교육부도 옛 특별활동이라는 과목을 굳이 '창의적 체험'이라고 이름을 바꾸었고, 학교의 교훈이나 회사 사훈에도 창의라는 표어가 자주 등장한다. 창의력에 관한 세미나도 많고 연구기관과 학회도 있고 책도 많이 있다. 시중에는 장삿속 창의력 테스트, 창의력 계발 프로그램도 많이 나돈다.

그러나 하나 엄연한 사실은, 창의력이란 그렇게 호락호락 길러지는 것이 아니라는 것이다. 어찌 보면 인간의 지적 능력의 최고의 정점이라고 할 수 있는 희한한 능력인 창의력은 바로 그렇게 호락호락 가르치고 기를 수 있는 것이 아니기 때문에 희귀하고 고귀한 것인지도 모른다. 정말 우리 사회에서 창의력의 출현을 바란다면 거의 건곤일척에 가까운 사고의 전환이 있어야 한다. 그 이유는 다음과 같은 창의력 출현의 조건에서 밝혀질 것이다.

첫째, 어떤 일에서 창의적 인물은 대개 아주 어려서부터 그의 '일'을 시작한다. 음악, 미술, 학문 어느 영역이든, 대개 서너 너덧 살 어릴 때에 그 일에 관한 경험을 하고 흥미를 기르고 교습 · 훈련을 시작한 사람들이다. 모차르트는 서너 살에 피아노를 시작했고, 피카소도 말하기보다 먼저 그리기부터 시작했다. 다윈은 어릴 때 할아버지를 따라 식물채집에 자주 나섰다.

이렇게 일찍 시작하는 데에는 부모의 또는 가까운 어른의 역할이 크다. 모차르트는 아버지가 학교 음악교사였고, 바이올린의 장영주는 부모가 다 음악가였다. 그런 부모는 아이에게 그 '일'의 초보 경험도 주고 흥미를 자극하고 격려도 하고 게으르면 꾸짖기도 한다. 이들 부모는 아이를 따뜻하게 감싸주면서도 '일'에 관해서는 높은 성취기준을 요구한다. 잘하면 칭찬과 상을 듬뿍 주고, 잘 못하면 질책이 따른다. 이들 부모는 대개 엄한 규율의 훈육자인 경우가 많다. 부모가 아이의 성취인 · 창의인의 싹을 틔운다. 그리고 그 싹은 무엇보다도, 후일의 남달리 고된 연찬을 이겨 낼, '일'에 대한 강한 흥미와 동기다. 그렇게 사랑과 규율과 성취동기를 겸비한 부모가 아니라면 창의인, 성취인은 그 출발점을 잃는다.

둘째, 창의적인 인물은 대개 엄청 고되고 긴 세월 동안 수련을 쌓는다. 그것은 보통 사람은 견디어 내기 어려운 각고면려의 세월이다. 영역에 따라 차이는 있지만, 대략 일의 동기와 흥미를 기르는 유아기에는 대충 매일 두세 시간, '일'의 기초적 기량을 기르는 초등학교 시절엔 매일 서너 시간, 고급의 전문적 기량을 연마해야 할 중등학교 시절에는 매일 너덧 시간을 자기 전공의 '일'을 공부 · 연습 · 조사 · 실험하는 데에 보낸다. 마지막으로 창의적 성취의 꽃을 피우는 대성기大成期에는 깨어 있는 모든 시간을 그 '일'에 경주한다. 학문의 경우에는 그 대성기가 대학 또는 대학원 이후까지 이어진다. 이런 각고의 세월은 여느 사람들은 감당하기 힘든 고된 정진의 세월이다.

'천재는 5%가 소질이고 95%가 노력이다' 또는 '창의는 5%가 영감inspiration이고 95%가 땀perspiration이다' 라는 말은 백 번 맞는 말이다. 창의는 푸른 하늘을 쳐다보고 공상하고 궁리만 하면 솟아오르는 것은 아니다. 창의는 각고수련의 긴 세월 뒤에야 출현이 가능하다. 문제는 긴 세월의 각고정신을 견디어 내는 힘이 어디에서 생기느냐다. 그 답은 대부분 다시 어렸을 때 길러진 성취동기와 흥미와 규율이다.

셋째, 창의적 인물의 출현에는 훌륭한 스승이 필요하다. 창의인은 혼자의 힘으로만 탄생하지는 못한다. 성장의 각 단계에서 적절한 스승을 만날 수 있어야 한다. 예컨대, 피아노라면, 어릴 때 집에서는 부모가 어느 정도 피아노의 소양이 있으면 그 스승의 역할을 할 수 있다. 아니면 가까운 동네에서 유명한 피아니스트를 스승으로 모실 수 있어야 한다. 그가 유아기 · 아동기의 첫 단계 스승이다. 이때의 스승은 피아노의 기초적인 기량을 익혀 준다. 다음 청소년 시절에는 거의 모든 고난도의 연주기술을 익혀 줄 수 있는 둘째 단계의 스승이 필요하다. 기왕이면 국내에서 제일가는 피아니스트가 이때의 스승이면 더 좋다.

대성기에는 세계에서 저명한 피아노 스승을 찾아간다. 이 셋째 단계 스승은 온갖 고난도 기량은 물론, 나아가 그것을 초월해서 자신에게 독특한 개인적인 스타일과 '전문철학'을 지니도록 자극하고 독촉한다. 이때 스승은 제자가 세계의 최고봉인 스승 자신을 넘어서 스승보다 더 높은 곳에 이르도록 편달한다. 따라서 그 스승은 높은 성취기준을 요구하며, 그의 훈련은 아주 엄격하고 강렬하다. 자신보다 더 뛰어난 후계자를 기르려 하기 때문이다. 또 그런 스승은 아무나 제자로 받아들이지도 않는다. '희망이 없는' 자는 아예 상대를 하지 않는다.

옛날 이야기에, 한 검객이 검도를 더 닦기 위해 백운이 감도는 깊은 산속 허연 수염의 검도 도사를 찾아간다. 그는 공손히 인사를 드린 다음 제자로 삼아달라고 간청한다. 처음 몇 번은 거절하다가 그의 끈기에 못 이겨 도사는 그를 제자로 삼는다. 그런데 먼저 한 해는 매일 산에 가서 부지런히 나무만 해 오게 하고, 또 한 해는 밥 짓고 집안 구석구석을 청소만 하게 하고, 검도는 가르쳐 주지도 않는다. 고된 수련을 이겨 낼 소질이 있는지를 테스트하는 셈이었다. 그렇게 이태 고행 끝 어느 날 검도를 가르치기 시작했는데, 그의 가르침은 보통 격렬한 것이 아니었다. 검도 연습으로 매일 몸 여기저기가 부르트고 피가 나고 하는 고된 세월을 3년을 더 보냈다. 그러던 어느 날 아침 스승 도사는 온데간데없이 사라지고, 머리맡에 쪽지가 달린 낡은 책자 하나가 놓여 있었다. 쪽지에 "나는 이제 너에게 더 가르쳐 줄 것이 없다. 검술의 남은 비결을 이 책자를 참고하면서 네가 새 검술을 개척해 가라"라고 적혀 있었다. 대성기에 필요한 세째 스승의 모습이다.

마지막으로 넷째, 창의적 인물에게는 적절한 지원支援이 긴요하다. 재정적 · 심리적 · 사회적인 지지와 후원이 필요하다. 그런 지원 없이 창의인은 싹트기도 어렵고, 어쩌다 싹이 터도 자라나지 못한다. 재정적으로는 비싼 피아노, 바이올린도 사 주어야 하고, 가정교사비 · 레슨비도 대 주어야 하고, 대학 · 대학원에도 보내고, 외국 유학을 보내야 할 경우도 많다. 심리적으로는, 창의는 미개척지, 미지의 세계를 탐험하는 것과 같이 난관과 장애도 많고, 따라서 자주 좌절 · 실의 · 고독에 빠질 때가 있다. 그럴 때 옆에서 버팀목이 되어 주고 위로하고 격려하고 자신감을 고취해 주는 사람이 있어야 한다. 사회적으로는 소속 집단에 창의를 고무하는 정신풍토가 있어야 하는데, 이 문제는 그 중요성에 비추어 다음에 따로 논의하기로 한다.

창의인, 성취인 그리고 장인도 다 말하자면 '일에 미친 사람' 들이다. 따라서 그 일 이외의 일상생활의 잡사에는 관여할 시간도 관심도 없어서 소홀하기 일쑤다. 세상이 돌아가는 일, 가정을 살피는 일, 자기 자신의 건강이나 치장을 돌보는 일마저도 별 관심 없이 '일' 에만 몰두하는 시간이 대부분이다. 자기 '일' 이외에는 어린애처럼 무관심이고 천진난만하다. 그래서 옆에서 그런 일을 도와줄 사람이 필요하다. 신변잡사의 관리인이 필요하다. 그 '관리인' 이 어머니 또는 아버지, 아내 또는 남편, 친구 또는 고용된 관리인일 수도 있다. 그래서 '천재는 다른 한 사람의 인생을 먹고 산다' 는 말도 나온다. 이래저래 창조적 인물은 '비싼' 존재다.

집중과 이완

창의력은 한 문제 해결력이다. 문제 해결은 대개 ① 문제 설정, ② 관계 자료 수집, ③ 해결의 가설 형성, ④ 가설의 실제적 검증의 네 단계를 거친다. 창의적 문제 해결의 단계도 비슷하다. 다만, 셋째 단계, '이러면 문제가 해결되리라' 고 생각되는 새로운 가설을 착상하기가 무척 어렵다는 점이 다르다. 기존의 이론이나 논리, 기존의 공식이나 방법으로는 그 가설 착상이 어렵기 때문이다. 이 난점을 극복할 수 있는, 창의력의 각별한 특징적인 기제는 전적全的인 '정신집중'

과 전적인 '정신이완'이다.

창의적 인물은 무서운 정신집중력을 가지고 있다. 애당초 각고의 긴 연수의 세월을 보낸 것 자체도 강한 정신집중력의 소치지만, 당장 어떤 문제를 가지고 골몰히 연구 · 사색 · 실험에 정신을 집중하는 시간에는 문자 그대로 옆에 비행기가 폭음을 내며 지나가고 폭탄이 터져도 모른다. 실제로 들리지 않는다. 며칠은 침식도 잊는다. 실제로 졸음도 오지 않고 식욕도 없어진다. 그것은 문제라는 '대상과의 강렬한 만남'이다. 연구 대상 이외에는 아무것도 보이지도 않고 들리지도 않고 느끼지도 않는 완전한 몰입沒入이다. 감각적으로는 듣고 보고 해도 의식적으로는 듣지도 않고 보지도 않는 정신집중에 따르는 심리적 현상은 신경생리적으로 그 근거가 있다.[11)] 그것은 마치 정신을 아주 뾰족한 송곳처럼 예리하게 해서 더 깊은 곳까지 들여다보려는 심리기제인 셈이다.

반면 창의인은 가끔은 '일'을 깨끗이 잊고 다 훌훌 털어버리고 멍하니 쉬고 늘어지고 하는 망중한忙中閑을 즐기는 습성도 있다. 전적인 정신이완의 시간이 있다. 창의에서 희한한 현상의 하나는, 번개같이 번쩍 떠오르는 창의적 착상은 정신집중의 시간에서보다는 그것에 이어진 정신이완의 시간에서 일어난다는 현상이다. 갑자기 깨닫고 '아하!' 하는 돈오頓悟 현상이다. 다 잊고 목욕탕 속에 늘어졌을 때 섬광처럼 부력의 원리가 떠올랐다는 아르키메데스의 이야기, 사과나무 아래에서 드러누워 늘어져 쉬고 있을 때 난데없이 만유인력의 원리가 비쳤다는 뉴턴의 이야기는 유명하다. 제임스 와트는, 주전자의 물이 끓으면서 그 뚜껑이 들썩거리는 것을 멍하니 쳐다보다가 증기기관의 원리를 착상했다. 수학자 푸앵카레Poincaré는 어떤 함수 문제로 골몰하다가 하도 안 풀려서 다 잊고 버스로 관광여행에 나선 어느 날 버스타려 버스 문의 첫 계단을 밟는 순간 번개같이 그 대답의 실마리가 머리에 떠올랐다.

그런 예는 수도 없이 많다. 사람이 제일 깊이 늘어져 쉬는 시간이 잠자는 시간이다. 그 잠자는 시간에 꿈에서 창의적인 아이디어가 떠올랐다는 예는 수없이 많다. 화학자 케쿨레Kekule는 꿈에서 뱀들이 서로 꼬리를 물고 뱅뱅 돌아가는 것을 보고 6각형 벤젠의 분자구조에 착상했다. 심리학자 융Jung은, 현대적인 가구가 있는 2층에서 1층, 지하실, 또 그 지하실로 내려갈수록 중세, 고대, 원시시대의 옛 가구들이 차 있는 집의 꿈에서 그의 유명한 집단무의식 이론의 힌트를 얻었다.

이 희한한 현상의 한 설명은 다음과 같다. 인간의 정신과정에는 한편 현실 · 논리 · 윤리가 지배하는 '의식과정'이 있고, 또 한편으로는 욕망 · 공상 · 망상이 지배하는 '무의식과정'이 있다. 평상시는 무의식과정에서 일어나는 어떤 생각이 현실 · 논리 · 윤리에 심하게 벗어나는 것이면, 그것은 의식과정의 '검열'에 걸려서 무의식 속으로 눌려 의식에 떠오르지 못한다.

그러나 이완의 시간, 공상하는 시간, 잠자는 시간에는 그 '검열'이 느슨해져서 그런 생각들이 평상시보다 더 자유분방하게 의식에 떠오르고, 그중의 어떤 것은 현실적으로도 희한하게 들어맞는 생각일 수가 있다. 그것을 포착한 것이 창의적 아이디어라는 것이다. 평상시의 사고는 여러 기존 논리나 윤리의 제약을 받지만, 쉬는 시간의 공상이나 자는 시간의 꿈은 그런 제약을 훨씬 덜 받기 때문이다. 창의는 기존의 상식 · 관습 · 질서, 기존의 이론 · 논리 · 윤리가 사고 작용에 가하는 각종 금제禁制에서 스스로를 해방시키는 정도에 따라서 돌출한다는 말이다.

한국의 학생들이 입시준비 때문에 별로 신도 나지 않는 공부에 소일하면서, 강한 정신집중의 경험을 해볼 수도 없고, 간단없는 공부 압력 때문에 확 풀어지고 늘어지는 정신이완의 경험을 해볼 수도 없는 형편이라면, 아무리 소리 높여 창의의 필요를 외친다 해도, 그런 상황에서는 창의력 발현의 기회는 희박해질 수밖에 없다는 결론이 나온다. 정말 창의력의 출현을 바란다면 깊이 생각해야 할 문제다.

창의의 풍토

식물은 아무리 씨가 좋아도 토질과 기후가 맞아야 제대로 자라난다. 창의인도 그가 속한 여러 사회집단의 정신적 풍토가 적합해야 자라나고 출현한다. 1980년대 창의력에 관한 한 국제세미나에서 나는 '창의력이란 교육해 낼 수는 없고, 적절한 정신적 분위기에서 솟아나올 뿐이다' 라는 주제로 강연한 바 있다. 나는 지금도 그 주제는 옳다고 믿는다. 따라서 1993년에 가드너Gardner가 그의 저서 『창조하는 정신』에서[12] 좀 더 체계적으로 창의력의 사회체제이론이라고도 부를 수 있는 주장을 폈을 때 나는 전폭적으로 찬동했다.

그는 프로이트, 아인슈타인, 피카소 등 일곱 명의 창의적 인물들의 생활사를 분석한 다음, 창조적 인물은 개인individual과 현장field과 영역domain 세 요인의 합주에서 태어난다고 결론지었다. '개인'은 그의 소질·재능이고, '현장'은 그의 가정·학교·직장 등의 직접적인 사회환경이고, '영역'은 음악계界, 과학계, 문학계 등 전공 영역의 사회집단이다. 예컨대, 아무리 개인이 과학에 소질이 있다 해도, 그 소질을 발견해 주고 밀어 주고 길러 주는 가정·학교·직장이 아니라면 창의인은 출현할 수 없고, 또 그렇게 길러진다 해도 그 사회의 과학계가 부진해서 그를 인정해 주고 떠받쳐 주고 밀어 주는 분위기가 없으면 그의 창의력은 다시 시들어 든다는 이론이다.

나는 그의 이론에 찬동하면서, 개인·현장·영역 세 요인에 하나 더 사회 전반의 문화culture라는 요인을 보태야 한다고 생각한다. 과학계·음악계 등 각 영역뿐만 아니라 한국사회 전반의 정신적 풍토 여하도 창의인 출현 여하에 크게 관계된다는 생각에서다. 예컨대, 전통성이 강하거나 권위주의가 심한 사회에서는 여간 강한 창의적 반발심이 아니고는 창의력이 솟아날 구멍이 없을 것이기 때문이다. 창의적 '개인'의 창의력 소질과 더불어 '현장', '영역', '문화'에 창의력을 북돋아 주는 정신풍토가 창의력 출현에 결정적인 요인이라고 나는 믿는다. 따라서 우리가 정말 창의력의 출현을 바란다면, 창의력 교육방법이니 창의력 계발 프로그램이니 하는 그럴싸한 유혹에 끌려 들어갈 것이 아니라, 먼저 가정·학교·직장 그리고 나라 전반의 정신풍토부터 쇄신의 노력을 경주해야 한다. 문제는 그런 풍토 쇄신이 쉽지 않다는 데 있다. 그래서 창의력의 출현도 어려워진다.

창의의 정신풍토는 근본적으로 부동의不同意의 자유라는 풍토다. 부동의의 자유란 '나는 그렇게 생각하지 않는다'라고 생각할 수 있고 말할 수 있는 자유다. 성경이나 논어가 그렇게 이야기해도, 아버지 · 선생님 · 대통령이 그렇게 말해도, 전통 · 관례 · 상식이 그렇다고 일러도, '나는 그렇게 생각하지 않는다' 는 의심을 품고 말할 수 있고, 그 의심을 푸는 일을 해볼 수 있는 자유다. 창의는 기존의 생각과는 다른 새로운 생각이기 때문이다. 단, 그 부동의는 지적인 이의異意의 자유지, 행동적인 반항을 의미하지는 않는다. 선생님에게 "나는 그렇게 생각하지 않습니다"라고 이야기할 수 있고 선생님은 그것을 일단 들어는 주는 분위기를 뜻할 뿐, 행동적으로 선생님에게 반항한다는 뜻은 아니다. 선생님에 대한 행동적인 공경은 그대로 지속될 수 있다.

창의는 부동의의 자유, 회의 · 의문 · 이의 · 반대의 자유에서 시작한다. 부동의의 자유는 나아가 호기심 · 탐색 · 모험 · 실험의 자유를 포함하고, 이런 자유는 '실패의 자유'도 포함해야 한다. 창의의 과정과 결과는 자연히 다양 · 일탈 · 파격 · 변이로 이어지기 때문에 집단의 기본 질서에 크게 어긋나지 않는 한, 그런 자유도 허용되어야 한다.

문제는 이런 자유의 거의 전부가 보통의 사회집단이 대개 싫어하고 기탄하고 억압하는 풍토라는 데 있다. 아이가 제기하는 이의를 많은 부모가 "되지도 않는 소리 하지 마!"라고 일갈해 버린다. 많은 선생님이 학생의 질문이나 반문을 싫어한다. 직원의 제안을 일소에 부치고 이의에 역겨움을 나타내는 기관장들도 많다. 독재자는 이의 제기를 가혹하게 벌한다. 이런 풍토에서 창의력은 스스로 자취를 감춘다.

사람은 여간 개방적인 성격이 아니고서는 자신의 의견에 이의를 제기하는 경우를 유쾌하게 여기는 사람은 드물다. 소크라테스는 그 예외였다. 그는 남의 이견을 들을 줄 알고 대화를 즐기는 예외의 사람이었다. 하지만 소크라테스가 아니라도 창의력의 출현을 바라는 사람이라면 부동의의 자유를 관용하는 개방성이 있어야 한다. 그런 부모, 그런 선생님, 그런 기관장들이 창의력의 정신풍토를 결정한다.

마지막으로 창의의 재난災難에 대해 언급해야겠다. 말이 좋아 창의력이지, 창의가 반드시 좋은 것만은 아니다. 창의는 창의자 자신에게도 불행과 수난을 안겨 줄 수 있고, 사회에도 불안과 재난을 초래할 수도 있기 때문이다.

새 것을 찾아가는 창의는 기존 질서, 기존 관념의 파괴를 의미한다. 따라서 창의적 인물은 기존 세력의 박해 · 수난의 대상이 될 수도 있다. 지동설의 창의는 기존 천동설의 파괴를 의미했고, 그 때문에 브루노Bruno는 화형에 처해졌고, 갈릴레오Galileo는 종교재판을 받았다. 다윈Darwin은 그의 진화론을 발설한 이후로는 인간 모독이라는 사회적 지탄을 받아가며 거의 은둔자처럼 여생을 보냈다. 갈릴레오와 다윈은 죽은 뒤 몇 백 년 후 최근에야 종교적 파면이 면죄되었다.

그런 외적인 수난만 아니라, 창의적 인물은 그보다 더한 내적 고뇌에도 자주 시달린다. 기존 관념에 대한 불만에 시달리고, 기존 관념과 새 관념의 내적인 갈등에 시달린다. 그래서 창의적 인물에는 정신장애자도 많고 자살자도 많다. 음악가 모차르트는 세속사에 무관심해서 극심한 가난 속에서 요사했다. 화가 반 고흐와 철학자 니체는 정신병에 이르러 자살했다. 문학가 울프와 헤밍웨이도 자살로 생을 끝냈다. 창의인은 반드시 행복한 사람은 아니다. 행복을 찾아가는 사람도 아니다. 일을 찾아가는 사람이다. 그는 괴테의 희곡 속의 파우스트처럼, 악마 메피스토펠레스에게 자신의 영혼을 줄 테니 대신 일하기 위한 젊음과 지식과 생동력을 달라고 홍정하는 인물이다. 세속의 행복을 버리고 고행을 택할 테니 신의 창조의 비밀을 캐들어갈 수 있게 해달라는 홍정이다.

그리스신화에서, 인간에게 불을 알려 주고 온갖 기술과 연장을 신들의 세계에서 훔쳐서, 즉 창조해서, 인간세계에 건네준 프로메테우스Prometheus는 주신 제우스의 노여움을 사서, 높은 산 위의 바위에 사슬로 묶이어 매일 독수리에게 간을 파 먹히는 수난의 형벌을 받는다. 신의 별명은 창조자, creator다. 따라서 인간의 창의 · 창조는 신의 특권인 창조를 침범하는 일이기 때문에 그만한 벌을 받게 된다는 뜻이 프로메테우스의 신화에 숨어 있는 셈이다. 영국의 문필가 버나드 쇼shaw는 명바이올리니스트 하이페츠Heifetz의 신기神技 같은 연주에 반했다. 그리고 하이페츠에게 편지를 썼다. "당신의 신기 같은 연주는 정말 황홀했소. 다만, 당신이 자기 전에 한두 번은 일부러라도 졸렬한 연주를 한 다음 잠자리에 들도록 충고하오. 언제나 그렇게 신처럼 완벽한 연주를 하면, 신의 노여움을 사서 당신은 일찍 죽을지도 모르기 때문이요"가 그 요지였다.

사회적으로 창의 · 창조는 기존 관념 · 기존 질서를 작게건 크게건 좋게건 나쁘게건 흔들게 마련이다. 모바일폰은 유선전화 통화를 격감시켰고, 스마트폰은 기존의 모바일폰 시장을 강타했다. 더 영향이 크고 넓고 심각했던 것은 칼 마르크스의 공산주의다. 공산주의도 하나의 창의 · 창조였다. 그러나 그 결과는 여러 나라에서 많은 갈등과 전란을 빚어내고 수천만 아마도 수억의 생명을 앗아간 비극으로 끝났다.

창의 · 창조는 희한하고 고귀하다. 그래서 우리는 그 출현을 바라고 그럴 수 있는 정신풍토를 만들어야 한다. 그러나 동시에 거기에 따르는 창의인의 고뇌와 사회적 영향도 때로는 심각하게 고려해야 한다. 별 큰 영향이 없을 시시한 창의가 아닌 획기적이고 경천동지할 창의 · 창조일수록 더 그렇다.

내일의 한국인

04 자율인

내일의 한국인은 책임 있는 자유를 행사하는
역량을 지닌 자율인이기를 바란다.
내일은 타율의 풍토로는 경영하기 힘들기 때문이다.

한국 경제발전의 초기 단계에서 몇 차례의 '경제개발 5개년 계획'은 강력한 권위주의적 중앙집권체제에 의해서 수립되고 집행되었다. 만사가 궁하고 어려웠던 시절에는 마치 전란시처럼 그러한 집권체제가 필요했을 수도 있다. 그에 따라 사회 전반에 짙은 타율적 통제의 풍토가 형성되어 갔다.

경제발전이 진전됨에 따라 어느덧 중앙집권에 의한 '5개년 계획'은 폐지되었고, 경제계 자체에서는 자율이 조금씩 신장된 것은 부인할 수 없다. 그러나 우리사회 전반에 아직도 중앙정부의 타율적 규제의 습성이 짙게 남아 있고, 각계각층의 자율 행사에도 문제가 많이 남아 있다는 것도 부인할 수 없다.

이제 한국이 한층 더 비약하려면 사회 각계각층에 자율의 풍토가 확대되고 성숙되고 정착되어야 한다는 것은 자유민주주의 사회에서의 지상 과제다. 아니면 국력 · 국격 · 국혼의 높은 비약은 불가능하다. 거기에는 중앙정부가 많은 권한을 각계각층의 산하기관에 이양하는 한편, 동시에 그 산하기관의 각계각층에서는 성숙된 자율의 역량을 함양하는 두 과제가 진행되어야 한다. 하지만 이 두 과제는 여러 가지 역사적 · 사회적 · 정치적 연유로 인해 그리 쉬운 일이 아니고, 다 어려운 획기적인 결단과 긴 세월의 시행착오도 각오해야 하는 과제다. 그래도 자율의 창달은 어떻게든 점진적으로라도 접근해 가는 목표라야 한다고 나는 믿는다. 자율은 그 자체가 공인의 필수 자질이다.

자율은 자유와 동의어이기 때문에 여기 논의는 2장의 '자유'에 관한 논의의 연장이라고 보아도 된다. 자유는 자율할 수 있는 '상황'이고, 자율은 자유를 행사하는 '행위'라는 차이가 있을 뿐이다. 또한 다음에서 '자율'이라는 개념에는 집단적인 자율인 '자치'와 '분권'과 '참여'도 포함된다. 자율, 자치, 참여는 다 같은 심리적·사회적 기제에 의한 행위이기 때문이다.

인간적 질감

네 살짜리 아이에게 로봇 장난감을 사 주었다. 희한해 반기면서 다짜고짜 자기가 틀어보겠다고 덤벼든다. "안 돼, 잘못하면 고장나니까, 내가 하는 것을 먼저 봐"라고 아빠가 말리면 그대로 자기가 해보겠다고 우긴다. 다시 "안 돼"라고 하면 시무룩해져서 물러선다. 자기라는 인간, 자기의 능력을 무시당했기 때문이다. 네 살짜리 아이도 자기가 할 수 있다고 생각하는 일에는 자율을 원한다. 자율에는 그것이 인간적 존재에게 필수적인 몇 가지 이유가 있다.

사람에게 자율이 긴요한 것은 자율이 바로 '나도 사람이다'라는 인간적 질감人間的質感의 원천이기 때문이다. 자율이 주어지지 않으면, 자신은 그저 별 볼 일 없는 존재, 기껏해야 노예·하인·로봇 같은 존재로밖에 느껴지지 않기 때문이다. 그렇게 자신이 하찮은 존재라는 느낌은 인간적 비애인 동시에 쉬 여러 가지 부정적·반항적인 심리로 이어질 수도 있다.

자율은 그런 인간적 질감 때문에 모든 일에서 사기士氣와 성취의 전제조건이 된다. 사람은 명령·지시에 따라 하는 일에는 신이 나지 않는다. 타율의 압력 때문에 마지못해 일해야 할 때는 그저 건성으로 일할 뿐이며, 그 일의 성과도 시원치 않게 마련이다. 따라서 앞장에서 논의한 장인도 성취인도 창조인도 타율적 명령·지시·통제하에서는 탄생하기 어렵다.

장인은 자기가 하는 일에 관한 한, 자신의 사명감과 기량과 윤리로 자기 일의 '소왕국'의 왕으로 자처하는 사람이며, 자기 일에 관한 한 타율을 제일 싫어한다. 옆에서 누가 이래라저래라 하면 아예 일을 집어치운다. 그는 자기 일에 관한 남의 명령이나 간섭을 극도로 싫어하는 자율인이다. 성취인도 자신의 성취동기가 일의 원동력이고, 타율적 지시에 따라야 하는 일은 기피한다. 그는 자기 자신의 의지와 힘으로 일을 성공으로 이끌어 낸다는 것을 남에게, 그리고 자신에게 증명해 보이려는 사람이지, 남의 지시에 따른 성공은 그의 관심이 아니다. 더구나 창조적 인물은 근본적으로 청개구리다. 이래라 하면 저렇게 할 것을 궁리하는 사람이고, 딴 생각을 즐기는 사람이다. 타율적 풍토는 창의력의 불모지다. '외우라' 고 명령하면 외워지기는 하지만, '창의하라' 고 명령한다고 창의가 솟아나지는 않는다.

한국 교육에는 문제가 많다. 입시준비 교육, 사교육비 팽대, 공교육의 질 저하 등의 문제 해결은 부지하세월이다. 그 많은 문제가 발생하고 해결도 되지 않는 가장 큰 원인을 나는 지난 반세기 동안 계속되어 온, 물론 선의善意의 개선의지에서였겠지만 정부의 온갖 타율적 지시·명령·제안이었다고 믿는다. 그런 타율하에서는 개혁의 의지는 교육부의 것일 뿐, 학교와 대학, 교사와 교수 자신의 개선 의지는 아니었기 때문이다. 교육 개선이 교육자 자신들의 '내' 일이 아니었기 때문이다.

또한 자율은 길게 논의할 필요도 없이 도덕道德의 대전제다. 노예처럼 자율 없이 타율적 명령에 따라 하는 행위는 노예 자신에게는 그 도덕적 책임은 없다. 그 책임은 주인의 몫이다. 나의 자유의지로 행한 자율적 행위에만 도덕적 책임이 있고 또 그런 책임감을 스스로 느끼게 된다. 타율하, 명령하에서의 도덕적인 행위는 도덕행위가 아니라 복종행위일 뿐이다. 나는 칸트의 "자유는 도덕의 존재근거고, 도덕은 자유의 인식 근거다"라는 유명한 문구를 자주 인용한다. 좌우간에 선택할 자유가 있어야 도덕이 있을 수 있고, 내가 선악 간에 어느 하나를 택할 수 있기 때문에 나는 자유임을 알 수 있다는 말이다. 제2차 세계대전 때, 평소에는 새의 죽음도 슬퍼하던 순정의 독일 병사들이 히틀러의 명령 일하에 600만 명의 유대인을 죽음의 가스실로 몰아넣었지만 선악을 택할 수 없었기 때문에 그들에게는 도덕을 물을 수가 없다. 그들에게는 자유가 없었다.

무서운 것은 타율하에서는 도덕적 감각, 책임 감각이 무디어진다는 사실이다. 타율 상황이 빚는 '복종의 위해危害'에 관한 한 심리학자의 의미심장한 실험이 있다.[1)] 피실험자인 A와 B 두 대학생을 유리창으로 격리된 두 방에 따로 앉히고, A 앞에는 누르면 15에서 450볼트의 전류를 B의 손에 딸린 전극에 보낼 수 있는 스위치가 30개 놓여 있다. 전류의 충격이 얼마나 강한지, A 자신에게 먼저 45볼트 전류의

'맛'을 보게 한다. 그 정도의 전류도 꽤 따갑다. 그런 다음, 실험자는 A에게 "이것은 실험이니까 너는 내 지시에 따라 차례로 높은 볼트 스위치를 계속 눌러 가면 된다. 창 저쪽에 보이는 B가 고통스러워해도 너는 개의할 필요 없다"라고 지시한다. 볼트가 올라갈수록 B는 점점 더 못 견디게 고통스러워한다. 그래도 A는 머뭇거리면서도 실험자의 눈치를 보아 가며 계속 높은 볼트 스위치를 누른다. 실험의 목적은 실험자에의 복종이 어디까지 피실험자로 하여금 잔인한 행동을 계속 서슴지 않고 하게 하느냐를 보기 위해서였다. 결과는, 의외로 많은 피실험자들이 꽤 높은 볼트까지 가야 자지러지게 괴로워하는 B를 보면서 "아무리 실험이라도 더 이상 못하겠소!"라고 실험을 거부하기에 이르더라는 것이었다. 타율 · 복종은 양심, 도덕적 감각을 무디게 한다이 실험에서 B는 실제로 전류를 받는 것이 아니고, 실험자와 짜고 고통을 연출했을 뿐이었다. 이 때문에 실험 자체가 비도덕적이라는 비난을 받기도 했다..

한국의 교사 · 교수에게 한국 교육이 왜 이 지경에 있느냐를 묻는다면, 그것이 나, 우리의 책임이라고 대답할 교사 · 교수는 거의 없을 것이고, 거의 다 교육부 등 행정당국을 나무랄 것이다. 반대로 교육부는 그 탓을 학교 · 대학, 교사 · 교수에게 돌릴 것이다. 이렇듯 잦은 책임 전가의 풍습은 타율풍토의 속성이다. 이런 도덕적 감각의 둔화는 때로는 작고 큰 비정의 무자비한 잔학행위로도 이어질 수 있다. 어떤 이유에서건 도덕감각이 둔화되면 1장에서 거론한 잔인한 사이코패스, 잔학성 정신병의 증세로 이어진다.

사회적 필요

사회적 측면에서도 자율의 긴요성을 살펴볼 수 있다. 우선, 사회발전에 따라 기하급수적으로 팽대해 가는 사회 전반의 이른바 '결정부하량decision load'의 문제가 있다. 결정부하량이란 한 나라의 모든 기관에서 하루에 또는 한 해에 결정을 지어야 할 안건들의 수량 전부를 말한다. 예컨대, 부서가 5개, 직원이 100명인 회사보다 부서가 10개, 직원이 200명인 회사에서 회사운영을 위해서 결정지어야 할 일, 즉 결정부하량이 많아질 것은 뻔하다. 또 그 결정부하량이 단순히 2배가 아니라 부서 간, 직원 간의 늘어나는 상호작용까지 고려해야 하기 때문에 4배, 8배가 될 수도 있다는 것은 쉽게 짐작이 간다.

지난날의 한국에서처럼 사회발전에 따라 해야 할 일들이 급증하면서 여러 기관이 많아지고 커지고 다양해지고 전문화해 가면 사회 전반의 결정부하량은 기하급수 이상의 속도로 늘어나게 마련이다. 중앙집권적 타율체제는 어느 정도 어느 시점까지는 그 팽대하는 결정부하량을 감당할 수 있다. 그러나 그 팽창이 어느 정도를 넘으면, 그 중앙집권체제는 부적절한 결정을 속출하게 된다. 현장을 모르는 결정, 전문에 어두운 무식한 결정, 부작용이 많은 결정, 때 늦은 결정, 조령모개해야 할 결정이 속출하게 된다. 따라서 그 시점부터는 집권된 권한을 적절하게 산하로 분권해야 하고 자율을 확장해 가야 한다.

한국의 대학만 하더라도 1960년에 약 20개였던 것이 지금은 200개가 넘는다. 그에 따라 엄청나게 팽대한 결정부하량은 1960년대 중앙집권체제의 답습으로 감당하기 어려울 것은 명백하다. 한국 대학들이 국제적 수월성 수준에 크게 못 미치는 이유의 하나도, 그 많은 대학에 대한 중앙정부의 획일적 타율 행정에 있을 것이라는 추론도 가상만은 아니다.

다음, 자율의 신장은 자유민주주의의 궁극적인 시금석이라는 문제도 있다. 2장에서 민주주의의 개념적인 정의는, 정부의 '권력'을 국민의 자율적인 행복추구권을 최대한 보장하면서 행사하는 정치체제라고 했다. 보통선거는 민주주의의 최소 필요한 조건일 뿐 충분한 조건은 아니다. 민주주의의 진수眞髓는 국민의 자율을 최대한 신장하는 데 있다. 권력은 민주선거로 획득했으면서, 그 권력을 도리어 국민의 자율을 탄압하는, 옛 독일 나치정권과 같은, 이른바 비자유민주주의는 실은 독재국가나 별 다름이 없다. 나치처럼 심하지는 않다 해도 국민의 자율을 필요 이상으로 제한하는 정도에 따라 그것은 진수가 부족한 결격缺格 민주주의다.

한국 민주주의의 현황은 아직도 그런 결격 민주주의라고 해야 한다. 이는 강한 중앙집권체제를 큰 변화 없이 견지하고 있기 때문이다. 지난날 교육부의 대학 통제, 각급 학교 통제는 별반 경감된 바 없다. 물론 한 국가 경영에는 전국적인 통제가 필요한 사안들이 많은 것은 사실이다. 그러나 통제와 자율의 비율에서 통제가 클수록 그것은 비자유민주주의에 가까워진다. 한국 민주주의의 성숙에는 그 자율의 비율이 점차로 커져 가야 한다. 그러나 몇 가지 이유로 그 일이 그리 쉽지는 않은 것이 문제다.

한국의 중앙집권벽中央集權癖은 역사의 뿌리가 깊다. 한국은 옛날 봉건제도의 경험이 없다. 한 국가를 이루면서도 그 속의 각 지방에서 폭넓은 자율을 행사하는 자생적인 영주들이 없었다. 한때 있었어도 다 괴멸되고, 중앙에서 파견된 관찰사, 원님들이 다스렸다. 즉, 옛 유럽이나 일본처럼 지방분권 · 자율의 역사적 경험이 없다. 여기에는 옛날 옆의 강대국이었던 중국의 중앙집권제를 모방한 탓도 없지 않을 것이다. 게다가 권력은 한번 거머쥐면 놓기가 싫은 속성이 있다. 권력에는 '꿀'이 따르기 때문이다. 그리고 그 '꿀'을 나누어 먹으려 벌들이 모여든다. 그래서 서울에는 무섭게 인구가 집중하며, '서울 지향성'은 한국 사람에게 거의 체질화되어 있다. 그래서 분권 · 자율의 제도화와 관행은 성숙하기가 어려웠다. 그러나 어려운 또 하나의 이유는 자율 · 자치 · 참여의 행사에는 사람들에게 거기에 필요한 '자율의 역량'이 수반되어야 한다는 점이다. 자율의 역량이 부족한 자율은 무질서 · 비생산 · 비효율을 빚어내기 때문이다. 이 중요한 대목은 이 장 끝에서 재론한다.

한국의 자유민주주의가 명실공히 발전하려면 이런 어려움은 어떻게든 극복하면서 자율의 풍토는 점차로 성숙되어 가야 한다. 한국은 지난날 우여곡절의 많은 어려움 속에서도 세계가 경탄한 두 가지 기적을 이루어 냈다. 첫 번째 기적은 획기적인 경제적 비약이고, 두 번째 기적은 민주주의의 꽃이라고 하는 평화적 정권 교체를 이루어 낸 일이다. 나는 한국이 다음에 이루어 내야 할 세 번째 기적은 성숙된 자율풍토의 조성이라고 선언한 바 있다.[2)]

자아: 인간실존

영어의 autonomy, freedom, spontaneity, self-government 등은 언뜻 서로 다른 말로 들리지만, 우리말로 옮긴 자율, 자유, 자발, 자치는 다 '스스로' 또는 '나' 라는 뜻의 자自자가 들어가 있어서, 개념상 그 사이에 어떤 공통된 연결고리가 있음을 문자상으로도 암시한다. 그 공통된 연결고리는 '자아自我, self, ego' 라는 개념으로 파악할 수 있다.

인간에게는 자신을 주변의 다른 것과 구분짓는 '나' 라는 의식, 자아 또는 자아의식自我意識이 있다. 동물에게도 '나' 는 있다. 그래서 다른 동물들도 위험을 만나면 피하고 도망간다. 그러나 그것은 '본능적인 나', '반사적인 나', 그야말로 소뇌와 중뇌가 본능적으로 반응하는 '나' 다. 자아라기보다는 아집我執이다. 인간의 '나' 는 '의식적인 나' 다. 나 아닌 것과 나를 구분짓고, 나를 누가 밖에서 보듯 나를 객관화하면서 자신을 반성하고 비판도 할 줄 안다. 기실 인간이 여타 동물과 다른 중요한 차이점은 환경으로부터만 아니라 나 자신으로부터도 한 걸음 떨어져서 '나' 를 바라볼 수 있는 능력이다. 그것은 여타 동물의 '반사적reflexive 나' 를 넘는 '반성적reflective 나' 다. 그의 자아 또는 자아의식에는 소뇌나 중뇌보다는 사고를 지배하는 대뇌가 더 크게 작용한다. 따라서 인간의 자아는 때로는 욕심도 유혹도 참고 고민도 하고 의義를 위해 죽음에 처하기도 한다. 여타 동물에게 그런 자아는 없다. 소뇌나 중뇌의 반응만으로 형성될 수 없는 것이 반성적 자아의식이다.

어쩌면 본능대로 아집으로만 사는 동물이 인간보다 더 행복한 것인지도 모른다. 거추장스러운 자아의식 때문에 욕심도 참고 고민과 갈등에도 빠지고 괴로워 자살까지 한다. 자아의식은 인간으로 태어난 축복인 동시에 저주일지도 모른다. 아담과 이브는 신의 나라 에덴동산에서 살았을 때는 아무 고뇌 없는 지복至福의 낙원이었다. 그러나 뱀의 유혹에 못 이겨 신의 명령을 어기고 금단의 '지식'의 나무에 열린 사과를 따 먹었고 그 벌로 낙원에서 쫓겨났을 때부터 인간의 고뇌는 시작되었다. 성경 창세기의 이 이야기는 인간의 자아 탄생을 상징한다. 자아의식은 동물적인 삶을 넘어서 인간적으로 살아가야 하는 인간의 힘겨운 실존조건이 되고 말았다는 이야기다.

자아自我는 신의 명령에 따를 수도 있고 동물의 유혹을 따를 수도 있는 갈래길의 가능성可能性 앞에 놓인다. 인간은 동물처럼 본능이즉, 신이 정해 놓은 궤도대로만 살아가는 것이 아니라, 열려 있는 갈래길 가능성 속에서 행이건 불행이건 좌우간에 스스로 갈 궤도를 선택해야 하는 조건 속에서 살아가야 한다. 그렇게 선택할 수 있고 선택해야 하는 조건이 곧 2장에서 언급한 실존적 자유實存的自由다. 그 자유의 행사가 바로 자율이다. 그 선택 여하가 행복에도 이어질 수 있고 불행에도 이어질 수 있다. 자유 속의 자율적인 선택은 성공 · 승리 · 득의 · 희열의 정상일 수도 있고, 반대로 실패 · 패배 · 실의 · 비탄의 나락일 수도 있다. 그 나락을 실존주의자들은 무無라고 부른다. '너 잘못하면 없다!' 라는 뜻의 '없다'다. 철학자 니체의 비유대로,

낭떠러지에 걸쳐 있는 외나무다리를 잘 건너가면 저쪽은 낙원이고, 잘못하면 아래 나락으로 빠져 '없다.' 자아를 지닌 인간의 삶은 어쩌면 계속적인 그런 외나무다리 건너기의 연속일지도 모른다. 그렇게 '있다'와 '없다'의 갈래길 선택지에서 한 길을 선택하는 것이 자율이라면, 자유 · 자율은 실은 무섭고 짐스러운 조건이다.

열려 있는 가능성, 즉 자유 속에서 '무'의 가능성도 각오해야 하는 선택은 자연히 어느 정도의, 때로는 심각한 불안不安과 고독孤獨을 수반하게 마련이다. 성공과 실패, 승리와 패배, 천당과 나락의 갈래에서 선택해야 하기에 불안하고, 선택은 내 책임으로 내 자신만이 해야 하기에 고독하다. 남이 선택해 주면 나의 선택이 아니라 순종 · 복종을 의미하기 때문이다. 자유와 책임 속의 선택은 그 일의 경중에 따라서는 무섭게 불안하고 고독하다. 그 불안은 정신장애상의 병적인 불안이 아니라, 동물을 넘어서는 인간적인 삶에는 필연적으로 겪어야 하는 '실존적 불안'이다. 그리고 그 고독도 애인이 없어서 쓸쓸하다는 것과 같은 정서적 고독이 아니라, 인간적인 삶에 필연적인 실존적 고독이다. 따라서 인간에게는 인간으로 살려는 한, 그러한 불안과 고독을 이겨 낼 수 있는 적정한 용기가 필요하다. 그 용기는 만용도 아니고 허장성세도 아닌 인간적인 삶에 따른 불안과 고독을 이겨 내는 '실존적 용기'다.[3)]

인간도 한 동물이다. 그도 한편 동물적인 삶을 살아가야 한다. 때로는 동물처럼 정해진 궤도대로 행동하고, 선택 없이 따라서 자유도 책임도 없이, 불안과 고독을 피하면서 살아가는 때도 많다. 그러나 인간의 삶 중에 인간적인 삶은 가능성, 자유, 선택, '무'의 불안,

고독을 직면하고 각오하고 처결하는 용기에서 탄생한다. 따라서 인간실존에 주어진 가능성 · 선택 · 자유 · 자율은 그렇게 호락호락하게 누릴 수 있는 희한한 조건인 것만은 아니다. 그리고 이 모든 것을 감당해야 할 주체는 그의 자아다. 자아가 져야 할 짐은 실은 대단히 무겁다. 그래서 그 짐스러움에 못 이겨 자아를 포기 또는 상실하게 되는 현상도 생긴다. 자아의 포기는 물론 자유 · 자율의 포기이며, 인간적인 삶을 버리고 궤도대로 따라가는 동물적인 삶에 만족한다는 뜻이다. 자율은 이런 자아가 동물적인 삶을 초월하고 인간적인 삶을 실현해 가려는 행위다.

자아 상실

벌써 반세기도 훨씬 전에 읽은 두 저자의 논지가 지금도 생생하게 나의 기억에 남아 있다. 자아 상실이라는 문제에 비추어, 지금에 와서도 들어맞는 논지라고 생각되어 그 요지를 다시 반추해 볼 만하다. 현대성이 더 짙어진 지금 21세기에 더 합당하게 들어맞는 논지일지도 모른다.

리스먼Riesman은 그의 저서 『고독한 군중』에서,[4] 건국 이래 미국 사람들의 성격이 3단계에 걸쳐 변천해 왔다고 분석하고, 미국 사람들은 현대에 이르러 자아의식이 약해지면서 은연중 책 제목이 시사하는 대로 자아 상실의 쓸쓸함에 젖어 있는 고독한 군중을 형성하고 있다고 경고했다.

미국으로의 이민이 시작된 때로부터 건국 초기에 이르는 제1단계의 미국인들의 성격은 전통지향적tradition-directed이었다. 종교적 박해와 정치적 압제가 싫어서, 아무 관습도 전통도 없는 신천지에 들어간 건국 전후의 미국인들은 그들 각자가 고국에서 전통적으로 이어 받아 온 종교적 규범과 미국적 정치이념을 생활의 모든 측면을 지배하는 원리로 삼을 수밖에 없었다. 그들은 그들의 종교적 신앙과 정치적 신념의 실현이라는 사명을 지닌 자로서의 자아의식이 뚜렷했다. 가는 곳마다 교회부터 지었고, 학교부터 시작했다. 그들의 삶은 말하자면 변하지 않는 전통의 '북극성'을 삶의 기준으로 삼은 생활이었다.

제2기인 19세기 미국은 서부개척시대였다. 이때 미국인들은 제각기 대성의 웅지를 품고 기회의 땅 서부로 펼쳐 갔다. 그들에게는 아무도 없는 미개척의 광활에서는 갖가지 어려움과 위험에 처해도 다른 힘에 의지해서 이겨 낼 길이 없었고, 정부 · 경찰 · 군대의 힘이 채 미치지 못한 무질서 속에서는 만사를 자기 자신의 힘으로 극복해야 했다. 믿을 곳이란 자기 자신밖에 없었다. 가끔 갑자기 들이닥치는 인디언들의 습격도 자기들의 힘으로 이겨 내야 했고, 들끓는 무법자들도 자기들 힘으로 이겨 내야 했다.

자기 자신이 세우고 자기 속에 간직하고 있는 굳센 초지初志만이 성공의 관건이었고, 그 초지는 강인한 자아의식으로 이어졌다. 리스먼은 이때 미국인의 성격을 내면지향적inner-directed 성격이라고 불렀다. 비유한다면, 이제는 북극성이 아니라 한번 획 돌려놓은 회전축 운동에 따라 방향을 가늠하는 '자이로스코프'처럼 한번 작정한 의지가 삶의 행동기준이 되었다. 지나칠 정도로 강한 자아의식 때문에 남에 대한 고려마저 부족해지는 '난폭한 개인주의'로 전락하는 수도 있었으나, 일반적으로는 강건한 자아의식의 시대였다.

문제는 제3기, 20세기에 들어와서 각종 산업이 크게 발달하고 대기업들이 생겨나고 대중소비시대에 접어들면서, 사람들이 자신의 생각이나 의지보다는 '남의 눈치'를 보기에 바쁜 타인지향적other-directed으로 바뀌어 간 데 있다. 서부 기회의 땅도 바닥나서, 작은 자작농, 자작 공업, 자작 상업을 벌일 기회도 줄어들고, 여간한 의지와 재능이 아니고는 공룡 같은 대기업에 맞서 창업하기도 어려워져서, 대부분의 사람은 고용인雇傭人으로서 생활하게 되었다. 고용인은 자연 남의 눈치를 살펴야 한다. 많은 경우 나의 의지를 꺾고 나의 감정을 참아야 한다. 나의 삶이 남에게 달려 있게 된다. 나 자신의 인격적 가치마저도 내 자신의 생각에 따라 내 자신이 평가하는 것이 아니라 나에 대한 남들의 생각이 어떠냐를 살펴서 판정한다. 내가 '나'가 아니라 남에게 비친 내가 '나'인 셈이다. 인사도 말로는 'How are you?' 라고 하지만, 실은 'How am I?' 라고 묻고 있는 셈이다. 게다가 매일 소나기처럼 쏟아지는 유혹의 상업광고와 선전들은 나의 필요를 무시하고 나의 의사를 꺾어 버리는 힘을 가지고 있다. 현대인은 허약한 자아 때문에 요란한 상업광고에 놀아난 군상들로 전락한다. 리스먼은 이런 타인지향 성격을 '레이더'에 비유했다. 마치 어디에서 어떤 적의 비행기가 날아드는지를 언제나 이리저리 살펴야 하는 레이더와 같다는 것이다. 자아와 개인주의를 호언하면서도 실은 자아를 상실하고 은연한 쓸쓸함에 젖어 있는 군상이라는 것이다. 현대의 우리 한국인에게도 혹 적용되는 논지가 아닐까?

프롬Fromm은 그의 명저 『자유로부터의 도피』에서[5] 좀 더 긴 세계사의 견지에서 현대인의 자아 상실을 개탄한다. 앞에서도 말했듯이 자유는 자율이나 자아와 거의 동의어다. 그의 분석은 다음과 같다. 본래 인간에게는 자유freedom와 동시에 안정security도 긴요하다. 한편으로는 훨훨 마음대로 나돌아 다닐 자유로움도 바라지만, 또 한편으로는 맹수에 잡혀 먹히지 않고 적이 쳐들어오지 않고 굶지 않고 다치지 않는 등 안정감도 바란다. 따라서 어떤 연유로 자유가 심하게 제약당하면 이에 반발하게 마련이고, 반대로 안정이 심하게 흔들리면 움츠려 어떤 안식처를 찾아가게 마련이다. 그런데 현대인은 역사의 흐름에 따라 여러 가지로 크게 자유로워졌지만, 그로 인한 불안의 증대 때문에 은연중에 자유 · 자율 · 자아를 포기하는 현상이 현저하게 나타나고 있다는 것이 그의 요지다.

연약한 인간은 본래 든든한 안정감을 주는 여러 가지 비호庇護 속에서 자라나고 살아왔다. 인간에게 훈훈하고 든든함을 주는 그런 비호 요인에는 우선 가정과 집단국가과 종교가 있다. 이 셋은 인간에게 든든한 안정감을 주는 원초적 유대primary bonds인 셈이다. 그 유대에 매어 있으면 든든하다. 엄마 · 아빠 때문에 나는 든든하다. 나라는 세금도 걷어 가지만, 나의 생명과 재산을 보호해 준다. 종교를 믿으면 '사자의 입도 무섭지 않고' 죽음도 두렵지 않다. 그러나 그 유대의 끈이 너무 강하면 그것은 속박으로 변하고 나는 자유를 잃는다. 그래서 자유가 그리워 답답한 집에서 뛰쳐나오고, 독재군주에 반항하고, 종교의 굴레에서 벗어나는 운동이 생긴다.

세계사에서, 서구의 경우지만 16세기의 종교개혁은 중세 기독교의 속박에서 벗어나서 종교적 자유를 찾으려는 봉기였다. 결과적으로 종교개혁은 종교라는 원초적 유대를 약화시키고 단절하는 단초가 되었다. 또한 18세기 말의 미국 혁명과 프랑스 혁명은 독재군주에 대한 반항으로 시작했고, 그에 따라 절대국가의 힘은 약화되기 시작했으며, 이어서 19세기에 들어서서 팽배하기 시작한 민주주의 사상은 종래 관념의 국가의 힘을 약화시켰고, 국민의 힘이 대신 들어서게 했다. 국가라는 원초적 유대도 크게 약화되었다. 그다음 19세기 중엽 산업혁명은 사람들 삶의 터를 농장에서 공장으로 바꾸면서, 인구의 도시 집중과 함께 대가족제도를 파괴하고 가족이 같이 지낼 시간도 희소화하면서 가족이라는 원초적 유대마저 약화시켰다.

이렇게 원초적 유대를 잘라 버리거나 약화시킨 현대인은 옛날에 비하면 엄청 자유로워졌다. 미풍이 부는 잔잔한 넓은 바다를 마음대로 배로 항해하며 상쾌한 자유를 즐길 수 있게 되었다. 그러나 그 자유로운 항해를 제대로 즐기려면, 우선 그 배에는 스스로 발동기와 나침반과 조타실이 마련되어 있어야 한다. 그런 것이 없는 자유라는 배는 일엽편주처럼 불안한 표류밖에 할 수 없다. 더구나 사나운 풍랑을 만나서 배에 고장이라도 생기는 날이면 난파의 불안에 떨어야 한다. 그럴 때에는 배를 다시 닻줄로 묶어 줄 항구의 정박소가 그리워지고, 그 정박소를 찾아가서 자신을 든든하게 묶어 둔다.

그것이 자유를 버리고 자유로부터 도피하려는 현대인의 심리라는 것이다.

문제는 불안해서 급한 대로 찾아간 그 정박소의 항구가 배를 잠시 쉬게 해 주고 고장도 수리해 주는 곳이라면 모르되, 만약 잘못 찾아가서 약탈자나 해적들이 우글거리는 곳이라면 배는 자신을 상실하고 끝장이 난다. 자아의 상실이다. 리스먼은 불안한 현대인들이 그렇게 안정을 구해 자칫 잘못 찾아가는 항구로 몇 가지를 들었다. 말하자면 이젠 너무 불안해서 자유를 버릴 테니 안정하게 나를 '묶어달라' 고 잘못 찾아가는 곳이다. 현대적 독재로 귀의하고, 사이비 종교인 각종 사교邪敎에 헌신하고, 대중과 유행에 그대로 동조하고, 돌출적인 잔학행동을 일삼는 등의 현상이 그것이다.

독재자 히틀러의 출현은 그의 교활한 정치적 술수 때문이기도 했지만, 당시 독일의 극심한 정치적 불안이 그 큰 원인이었다. 기실 독재자가 독재를 유지할 수 있는 가장 긴요한 방법은 '적이 쳐들어온다', '경제가 망한다' 등 정말 또는 거짓으로 계속 사회적 불안을 조성하는 일이다.

또 극도로 불안한 사람들은 나를 편안하게 해 주고, 죽음의 두려움에서 천당으로 나를 구원해 준다면 쉬 사교의 교주에 몸을 맡긴다. 가이아나의 '인민사원' 사건, 우리나라에도 한때 큰 사건이었던 '백백교', '영생교' 사건 등 재산은 물론 생명의 헌납마저 요구하는 사교 등이 그 예다.

그리고 이른바 자유민주주의 사회에는 '대중'과 '유행'이라는 익명의 권위에 맹목적으로 동조하는 군중이 생긴다. 대중처럼 생각하고 말하고 대중처럼 느끼고 행동하는 군중이다. 대중에게 자아를 바친 사람들이다. 대중은 괴상한 힘을 가지고 있다. 개인의 혼을 뺏는다. 사려 있는 사람도 대중 속에서는 사려를 잃고, 평화주의자도 집단 속에서는 폭력자로 쉬 변한다. 이른바 군중심리다. 또한 잔인성은 흔히 원시 미개민족의 속성이라고 여기지만, 현대인도 경우에 따라서는 미개인들보다 더 잔인할 수 있다. 돌출적으로 폭력을 과시함으로써 빼앗겨 왜소해진 자아의 공허감을 메우려고 하는 심리에서다.

이러한 자아 상실 상황의 대책으로, 학교를 포함한 사회 전반에서 리스먼은 '자율적 경험'을, 프롬은 '자발적 경험'을 풍부하게 제공하고 강조할 것을 제안한다. 여기 논의에서는 그것이 바로 성숙된 자아개념을 기르고 자율의 역량을 함양해야 한다는 일에 해당된다. 자율의 역량은 이 장 끝에서 논의하기로 하고, 그 전에 참고로 한두 가지 더 생각해야 할 문제가 있다.

소 외

심리학, 특히 임상심리학에서 소외疎外, alienation라는 개념은 '친구에게 소외당한다'와는 다른 개념이다. 여러 가지로 자아 상실自我喪失에 관련되는 상당히 넓고 심각한 개념이다. 가장 간결하게 정의한다면, 소외는 '내가 내가 아닌 상태'다. 좀 더 길게 정의하면, 내 일은 나의 주동적인 힘으로 결행해야 하는데, 나는 그 주동력을 잃고

나 아닌 어떤 다른 것, 어떤 비아非我의 힘에 내가 지배당하고 있다는 느낌과 실제로 그러한 상태를 말한다. 어떤 연유로든 내가 나에게서 빠져나간, 정신없는, 미친 상태인 셈이다. 영어 alien에는 '미친 사람'이라는 뜻도 있다. 앞에서 논의한 전제자, 사교 등에 귀의하는 현상이 소외의 한 예다.

정신병원에서는, 예컨대 어쩌다 빗자루만 보면 파랗게 질려 떠는 환자를 볼 수가 있다. 빗자루는 그것으로 방을 쓸든지 꺾어 버리든지 내버리든지 마음대로 할 수 있는 힘을 내가 가지고 있는데, 반대로 빗자루가 나를 해치는 힘을 가지고 있다고 믿는 소외의 현상이다. 나에게서 나의 주동력이 빠져나가면 나는 이미 내가 아니다. 원시인들에게서 가끔 보는 우상숭배偶像崇拜도 소외현상의 하나다. 돌이건 나무건 우상은 사람이 주동해서 만들어 놓은 것인데, 그것이 거꾸로 사람을 지배한다고 믿기 때문이다. 불상도 십자가도 한 상징으로만 여기지 않고, 그 물체 자체가 나의 화복을 지배하는 것으로 생각한다면 그것도 우상숭배다.

소외에는 이런 병적인 망상妄想으로 인한 개인적 소외현상뿐만 아니라 사회적인 소외현상도 있다. 앞에서 들었듯이, 사람들이 독재자에 귀의하고 사교에 헌신하고 대중에 맹종하는 현상이 바로 사회적 소외현상이다. 사람들이 집단으로 자아의 주동력을 비아에 넘겨버리고, 그 지배를 받고 있기 때문이다. 자유·자율·자아의 포기 또는 박탈은 개인으로건 집단으로건 곧 소외를 의미한다.

카를 마르크스는, 당시 수공업이 기계공업으로 이행하면서 시작된 난폭한 초기 자본주의의 폐해를 극심한 소외현상으로 파악했다.

예컨대, 수공으로 짜내는 면직물은 솜을 내 손으로 길러 내 손으로 실을 만들고 내 손으로 베틀에 걸어 짜내기 때문에 그 무명은 나의 작품이고 내가 내다 팔아 번 돈은 내 것이다. 모든 생산과정의 곳곳에 '내'가 투입되어 있어서 나는 거기에서 자아 충만감을 느낀다. 그러나 공장의 직공으로서는 솜도 내가 기른 것이 아니고 기계도 내 것이 아니다. 따라서 생산품도 완전히 내 것은 아니다. 더구나 분업의 경우에는 최종 생산품의 극히 일부분에만 '나'의 투입이 있을 뿐이다. 특히 생산품 판매 수입도 다 내 것은 아니고, 나의 수입은 자본주의 자의에 따라, 때로는 착취를 당하면서 결정된다. 자본주의는 거의 모든 과정에서 '나의 투입'이 차단된 소외를 낳는다는 것이 마르크스 사상의 발단이었다. 그때의 원시 자본주의가 그 후 현대 자본주의로 발달해 온 과정은 그 소외의 여러 원인을 조금씩 제거해 가면서 생산활동에 '나의 투입'을 증폭시켜 보려는 과정이라고 볼 수 있다. 앞에서 든 리스먼이나 프롬의 분석은 마르크스의 분석과 일맥상통한다.

개인현상으로건 사회현상으로건 소외는 몇 가지 바람직하지 못한 개인적 심리기제를 낳고, 그것이 갖가지 사회비리로 이어질 수도 있다. 즉, 가벼운 또는 중증의 무력감, 무의미감, 무목적감이 그것이다. 자아의 주동력이 빠져나간 자아 상실 내지 약화 때문이다.

무력감이란 나에게는 나의 주변 환경을 움직일 수 있는 아무 힘도 없고, 내 스스로 나의 운명을 개척해 나갈 힘도 없다는 관념이다. 인간은 물론 만능은 아니다. 인간이 움직일 수 없는 일은 매우 많다.

그러나 나의 힘으로 움직일 수 있는 일도 많다. 움직일 수 있는 것도 못 움직이겠다고 생각하면 움직일 수 없게 된다. 그것이 무기력자다. 무기력자는 운명론적 사고가 짙다. 또 정신분석학에서 말하는 구강적口腔的 성격, 즉 젖먹이처럼 아무 힘없이 입을 벌리고 그저 엄마 젖이 들어오기만을 바라는 수동적 의존성이 심하다. 프롬이 말하는 수용적 성격이다. 심한 열등감에도 자주 사로잡힌다. 그저 고통을 참고 심지어 즐기기도 하는 병적인 마조히즘의 경향도 드러낸다.

문제는 여기에 멈추지 않고, 그 반동심리도 돌출한다는 데에 있다. 무력감을 보상하기 위해 그 반동으로 무모한 충동적인 모험, 반항, 과시, 파괴행동을 감행하기도 하고, 마조히즘의 반동으로 잔인한 사디즘적인 잔학행동을 자행하기도 한다.

무의미감은 이 세계가 모든 것에 아무 재미도 보람도 뜻도 느낄 수 없는 회색의 세계로만 보이는 심리다. 만사에 신이 안 나고 흥도 나지 않고 화도 나지 않고 다 무의미하다. 이상李箱의 『날개』에서 주인공은 아내가 창부 노릇을 해도 덤덤하다. 다 무의미하기 때문이다. 뭘 해도 힘이 미치지 않는다는 무력감에서 무의미감은 당연한 결과다. 아무런 유능감, 성취감, 성공감도 느끼지 못하는 상황에서는 삶의 의미가 잘 드러나지 않게 마련이기 때문이다. 무의미감은 경증 또는 중증의 우울증으로도 나타난다. 삶에서 모든 실패는 사람을 누구나 일단은 우울하게 만든다. 그러나 대개 사람들은 그것을 문제의 어려움의 탓이나 자기의 '능력 부족' 탓으로 돌리고, 문제의 어려움을 이겨 낼 능력을 기르려 노력하면서 쉬 그 우울증에서 벗어난다. 그러나 중증 우울증은 문제 극복의 불가능성과 동시에 자신의 능력 부재를 체관하고 희망을 접는다. 그래서 자살로 이어지는 경우가 많다. 우울증에도 그 반동의 증세를 수반할 수가 있다. 이른바 조울증躁鬱症, manic depressive이다. 우울의 그늘에 잠겨 있다가도 어느 순간 떠들썩하게 요란을 떨며 헛된 자신과 요란한 쾌활로 주위를 어리둥절하게 하고 귀찮게 하는 증세다.

무목적감은 문자 그대로 삶의 목적이 없음이다. 내가 왜 무엇을 어떻게 추구해야 하는 것인지 그 방향의식이 없음이다. 무슨 사명, 무슨 영예, 무슨 이득, 무슨 성취를 어떤 규범, 어떤 원칙, 어떤 방도로 이루어 가야 하는지가 오리무중인 경우다. 나에게 주동력이 없다는 무능감에서는 목적이란 무의미해진다. 내세운들 힘없는 나로서는 이룰 수 없는 목적일 것이기 때문이다. '아무렇게나 산다', '될 대로 되라'는 심리 때문에 무목적감은 방탕이나 범죄로 이어지기 쉬운 심리다. 사회학자들은 사회의 아노미anomie 현상을 걱정한다. 무법無法감 또는 규범을 잊은 무범無範감이라고도 번역할 수 있는 아노미는 곧 무목적감을 뜻한다. 카뮈Camus의 소설 『이방인』에서 주인공은 살인을 범한다. 왜 죽였느냐는 질문에 그는 "햇빛이 눈부셔서"라고 답한다. 살인마저 아무렇게나 저지를 지경으로 무의미감, 무범감이 심했다는 말이다. 한 사회의 대소 범죄에는 그런 무목적자, 무범자가 많다.

문제는 어디에서건 타율의 풍토가 짙을수록 이런 무력감, 무의미감, 무목적감의 풍조도 짙어진다는 데 있다.

인간은 불가피하게 그리고 불가결하게, 한편 사회성과 동시에 또 한편 자아를 소유하도록 태어났다. 그것이 인간의 어쩔 수 없는 실존 조건이다. 인간의 자아는 건전하게 성숙해 가서 자율적으로 자유를 행사할 수 있는 능력을 갖추어야 한다. 그것이 한편 개인적으로는 그의 가능성을 꽃피우는 자아 실현의 길이고, 사회적으로는 국가 발전의 길이다. 그러려면 내외의 두 가지 조건이 부합되어야 한다. 밖으로는 무력감 · 무의미감 · 무목적감을 낳는 불필요한 타율 풍토를 점차적으로 시정해 가야 하고, 안으로는 어디에선가는 자유를 유능하고 생산적으로 행사하는 자율의 역량을 길러 낼 수 있어야 한다. 그 역량이 다음의 논제다. 그 전에 지금까지의 논의는 주로 개인의 자율에 초점을 두었는데, 잠시 한 집단의 자율, 한 기관의 자율, 즉 자치自治의 문제를 대학자치를 예로 생각해 보아야겠다. 다음 논의는 다른 집단의 자치, 지방자치, 교육자치 또는 각종 사회단체의 자치에도 적용할 수 있다.

자치: 대학의 경우

자율은 특히 대학의 생명이다. 자율이 제한되는 정도만큼 대학은 위축된다. 한국의 대학에서는, 그 자율이 밖으로는 정부의 지나친 제약을 받고 있고, 안으로는 대학 자체가 자율을 곡해 · 오용하고 있다. 그것이 한국 대학들이 국제적 수월秀越 수준으로 쉬 비약하지 못하는 가장 큰 이유다.

한 연구기관의 평가에 의하면 세계의 최상위 20개 대학 중 17개가 미국의 대학들이고, 유럽의 대학들은 한두 개밖에 안 된다. 문제는 대학 자율의 차이다. 미국의 대학들은 연방정부나 주정부의 제약을 전혀 받지 않는 데 반하여, 유럽의 대학들은 거의 다 실질적으로 국립대학이고 음으로 양으로 정부의 통제를 받고 있기 때문이다. 미국의 연방정부도 대학에 막대한 재정지원을 쏟고 있다. 그러나 그 대부분은 장학금 보증voucher의 형식으로 학생 수업료라는 통로로 대학에 들어가기 때문에, 정부가 대학에 간섭할 길도 없고 대학이 정부의 눈치를 볼 필요도 없다. '말 안 들으면 보조금 깎는다!'라는 으름장을 놓을 수도 없고 받을 필요도 없다.

광복 후 한국 대학은 독일형 대학을 본뜬 일본형 대학의 관행을 유산으로 받고 거기에 미국형 대학을 접목시킨 혼합이다. 그러나 그것이 여러 가지 장점의 혼합이기보다는 단점의 혼합이 되고만 감이 짙다는 것이 문제다. 자율 · 자치의 개념에 관한 혼선이 그 하나다.

대학 자율의 근본 개념은 '학문의 자유'다. 대학에 학문의 자유라는 아이디어를 처음 불어넣은 이는 19세기 초 독일의 문교장관이었던 훔볼트Humbolt였다. 그의 학문의 자유는 '가르치는 자유'와 '배우는 자유'를 뜻했다. 즉, 무엇을 가르치고 무엇을 배우건 밖에서 정부도 교회도 아무도 일체 간섭하지 않는다는 교학敎學의 자유다. 단, 대학의 행정 · 재정은 실질적으로 정부가 맡았다. 총장은 그저 학덕만 있으면 되는 명예직이었다. 말하자면, 대학이 교학에만 전심할 수 있게 궂은일은 정부가 다 해준다는 뜻이다. 따라서 독일의 대학은 그 운영 행정 · 재정 전반에 걸친 문자 그대로의 대학 자치는 아니었다.

미국 대학에서는 사정이 달라진다. 미국 대학들도 학문의 자유라는 훔볼트의 아이디어는 그대로 본떴다. 그러나 교육에 대한 정부의 간섭을 극도로 싫어하는 미국에서는, 대학은 처음부터 정부로부터 독립된 자치기관이었다. 사립대학은 물론 주정부가 설립한 '공립' 대학도 그렇다. 단, 각계 인사로 구성된 이사회가 자치적 대학운영의 법적 권한을 가지며, 그 권한을 위임받은 총장이 운영의 실질적인 총책임을 맡는다. 따라서 미국 대학의 총장은 학덕만 있어서는 안 되고, 동시에 행정력, 재정운영능력, 큰 대학에서는 정치력도 필요하다. 따라서 교수들에 의한 인기 위주의 선거로는 그런 총장을 보장할 수 없어서, 총장천거위원회의 숙의를 거쳐 총장이 천거·임명된다.

19세기 독일에서는 교수되기가 무척 어려웠다. 대학은 소수 엘리트층 학생들이 가는 곳이었고, 대학의 수도 적었다. 교수 후보자는 근 10년 또는 그 이상 조교나 '사설강사'로서 자질과 능력을 증명해야 했고, 몇 배수로 추천된 그런 교수 후보 중에서 정부가 교수를 선임했다. 그러나 한번 교수가 되면 거의 종신제였다. 이에 반해 미국은 대학도 많고, 학생은 능력만 되면 누구나 갈 수 있는 대중교육이어서 교수 수요도 많아 교수되기가 쉬운 편이다. 그러나 교수가 된 다음부터가 힘들다. 교수 실력이나 연구실적이 부진하면 '계약'이 끊긴다. 종신 보장은 한참 뒤다. 이런 두 가지 사정이 한국에서는 아귀가 맞지 않는 혼선을 일으키고 있다.

한국의 대학이 국제적 수월 수준에 이르려면, 우선 정부는 해묵은 대학 통제의 습성을 점차 지양해야 한다. 그것을 위한 법 개정도 필요하다. 대학에 대한 재정은 물론 계속 늘려야 한다. 제대로 된

대학의 운영에는 돈이 많이 들기 때문이다. 그 재정지원이 '말 안 들으면 돈 안 준다.'는 식의 직접적인 대학 통제수단이 되지 말아야 하고, 미국의 장학금 보증과 비슷한 어떤 간접적인 통로의 재정지원 방안을 마련해야 한다. 해묵은 타율 행정의 타성 때문에 이런 전환이 쉬운 일은 아니겠지만, 그것만이 대학에 활력을 넣는 길이다.

다른 한편, 참된 자치를 위해서 대학이 재고해야 할 관행도 한두 가지가 아니다. 우선 폐쇄성閉鎖性부터 청산해야 한다. 한국의 대학은 층층으로 폐쇄성이 심하다. 우선 총장은, 몇몇 예외는 있지만 대개 그 대학의 교수 중에서 선임하는 것이 관행이 되어 있는 것이 문제다. 때로는 그 지방 출신 그리고 그 대학의 졸업생인 그 대학의 교수가 총장이 되어야 한다는 것이 불문율인 경우도 많다. 그런 총장에게 과감한 개혁을 기대하기는 어려운 것이 당연하다. 한국의 대학에는 교수 채용에서도 동창을 선호하는 짙은 폐쇄성이 작용한다. 동창 교수의 비율이 매우 크다. 신설 대학은 처음에는 도리 없이 다른 대학 출신을 교수로 채용하지만, 교수 증원 시에는 벌써 재직 교수의 동창을 선호한다.

이런 한국 대학들의 폐쇄성은, 총장도 교수도 될 수 있는 대로 '밖'에서 모셔오는 것이 불문율인 미국 대학의 개방성과는 거리가 멀다. 그런 개방성이 있어야 대학에 새 물결이 흘러들어옴으로써 대학이 썩은 웅덩이를 면할 수 있고, 다양·이양의 접촉에서 새 학풍이 조성될 수도 있으며, 자칫 깃들기 쉬운 학문 외적인 파벌들의 학내 정치campus politics도 지양할 수 있다. 이런 동종번식in-breeding

은 생물계 현상처럼 필연 열성劣性 발생의 원인이 되어 대학은 쇠락을 면하지 못한다. 뿐만 아니라 이런 폐쇄적인 동종들의 자율은 무능 · 무성취, 나아가 부정 · 비리의 온상이 될 수도 있다. 끼리끼리 서로 봐 주고 덮어 주고 하기 때문이다.

또한 대학을 포함해서 모든 공공단체의 자율 · 자치에는 안에서 다종 · 다양을 포용하는 대내적 개방성이 필요할 뿐만 아니라, 대외적인 공개성도 필요하다. 즉, 대학이 그 임무를 제대로 수행하고 있는지 여부를 필요하면 언제라도 외부에 공개할 수 있어야 한다. 대학이 성역聖域은 아니다. 그리고 총장, 대학교수가 다 성인聖人은 아니다. 자칫 잘못을 저지를 수도 있고 게으를 수도 있는 보통의 인간이다. 나라의 경우에도 사람들은 아무리 영특하다는 대통령도 전적으로 믿지는 않기 때문에 그를 삼권분립으로 견제하고 감시한다. 이른바 상호 견제check and balance다. 인간은 근본적으로 선善도 아니고 근본적으로 악惡도 아니다. 성선설이나 성악설은 한쪽을 과장한 설일 뿐이다. 나는 니부어Niebuhr의 말이 옳다고 생각한다. "민주주의는 인간의 선으로 향하려는 성향 때문에 가능하고, 또한 인간의 악으로 향하려는 성벽 때문에 필요하다." 그래서 상호 견제는 필요하다.

모든 공공기관은 그런 상호 견제 속에 들어가 있고 또 들어가 있어야 한다. 본래 자유 · 자율에는 책임이 따르는 법이다. 대학이라고 예외는 아니다. 따라서 대학도 대학교수도 그 성취 여하에 대한 외부의 정당한 평가 · 비판은 떳떳이 받을 수 있어야 한다. "요리가 맛있게 잘 되었느냐 아니냐의 판단은 요리사 자신이 아니라 그것을 먹어 보는 사람이다." 이 말은 아리스토텔레스의 말이다.

앞에서의 예는 대학자치에 들었지만, 그 논의한 바는 다른 모든 공공기관에도 적용되리라고 믿는다.

자율의 역량

자율 · 자유는 호락호락 행사할 수 있는 특권이 아니다. 그 원활하고 생산적인 자율의 활동에는 응당한 자질이 필요하다. 아니면 자율행동은 온갖 차질을 빚을 수 있다. 그 자질, 즉 자율의 역량은 가정, 학교, 직장 등 사회 어디에선가는 함양되어야 한다. 그 자질로 나는 몇 가지를 상정해 본다.

첫째, 가장 핵심적인 자질은 '자유'의 엄중한 해석과 그 실천적 의미의 인식이다. 앞에서도 말했듯이, 자유란 꺼리는 것 없이 마음대로 할 수 있는 방자의 축복이 아니라, 갖가지 조건을 참작하면서 행사해야 할 짐스러운 저주라고 보는 통찰이 필요하다. 그것이 앞에서 말한 실존적 자유다. 거기에는 실존적 불안과 고독이 따르게 마련이고, 따라서 실존적 용기도 필요하다.

이것은 보통의 표현으로는 '자유에는 반드시 책임이 따른다'는 이치의 통렬한 인식이 있어야 한다는 말이 된다. 그 책임은 내 자신의 이해득실만 아니라, 다른 사람들에게 널리 사회에, 그리고 길게 역사에 던지는 책임까지도 포함한다.

인간의 모든 행동에는 그 결과가 따른다. 특히 남의 지시에 의하지 않은 그의 자율적 행위의 결과는 그 경중을 막론하고 그 자신이 쓰든 달든 그 책임을 져야 한다. 다른 핑계를 대고 그 책임을 회피하고 전가하는 것은 자율인 · 자유인의 모습은 아니다. 나는 자유의 이렇듯 엄중한 해석이 학교의 사회교육, 도덕교육, 정치교육의 핵심이어야 한다고 믿는다.

둘째, 자유 · 자율의 행사에는 거기에 필요한 적정한 지적 · 도덕적 · 정서적 특성이 함양되어 있어야 한다. 자유의 원활한 행사에 필요한 여러 조건은 자율인이 이런 특성들을 갖추고 있어야 그 충족이 가능하기 때문이다. 이런 특성들이 빈약하면 자율의 행사는 여러 가지 차질을 빚는다. 비근한 예로, 산수능력이 없는 사람에게 손익계산을 내맡길 수는 없고, 예의를 모르는 사람에게 어른에게 보내는 전갈을 내맡길 수는 없으며, 남의 감정에 무딘 사람에게 창구 사무를 내맡길 수는 없다. 좀 더 수준이 높은 활동의 자율에서는 그만큼 더 수준 높은 지 · 정 · 의의 역량이 필요한 것은 명백하다. 그런 역량이 부족한 의사에게 의료의 자율을 내맡길 수는 없다. 무능 · 무지 · 무례 · 무정으로부터의 자유가 그만큼 자율인의 조건이다.

이렇게 생각하면, 학교교육 전반이 자율의 역량을 함양하는 기관이라고 보아야 한다. 적정한 교육은 사람을 자유인으로 육성해 간다. 교육은 '인간 자유화'의 힘을 가지고 있다. 그래서 앞에서 언급했듯이, 넓은 교양을 기르는 인문교육을 자유교육liberal education이라고도 부른다. 따라서 아무리 독재국가라도 경제발전의 필요 때문에 그 나라의 교육을 보편화해 가면 그럴수록 자유의식의 씨를 넓게 뿌려 결국 독재 붕괴로 이어진다는 것이 내 소신이다. 독재자에게는 국민을 무교육 · 무식 상태에 남겨 두는 것이 가장 좋은 보신책이다.

셋째, 자유행사의 주체인 자아 또는 자아의식은 계속 성숙해 가고 동시에 동심원의 파도가 넓게 번져 나가듯이 확대되어 가야 한다.

갓난아이에게는 자아의 관념이 없다. 자아와 주변의 비자아가 구분 없이 두루뭉술하게 하나로 다 '나' 다. 세계가 나고 내가 세계다. 따라서 배고프면 응당히 젖이 곧 입에 들어와야 한다. 그러다가 차차 내 마음대로 되지 않는 것들이 있다는 것을 알게 되는 불능不能의 경험, 또 한편 내 힘으로 인형을 삐약삐약 울게 할 수 있는 유능有能의 경험들이 쌓이면서 자아의 관념이 생기기 시작한다. 이때부터 아이의 말에도 '나', '내' 가 자주 튀어나온다. 그래도 아이들의 사고방식은 상당히 긴 세월 이른바 자기중심주의egocentrism가 지배한다. 유아기에 더 심하고 아동기, 소년기에 덜하지만, 때로는 청년기에도 그 버릇이 남는다. 그것은 덜 성숙된 자아개념 내지 자아의식이며, 적절한 경험을 통해서 성숙되고 확대되어 가야 한다.

아이들에게는 무엇인가 만들어 내는 생산활동이 자율감 · 성취감에 특히 중요하다. 그림을 그리고 바람개비 · 팽이 · 연을 만들고 화초를 기르고 하는 미술 · 공작 · 실기 활동에서의 성취감이 능동적인 자아력을 부풀게 한다. 현대사회의 자아 상실 증세에 대한 대책으로 '자발성' 을 강조한 프롬은 특히 예술활동을 강조한다. 국어 · 수학 · 과학 등 학문 분야에서는 '내가 만든 내 것' 을 일구어내기는 아주 힘들지만, 내가 그려 낸 그림, 내가 만들어 낸 진흙인형, 내가 씨 뿌려 길러 낸 꽃은 독특하게 내 힘의 소산이기 때문이다.

아이들은 자라나면서 점점 더 넓은 세상을 직접 또는 간접적으로 경험할 수 있어야 한다. 집단의 여러 가지 일에 남들과 같이 참여하는 활동은 우선 무엇보다도 자아의 확장, 즉 좁은 자기중심주의의 자아의식에서 점진적으로 보다 넓은 '우리'를 '나' 속에 내면화한 성숙된 넓은 자아의식으로 발전하는 귀중한 기회를 준다. 그 '우리'가 우리 집, 우리 친구, 우리 학교, 우리 팀에서 우리나라, 우리 세계로 점점 넓어져 가면서 자아의식이 확대되어 간다. 참여활동은 우리 집 일, 우리 학급 일, 우리 팀 일처럼 직접적인 참여활동일 수도 있고, 우리나라의 일이나 세계의 일처럼 간접적이고 상징적인 참여일 수도 있다. 그리고 그런 참여활동에서 자율에 긴요한 여러 지적 능력, 정서적 특성, 사회적 기능, 도덕적 감각도 배양된다.

넷째, 마지막으로 나는 자율인의 모습을 참된 뜻에서의 개인주의individualism에서 찾을 수 있다고 믿는다. 개인주의를 흔히 자기 욕심만 챙기고 남 생각을 조금도 하지 않는 이기주의egotism로 오해하여 사용하고 있다. 그러나 사회학 또 심리학에서 술어로 쓰는 개인주의는 그런 언짢은 개념이 아니다. 어떤 의미에서는 '개인주의'는 이기주의의 정반대인 개념이다.

민주주의의 발상은 실은 개인주의에서 시작한다. 대개는 허울 좋은 국가나 민족의 이름으로 진행되는 전체주의적 독재에 반항하며 개인의 인권을 주장하는 데에서 민주주의는 시작했다. 인권이란 근본적으로 개인의 권리를 의미한다. 민주주의에서는 개인들이 그 정부의 향로向路를 감시한다. 개인이 사라지면 민주주의도 사라지고 누군가에 지배당하고 있는 집단만 남는다.

개인주의자는 자신의 주동력을 믿는다. 사태 해결을 남에게 의지하거나 밀지 않고 자기의 힘으로 해결하려 한다. 자기 자신의 소관

사는 물론 집단의 운명이나 사활이 걸린 문제에도 뒷걸음치지 않고 앞에 나선다. 자기 개인의 주동력으로 사회에 영향을 줄 수 있다고 믿기 때문이다. 머뭇거리는 것은 도리어 이기주의자나 집단주의자다. 이들은 집단의 일, 때로는 자신의 일마저도 '누가 해 주려니' 집단에 의지한다. 개인주의자는 일이 잘못되었을 경우 남에게 책임을 전가하는 버릇이 없다. 자기 일의 잘못은 전적으로 자기 책임으로 떳떳이 감수하는 것은 물론이고, 집단이 잘못된 경우에도 거기에서 자신의 책임을 찾는다. 구한말 나라를 빼앗긴 국치國恥를 당하자 그 비분의 유서를 남기고 자결한 민영환閔泳煥에게는 그런 비장한 책임 의식이 있었을 것이다. 그는 강한 자아의 소유자였다.

자아는 인간의 특권이고, 자율은 그의 주동력이다. 자율로써 인간은 사회적 압력으로부터도, 그리고 자신의 욕망으로부터도 자유로울 수 있는 인간적 존재가 될 수 있다.

내일의 한국인

05 내재가치

내일의 한국인은 사물의 내재적인 보람에
젖어들 수 있는 사람이기를 바란다.
내일은 사물의 쓸모만 생각하는 수단주의적 풍토만으로는
번영할 수가 없기 때문이다.

발전 초기에는 '어떻게든지' '무슨 수를 써서라도' 그 지겨운 가난에서 빨리 탈출해야 했다. 따라서 모든 것을 경제발전을 위한 '수단'으로 동원했다. 난공불락의 역사적 빈곤은 그렇게 모든 것을 그 공략의 수단으로 동원 · 투입해야 극복이 가능한 난제였다고 생각할 수도 있다. 교육도 발전을 위한 발전교육이어야 했고, 행정도 발전행정, 정치도 발전정치라야 했다. 음악도 미술도 영화도 발전의 의욕을 고취하는 것이라야 했다. 가치관이나 윤리의 논의에서마저도 발전가치관, 발전윤리라는 개념이 통용되기도 했다. 심지어 종교까지도 어느 종교가 더 발전에 기여하는 교조를 가지고 있느냐가 논의의 대상이 되었다.

이런 과정에서 우리에게는 짙은 수단주의手段主義의 풍토가 깃들었다. 수단주의란 모든 것, 모든 일을 그 자체의 재미 · 즐거움 · 뜻 · 보람 때문이 아니라, 그것이 어떤 다른 목적을 이루는 데의 쓸모와 수단으로써만 그 가치를 인정하는 편향된 관념이다. "과학을 왜 공부하느냐?"라고 물었을 때, 재미있어서, 희한해서, 오묘해서 등은 답이 되지 못하고, 대학입시에 합격하기 위하여, 우리나라의 국력 발전을 위하여…… 등의 답을 먼저 떠올리는 사고방식이다. 말하자면 '위하여 철학'이다. 술 건배도 맛있으니 마시자가 아니라, '……을 위하여'라고 해야 한다. 그러나 한때는 불가피했을지도 모를 이런 위하여 철학, 편향된 수단주의는 실은 여러 가지 바람직하지 못한, 때로는 심각한 부작용을 낳는다.

내재가치와 외재가치

나는 한때 테니스를 자주 쳤다. 테니스는 웬만큼만 칠 줄 알면 그 자체가 아주 재미있는 운동이다. '재미있다'는 것은 테니스의 자체가치自體價値 또는 내재內在, intrinsic가치다. 또한 테니스는 정기적으로 치면 건강도 유지되고 스트레스도 풀리고 친교시간도 된다. 아주 잘 치면 시합에서 우승해서 상도 탈 수 있다. 그것은 테니스의 수단가치手段價値 또는 외재外在, extrinsic가치다. 그렇듯이 거의 모든 일은 그 자체가 재미 · 즐거움 · 보람이 있는 내재가치와 동시에 다른 어떤 일에 쓸모 · 도움이 되는 수단가치를 지닌다.

대개 사람들은 왜 테니스를 그렇게 열심히 치느냐의 이유를 건강을 위하여, 친교를 위하여 등 테니스의 수단가치에서 찾는다. 그러나 나의 경우, 그리고 대부분의 테니스 애호가의 경우에도 실제의 이유는 '그저 재미있어서'다. 건강을 위하여는 저 뒷전이고, 당장은 재미있어서 코트에서 뛰어다닌다. 테니스 치는 동안은 나는 온갖 시름 다 잊고 무아無我의 삼매경에 든다. '건강을 위하여' 친다면 테니스는 일종의 고역으로 변할 것이다. 어떤 등산가가 "왜 그렇게 위험을 무릅쓰고 자주 높은 산을 등산하느냐?"라는 질문에 "그저 산이 저기 있기 때문에"라고 대답했다고 한다. 수단가치적 사고에 길들인 사람이 기대하지 못했던 등산의 자체가치를 드러낸 대답이었기에 이 말이 유명해졌을 것이다.

수학공부는 대학입시 합격을 '위하여' 유리한 수단이다. 나아가 물리학이나 경제학 등 다른 학문의 발전에도 유용하고, 사회의 여러 가지 실무에도 쓸모가 있다. 그것은 수학의 수단적 · 외재적 가치다. 그래서 학교에서 수학을 가르친다. 그러나 그것만이 수학을 공부하고 가르치는 이유일까? 그것만이 그 이유라야 할까? 수학도 웬만큼만 하면 무척 재미있고 신기하고 오묘한 공부다. 그 재미를 알면 수학공부로도 무아의 삼매경에 젖어들 수 있다. 수학공부에도 깊은 자체가치, 내재가치가 담겨 있기 때문이다.

문제는, 수단가치를 더 밝히는 수단주의와 자체가치에 더 젖는 자체주의의 두 생활 자세의 어느 쪽이 우리의 삶을 더 알차게 하고, 더 큰 성취를 이루게 하고, 더 행복하게 하느냐에 있다.

물론 인간은 내일을 생각하며 오늘 일을 계획하고 운영하는 존재다. 많은 경우, 오늘의 일은 내일을 위한 수단이다. 인간은 사물의 연쇄적 인과관계를 파악할 줄 알고, 그에 따라 내일의 결과를 위하며 오늘 그 원인을 행하는 존재다. 따라서 내일을 위하여 오늘을 참고 견디고 각고면려도 해야 한다. 그래야 성공도 하고 승리도 하고 큰일을 이룰 수도 있다. 앞 장에서 거론한 장인, 성취인, 창의인들은 거의 다 미래에 어떤 꿈을 품고 그런 각고면려의 세월을 보낸 사람들이다. 단, 그들에게는 두 가지 특징이 있다.

첫째, 아무리 꿈이 원대하고 절실해도 지금 하는 일에 잠겨 있는 동안에는 그 꿈은 완전히 잊어버리고 지금 하는 일에 온 정신을 집중한다. 결과로 얻을 수도 있는 승리의 생각, 상의 생각, 이익의 생각, 명예의 생각은 완전히 의식에서 벗어난다. 그런 생각들이 의식에 떠오르면 도리어 정신집중에 방해가 되고, 자주 뜨면 대성은 불가능해진다. 그들은 한번 원대한 목적을 세운 다음에는 그 꿈의 생각은 일단 접어두고 오늘 지금-여기에서 해야 할 일에 매혹되어 거기에 온 정신을 집중하는 사람들이다. "재미있어서 그저 열심히 하다보니까 나도 모르게 우승까지 했네요." 어느 여자 펜싱 올림픽 선수의 말이다.

둘째가 더 중요한 심리기제다. 즉, 남이 보기에는 고생스럽고 심난하고 재미없어 보이는 일에도 그들은 그 일을 '즐긴다.' 그 일 전부, 전부가 아니면 그 일의 어떤 부분에선가는 짜릿한 희열을 찾을 줄 안다. 긴 시간 어려운 악보로 고된 피아노 연주 연습을 하다가도, 때로는 건반의 어떤 음의 울림을 유심히 감상하며 그 아름다움에 젖어 보기도 하고, 어떤 절의 희한한 멜로디에 유난히 매혹되어 보기도 한다. 끝에 가서 제대로 물 흐르듯 연주할 수 있게 될 때의 쾌감은 더 말할 것도 없다. 그들은 하는 일의 어디에선가는 그 재미·뜻, 즉 그 자체가치를 찾아내고 거기에 젖어든다. 후에 재론하겠지만, 어떤 힘들고 고된 상황에서도 그 어떤 구석에 '재미있는', '희한한' 것을 찾아내는 사람을 한 심리학자는 '자체 목적적 성격'이라고 이름지었다.

그렇다고 사람이 언제나 자체가치만 밝히는 것도 아니고 밝혀야 하는 것도 아니다. 사물의 수단가치와 이용가치도 찾고, 찾아야 할 때도 많으며, 혹 그것이 사람살이의 대부분일지도 모른다. 그러나 삶의 뜻을 만끽할 수 있는 시간은 일 자체가치, 그 재미·즐거움·보람에 젖어드는 시간일 것이다.

수단주의의 폐해

발전의 연대 이후 이 나라에 짙게 드리워진 지나친 수단주의 풍토, 만사를 그 이용가치 · 수단가치로만 따지는 수단주의의 풍토는 부지불식간에 실은 엄청난 폐해를 몰고 온다.[1)] 그 몇 가지를 다음에 살펴본다.

여기에 두 학생이 있다고 하자. 한 학생은 수학에 재미를 들여 틈만 있으면 수학을 파고드는 학생이고, 또 한 학생은 수학이 재미는 없지만 단지 대학입시 때문에 그 수단으로 마지못해 수학공부에 시간을 보내는 학생이다. 이런 경우, 어느 학생이 수학공부에 열을 올릴 것인가? 어느 학생이 더 삶의 의욕과 의미를 느끼고 있을 것인가? 누가 더 '행복' 할 것인가? 그리고 누가 결국 수학에 더 대성할 것인가? 그 답은 거의 자명하다.

우선 수단주의는 전심부재專心不在로 이어진다. 잿밥에만 마음이 있는, 그렇기 때문에 염불은 건성이고 신이 나지 않게 마련이다. 마음은 목적달성에만 있으니, 그 수단으로 하는 수학공부에는 신이 안 나고 정신집중이 잘 안 된다. 전심 · 몰입 · 열중이 되지 않고, 자주 딴생각에 정신이 팔린다. 정신이 지금 삶의 장면에 밀착되어 있지 않고, 자주 딴 곳을 헤맨다. 그것은 앞 장에 논의한 가벼운 소외疎外의 현상이다. 후에 재론하겠지만, 사람들이 그렇게 절실하게 찾는 행복은 결국 어떤 일에 전심 · 몰입하는 시간에 찾아오는 것이라면, 전심부재는 행복부재를 뜻하기도 한다. 보통은 하찮은 일이라고 여기는 단순노동의 직공, 거리 청소부, 창구직원의 경우에도 그 일에 전심 · 몰두하고 있는 사람을 볼 수 있다. 그 순간 그는 행복하고 남에게도 성실하고 친절해 보인다.

수단주의는 의미부재意味不在로도 이어진다. 삶의 뜻이 저 멀리 어떤 목적에만 가 있을 뿐이고, 수단으로 마지못해 할 수 없이 하는 지금-여기의 일에는 별 뜻이 없다. 목적만 이룰 수 있다면 언제라도 곧 '집어치우고 싶은' 의미 없는 일이다. 그 자체가 재미도 없고 힘들기까지 한 일에는 '내가 이런 일이나 하려고 태어났나?' 하는 무의미감에 사로잡힌다. 그런대로 수학공부를 해서 대학에 들어간다 해도, 다시 목적이 저 멀리 어떤 취직 · 돈벌이 · 출세에만 있다면 그만큼 대학공부 자체는 재미도 의미도 희박해진다. 앞 장에서 말했듯이 무의미감도 소외현상이다.

수단주의는 목적달성만 생각하는 목적편향증이면서도, 결과적으로는 목적부재目的不在로 이어진다. 예컨대, 출세가 목적인 한 대리가 과장되기만 획책한다면, 그는 대리 일은 수단일 뿐이기에 그저 건성이고, 잘 보이기 위해서 적당히 일은 할망정 그 일 자체를 훌륭하게 이루어 내려는 목적의식은 없다. 어쩌다 과장이 되고서도 다시 국장되기만을 생각한다면 과장 일 자체는 뜻도 목적도 없는 건성의 일이 된다. 목적이란 한번 달성하면 거기에 지긋이 머물러 즐기는 것이다. 목적이 언제나 저 멀리에 가 있고, 지금-여기에는 없다면, 그것은 실은 목적부재의 삶이다. 즉, 언제나 수단가치만 찾고 내재가치 · 자체가치는 없는 삶이 되고 만다. '행복이 산 너머에 있다고 해서 찾아가 보았더니, 행복이 거기에는 없고 다시 저 산 너머에 있다고 하더라' 라는 어떤 시의 구절이 그것을 말한다.

수단주의는 결국 성취부재成就不在로도 이어진다. 앞 장에서 우리는 장인 · 성취인 · 창의인들은 우선 일 자체의 묘미에 반한 사람들이지, 그 일이 안겨 줄 이익 · 상 · 명예 등에는 별 관심이 없는 사람들임을 밝혔다. 즉, 일 자체의 내재적 가치에 반해 있는 사람들이고, 그 외재적 · 수단적 가치는 일단 접어둔 사람들이다. 성취동기란 일 자체의 훌륭한 성취에서 만족감을 찾으려는 동기를 뜻하며, 돈 벌고 출세하려는 동기를 뜻하지 않는다. 돈 때문에, 출세 때문에 열심히 일하는 것은 성취동기가 아니다. 성취인은 도리어 그런 것 때문에 일해야 하는 것을 역겨워하고 수치로 안다. 그들에게는 세속적인 출세나 부가 관심이 아닐 뿐만 아니라, '국가발전', '민족문화창달', '과학진흥'과 같은 고상한 외재적 목적에도 관심이 없다. 자기 일의 내재적 가치만이 목적이다.

이러한 수단주의의 성취부재는 아이러니를 드러내기도 하다. 언젠가 노벨상 사무국의 국장이 한국을 방문한 적이 있었다. 기자회견에서 그는 이런 말을 했다. "한국도 크게 경제발전을 했으니 이젠 한국에서 과학 노벨상 수상자가 나올 것을 바랄 만하다. 그러나 노벨상을 탈 수 있는 가장 빠른 길은 노벨상을 탈 생각은 아예 잊어버리고 그저 과학에 황홀하게 반해서 밤낮으로 실험실에 파묻혀 있는 사람들을 많이 길러 내는 일이다." 노벨상을 노리는 과학연구는 노벨상을 못 탄다는 아이러니다. 그 아이러니는 그다음 날 과학기술처 장관이 "노벨상 수상을 위하여 이러이러한 과학진흥정책을 시행하겠다"라고 청와대에 브리핑했다는 기사가 실린 데에도 드러났다.

요새도 여러 분야의 영재의 출현, 창의적 인물의 출현을 바라는 목소리가 높다. 그런 인물들이 나와야 경제발전도 되고 국력도 신장되고 국제적으로 국가의 명예도 빛낼 것이기 때문이다. 이런 목소리는 당연한 희망이고 기대이기는 하지만, 그 뒤에는 그런 인물이 나오면 이런 일에 '써먹겠다'는 수단주의적 사고방식이 도사리고 있다는 것이 문제다. 쓸모 때문에 창의를 바라는 풍토는 결국은 도리어 진정한 창의적 영재의 출현을 방해하게 된다는 아이러니가 문제다.

진정한 영재나 창의적인 인물은 자기가 어디에 써먹히기를 극도로 싫어하는 사람이다. 앞에서도 말했듯이, 그의 관심은 그의 일 자체고, 그의 일이 경제발전 또는 국가의 명예에 소용이 되느냐 아니냐는 그의 관심사가 아니다. 따라서 정히 영재나 창의적 인재의 출현을 바란다면, 그들이 조용히 일에 열중할 수 있는 조건을 마련해 주는 것이 먼저 할 일이지, 소용 · 필요 · 요구를 내세우며 목소리만 높인다고 될 일은 아니다. 어쩌면 그런 요구의 목소리가 요란할수록 장인 · 성취인 · 영재는 그 자취를 감춘다. 그것이 성취인 · 창의인의 아이러니다.

PISA라는, 40개 나라 중학생들의 수학 · 과학 성적을 국제적으로 비교하고 발표하는 프로그램이 있다. 매년 한국 중학생들이 2, 3위를 차지하는 우수한 성적을 보인다. 그래서 미국 오바마 대통령도 자주 한국 교육을 격찬한다. 그러나 그가 채 모르고 있는 사실이 있다. 성적은 그렇게 우수한데, 수학 · 과학에 대한 흥미나 동기에서는 밑바닥인 38, 39위라는 사실이다. 할 수 없이 공부해서 성적은 좋지만, 수학 · 과학 공부는 지겹게 싫어한다는 말이다. 이런 상황에서 내일 수학 · 과학의 영재가 몇 명이나 나올 수 있을까?

수단주의가 윤리부재倫理不在에 이어지는 것은 가장 심각한 폐해일 것이다. 수단주의의 '어떻게든지', '무슨 수를 써서라도' 등의 심리는 이미 윤리 · 도덕마저 무시하려는 의식을 담고 있다. 모든 살인 · 강도 · 절도 사건, 모든 수뢰 · 횡령 · 독직 사건, 부정식품 · 부실공사 · 사기 사건, 교통법규 위반 등 각종 범죄와 무질서 사건 뒤에는 무슨 수를 써서라도라는 지나친 수단주의가 작용하고 있다. 한 사회의 도덕규범과 법 전체는 '무슨 수를 써서라도' 욕심대로 한다는 수단주의에 대한 경고의 조항이라고 볼 수도 있다. 수단주의는 이런 범법행위에서만이 아니라 일상생활의 인간관계도 왜곡한다.

만사를 어떤 딴 목적의 수단으로만 여기는 편향된 수단주의에서는 결혼도 수단이 된다. 상대를 사랑하기 때문이 아니라, 결혼으로 치부하고 출세하고 호화를 누리기 위한 수단으로 구애한다면 그것은 속임수다. 효도 그저 부모를 공경하고 봉양해야 하기 때문이 아니라 유산을 탐내서 하는 효는 도리어 역겨운 위선일 뿐 진정한 효가 아니다. 친구와의 친교도 그저 서로 좋아서가 아니라 출세나 치부에 이용하는 대상으로 여기는 친교라면 진정한 친구가 아니다. 우리는 주위 사람들에게서, 예컨대 상점의 점원이나 비행기의 스튜어디스에게서, 그저 착한 참된 친절과 장삿속 수단으로 꾸며 낸 친절을 구분할 줄 안다. 꾸며 낸 친절은 역시 역겹다.

물론 사람은 다른 사람을 수단으로 여겨야 할 때가 많다. 상인에게는 손님이 돈벌이의 수단이고, 교수에게는 학생이 교직의 수단이다. 인간관계는 서로 수단적 관계로 이어져 있는 경우가 많다. 그러나 여기에 칸트의 유명한 도덕법칙을 상기할 만하다. 즉, 사람을 수단으로써만 아니라 언제나 동시에 목적으로 대하라는 법칙이다. 목적으로 대한다는 것은 상대하는 사람의 감정 · 편익 · 행복을 생각하고, 그의 인권 · 인격을 존중하고, 나아가 그의 인간적 성장에 도움이 되게 행동해야 한다는 뜻으로 해석할 수 있다. 인간은 서로 인간으로 대해야 한다는 뜻이다.

지금까지 우리는 지나치게 사물의 수단적 가치 내지 외재적 가치만을 밝히는 수단주의의 폐해를 부정적인 견지에서 비판했다. 이제 다음에 그 반대로 긍정적인 견지에서, 사물의 내재가치, 자체가치에 흠뻑 젖어들고 몰입하는 삶의 모습을 살펴보기로 한다.

절정경험

우리는 각자 지난날의 생애에서 겪었던 일들 중에서, 특히 '가장 행복했던, 가장 황홀했던, 가장 기뻤던, 가장 깊게 감동했던, 가장 크게 깨달았던' 경험들을 가끔 회고한다. 예를 들면, 깊은 사랑에 열중했던 일, 힘든 토너먼트에서 마침내 승리했던 일, 신기에 가까운 연주의 감동적인 음악에 심취했던 일, 긴 연구 끝에 희한한 발견을 했던 일 등이다. 그것은 말하자면 기억의 평야 몇몇 곳에 높게 솟아 있는 봉우리들과 같다. 그런 경험을 심리학자 매슬로Maslow는 절정경험 絕頂經驗, peak experience이라고 부르고, 사람들이 그런 절정경험 시에 어떤 느낌에 사로잡혔는지를 연구하여 그런 느낌의 특징을 열아홉 가지로 정리한 바 있다.[2)]

시각은 좀 다르지만, 심리학자 메이May는 창의력의 심리분석에서 창의과정 특징의 하나를 대상과의 강렬한 만남intense encounter이라고 했다.[3)] 근자에 심리학자 칙센트미하이Csikszentmihalyi는, 자신이 자신의 운명 결정자라는 자신감에 넘쳐서 길이 기억에 남아 있는 깊은 감흥과 희열의 경험을 최적 경험optimal experience이라고 불렀다.[4)] 또는 물 흐름에 따라 배 젓는 듯이 저절로 성취와 희열이 따른다는 뜻에서 그런 경험을 흐름flow이라고도 했다. 관점은 조금씩 다르지만, 다 비슷한 개념이고 다 비슷한 특징을 거론하고 있다. 다음에 그들의 주장을 종합해서 주로 매슬로의 견해를 중심으로 그 개요를 살펴본다.

첫째, 절정경험에서는 그 경험 자체가 하나의 완전한 전체며, 그 밖의 다른 아무런 관련, 쓸모, 편의, 목적과의 연결 없이 그 자체로서 큰 보람이다. 즉, 경험 또는 사물의 자체적 · 내재적인 보람에 흠뻑 젖어들 뿐, 그것을 다른 어떤 쓸모나 편의나 목적을 위한 수단으로 연결지으려는 생각은 전혀 없다. 어떤 자연의 황홀한 절경을 볼 때에는 그저 그 황홀에 젖을 뿐, 다른 아무런 생각이 없다. 진정한 사랑의 시간에는 사랑이 그 자체로 완전하고, 다른 관련이 필요 없다. 따라서 절정경험에서는 사물이나 활동의 가치는 그 자체가 지니고 있을 뿐, 인간의 욕망이나 필요에서 독립되어 있는 것으로 느끼면서, 사물을 '있는 그대로' 보는 객관성과 포용성도 지니게 된다. 한 사물이나 경험이 그 자체로서 정당화되는 것이며, 거기에는 다른 아무런 이유가 필요 없다.

둘째, 절정경험에서는 다른 모든 것은 의식에서 배제하고 오직 그 경험에만 온 정신을 집중한다. 감동적인 음악을 듣고 있을 때에는 다른 일, 다른 시름은 다 잊고 음악에만 모든 정신을 기울인다. 즉, 전적인 정신집중, 전적인 '경청'이다. 경청의 '경傾'이란 그곳으로만 쏠린다는 뜻이다. 따라서 그렇게 정신집중하고 있는 동안에는 시공時空을 초월한다. 시간 가는 줄도 모르고 자기가 어디 있는지도 잊는다. 열렬한 사랑은 시간도, 공간도 잊어버린다. 시공을 잊는다는 것은 어쩌면 그때 그곳에서만은 영원과 무한에 산다는 뜻도 될 것이다.

셋째, 절정경험은 지각知覺작용을 풍부하게 한다. 보통 때에는 보지도 느끼지도 못했던 것을 절정경험에서 더 생생하게 더 많이 보고 더 많이 느낀다. 좋아하는 심포니에 심취하면 들을수록 새로운 아름다움을 발견하고, 건성으로는 잘 들리지 않던 낮은 콘트라베이스의 음도 찾아내서 그 오묘한 음감, 음률을 감상한다. 좋아하는 애인은 만날수록 더 예뻐 보이고, 그에게서 예쁜 것을 더 찾아낸다. 과학자도 어떤 실험에 몰두하면, 실험의 과정과 결과의 구석구석을 더 깊이 살필 수 있게 된다.

넷째, 절정경험에서는 무아無我, 몰아沒我의 경지에 이른다. 나의 욕심을 잊고, 나의 필요도 잊고, '나' 라는 의식마저 없어진다. 모든 나의 정신을 사랑의 열중에, 그림의 감상에, 심포니의 경청에 쏟아붓기 때문에 '나'가 남아 있지 않는 셈이다. 좌선坐禪에서 어떤 화두에 깊은 명상을 쏟으면 무아지경에 이른다고 한다. 테니스에서 '정신없이' 이리저리 뛰어다니며 공을 받고 치고 '정신을 집중' 하고 있는 동안은 무아지경이다. 그래서 어떤 논자는 동양의 좌선과 서양의 스포츠는 다 같이 무아지경에 이르는 길이라고 했다. 따라서 '나'가 없기 때문에 나와 세계와의 융합감에도 젖어든다. 세계가 나고 내가 세계고, 나라가 나고 내가 나라다. 어쩌면 그것은 세계와 나를 구분하지 못하는 갓난아이의 혼합감을 한 차원 높은 차원에서 새로운 융합감으로 승화한 심리일지도 모른다. 그래서 고도의 창의를 지녔던 아인슈타인의 얼굴은 동안童顔이었던가?

다섯째, 절정경험에서는 자주 어떤 장대함과 존엄함에 대한 경탄 · 외경 · 신비 · 겸허 · 귀의의 심정에 사로잡힌다. 우리는 아주 아름다운 경치, 아주 심오한 진리, 아주 강렬한 그림, 아주 장엄한 음악에는 어떤 초인적인, 때로는 초자연적인 힘에 압도되는 외경감에 잠기게 된다. 아인슈타인은 스스로 발견한 상대성 원리 앞에 우주의 외경함에 젖어 있었을 것이다. 그래서 그에게는 그런 우주의 진리 자체가 신神이었다. 베토벤의 '합창', 제9심포니는 언제 들어도 그 장엄함이 우리를 압도한다. 모세가 시나이산에서 신의 계시로 십계명을 받았고, 부처님이 고행 끝에 보리수 아래에서 득도했다는 종교적인 경험은 외경 · 겸허 · 귀의의 절정경험이었다.

여섯째, 절정경험에서는 온갖 이분론과 양극론의 갈등이 사라진다. 우리 주변에는 너와 나, 우리와 그들, 좌익과 우익 또는 진과 위, 선과 악, 미와 추, 나아가 정신과 물질, 생과 사의 이분론 등 온갖 갈등적인 명제가 많다. 절정경험에서는 이런 이분론적 명제들이 직선상의 양극에서 서로 적대적으로 대립하고 있는 관계로 보이지 않고, 말하자면 음과 양이 서로 안고 돌면서 태극이라는 한 원을 그리는 것과 같은 융화된 모습으로 보인다. 절정경험은 이런 반대되는 명제들을 일단 있는 그대로 받아들이는 포용성을 낳는다. 그러면서도 동시에 그 포용성은 이른바 정正과 반反을 지양해서 고차원의 합合에 이른다는 변증법적 기제와 비슷한 어떤 종교적인 깨달음도 포함한다. 어쩌면 반야심경의 "삶도 없고 멸함도 없고, 더러움도 없고 깨끗함도 없고, 늘어남도 없고 줄어듦도 없고不生不滅 不垢不淨 不增不減"라는 구절도 그런 고차원적인 융합일지도 모른다.

일곱째, 절정경험에서는 온갖 부정적인 감정은 사라지고, 긍정적인 감정에만 젖어든다. 공포 · 불안 · 금제 · 죄악감 · 열등감은 사라지고 자신감 · 자율감 · 충만감에 젖는다. 힐책 · 분노 · 저주는 사라지고 관용 · 칭찬 · 축복에 젖으며, 증오는 사라지고 사랑에 젖어든다. 다시 반야심경의 말대로 '마음에 걸림이 없고 ……두려움도 없는' 경지에 이른다. 불교, 기독교, 유교 등 종교들이 자비, 사랑, 인 등 다 비슷한 덕목을 최고의 가치로 내세우고 있는 것도 그 종교 창시자들의 어떤 절정경험에서 비롯한 관념이라고 볼 수 있다. 그런 뜻에서, 절정경험은 자기 자신이 모든 것을 받아들이고 모든 것을 사랑하는 어떤 하느님이나 된 듯한 '지고감至高感'을 느끼는 순간을 제공하는 경우도 있다.

기실 에베레스트 같은 높은 산의 절정에 서면, 한편 광대하고 심오한 대자연의 절경에 경외감을 느끼면서도, 또 한편 자신이 그 대자연의 '주인'인 것 같은 '지고감'에 잠시 잠겨 보기도 한다. 그런 '지고감'이 바로 고산 등산가들의 '산이 거기 있기 때문에 산을 오른다'는 내재적 동기일 것이다. 고산 등산만 아니라, '가장 행복했던, 가장 황홀했던, 가장 감동적이었던' 생의 순간인 모든 절정경험에서는 그러한 '세상의 정상에 서서 온 세상을 내 품안에 안았다'는 지고감을 수반한다. 그리고 그런 지고감의 절정경험은 경험 그 자체의 내재적 가치에 젖어들 때 찾아온다.

행 복

어떻게 하면 행복해질 수 있을까? 그리고 애당초 행복이란 무엇인가? 이것은 인류의 역사만큼이나 긴 세월 반복되어 온 질문 또는 자문일 것이다. 그 옛날 아리스토텔레스도 『윤리학』에서 인생의 목적은 행복eudaemonia의 추구에 있다고 선언하고 그의 행복론을 서술했다. 오늘날에는 갑자기 well-being이라는 말이 유행하고 있으나, 그 뜻은 happiness와 매한가지로 행복 또는 복지다. 최근에 돈이 행복의 근본이라는 묵시적 전제를 깔고 있던 경제학에서 그 전제 자체가 의심스럽다는 논의가 시작되면서, 행복에 관한 경제학 그리고 심리학의 연구가 활발해지고 있다.[5), 6)] 하기는 1960년대 경제발전의 열띤 논의 속에서도 GNP만 아니라 GNHhappiness, GNWwelfare 또는

GNSsatisfaction도 발전전략에서 고려에 넣어야 한다는 목소리가 꽤 요란했다. 그러나 그저 목소리였을 뿐, 그 개념적 이론도 전략적 방도도 없었다.

근래 경제학자들은 "일반적으로 말해서 당신은 요새 아주 행복한가 또는 그런대로 행복한 편인가 또는 그리 행복하지 않은 편인가?"와 같은 간단한 질문으로 추정한 사람들의 행복지수와 그들의 경제적 수준과의 관계를 여러 각도에서 조사했다. 그 한 결과는 흔히 기대하는 대로 한 나라 안에서 부유한 사람들이 가난한 사람들보다는 일반적으로 더 행복한 것으로 나타났다. 그러나 보통의 기대와는 달리, 부유한 나라 안에서는 나라의 국민당 소득이 해마다 더 올라간다고 해서 그에 따라 사람들의 행복감도 올라가지는 않았다. 지난날 경제 상승 시대의 일본이 그 한 예다. 기본적인 경제적 필요가 충족된 일정 수준 이상에서는, 돈의 '행복가치'는 없어지면서 더 부자가 된다고 더 행복해지지는 않는다는 말이다.

기대 밖의 결과가 국가별 행복지수와 경제 수준의 관계에서도 나타난다. 예컨대, GDP가 1,000불 미만인 나라인 나이지리아 또는 3,000불 미만인 인도네시아 사람들이 GDP가 약 25,000불인 일본 사람들보다 행복감이 그만큼 떨어지기는커녕 도리어 좀 높았다. 돈, 경제 이외의 여러 심리적 · 문화적 · 사회적 요인이 사람들의 행복감에 크게 작용한다는 말이다. 행복의 조건에 관한 상식적인 기대가 어긋나는 것은 경제적 부유만이 아니다. 높은 교육도 행복지수와 별 관계가 없고, 높은 IQ나 좋은 학교성적도 별 관계가 없다. 우리나라에서 조사했다면 이른바 일류 대학 졸업생이라고 더 행복하지는 않다는 결론도 나왔을 것이다. 상대적으로 젊음이 행복하고 늙어감은 구슬프다는 통념도 맞지 않는다. 60대의 노년기보다 20대 청년기에 우울한 날이 도리어 더 많다. 노인들이 자기 삶에 대한 만족도가 높다는 것이 혹 노인들의 어떤 체관에서 비롯한 만족일 수는 있다. 또한 '늘어진 팔자', '놀고먹는 팔자'라는 말은 일하지 않고도 먹고 살 수 있는 것이 행복이라는 뜻을 담고 있다. 그러나 말할 나위 없이 무전에 무직이면 비극적인 불행이지만, 혹 끼니는 넉넉히 이어갈 수 있다 해도 실직은 역시 큰 타격이다. 부유하다 해도 할 일 없는 무료함은 삶의 무의미감을 몰고 온다.

여러 연구를 개관해 보면, 행복감을 높게 지탱하는 주요 요인을 세 가지로 개괄할 수 있다. 즉, ① 가족 · 친구 · 동료와의 화목한 인간관계, ② 하고 있는 일의 몰입沒入, 그리고 ③ 선善 행위다.

인간은 사회적인 동물이다. 1장에서도 언급했지만, 인간은 애당초 사회생활을 하도록 그 유전구조가 프로그램되어 있다. 삶의 대부분의 시간을 가정 · 학교 · 직장 등의 사회생활로 보낸다. 따라서 한 사람의 사회생활이 원활하지 못하면, 사회집단도 불안해지지만 당사자인 개인도 불행해지게 마련이다. 가족의 화목한 유대는 거칠고 힘든 세파 속에서도 안정과 행복을 유지할 수 있는 항구 정박소의 역할을 한다. 서로 든든하게 믿고 사랑하는 부부관계, 친자관계, 형제관계는 행복감의 가장 원초적인 보루다. 밖에서 속상했던 일도 집에서는 그 위로를 받는다. 돈독한 친구관계도 어려운 세상에서 행복감을 지탱해 준다. 여기에서 친구란 상거래처럼 이해관계로 맺어진 친구가 아니라 문자 그대로 우정과 믿음으로 이어진 친구를 뜻한다. 이른바 관포지교管鮑之交라고 일컫는 친구 사이, 관자가 어떤 지경에 빠져도 어떤 일을 저질러도 알아 주고 믿어 주고 도와주는 포숙의 우정은 그리 흔하지는 않다. 그런 친구면 더할 나위 없지만, 두터움의 차이는 있을망정, 이해관계로 맺어진 것이 아닌 친구는 행복감의 중요한 요인이다.

직장의 동료들은 대부분의 낮 시간을 같이 보낸다. 그들과의 원활한 관계는 낮 하루 종일 마음의 편안에 이어질 것은 당연하다. 프로이트는 사람들의 정신적 문제는 결국 두 마디 '사랑과 일love and work'의 문제로 귀착된다고 말했다. 사랑은 주로 앞에 언급한 가족의 문제고, 일은 여기 직장의 문제다. 물론 일의 문제에는 일의 흥미와 열정, 일의 성취와 그 인정 등이 포함되지만, 같이 일하는 동료와의 원만한 인간관계도 일의 만족감 그리고 행복감에 중요한 요인이다. 이렇게 사회생활의 인간관계 여하가 행복감의 긴요한 요인이라면, 개인에게는 기본적인 인간관계 능력이 필요하다는 말이 된다. 예컨대, 1장에서 언급한 '정서적 지능'인 감정자제, 감정이입 등의 능력이다.

그러나 또 한편 개인은 완전히 사회적 인간관계의 망網 속에만 얽매여 있지 않고, 때로는 자아自我를 성찰하고 고독 속에서도 자아충실감을 간직하면서 '고독을 즐기는' 능력도 필요하다. 두 능력의 어우름이 있어야 한다.

몰입이란 무엇이든 하고 있는 일에 온 정신이 집중되어 있는 상태, 그래서 일 이외의 이 세상 여타 잡사에 관한 시름은 의식에서 전부 사라지는 상태를 말한다. 정신집중을 산란하게 하는 모든 것은 의식 밖으로 내몰아 버린 상태다. 몰아, 무아지경도 같은 말이다. 어떤 곡을 연주하는 데에, 그리고 그 곡의 오묘함에 온 정신을 집중하고 있는 피아니스트는, 청중이 있는지 없는지, 청중이 자기 연주를 어떻게 생각하고 있는지, 자기 연주방식이 보기 좋은지 아닌지 등은 까맣게 잊고, 오직 연주에만 몰입한다. 그래야 명연주가 나오고 기립 갈채도 나온다. 그러나 연주하는 동안에는 명연주가 되고 있는지 갈채를 받을지는 전혀 의식 밖의 일이다. 그 시간 그 연주자가 모든 시름이나 걱정은 다 잊은 삼매경이 곧 행복이다. 이런 정신집중의 몰입은 바로 앞에서 논의한 절정경험 또는 최적 경험의 특징이다.

이런 몰입은, 앞에서 강조했듯이 활동 그 자체의 내재적 가치, 그 자체의 흥미 · 묘미 · 매력, 그 자체의 진 · 선 · 미에 젖어들 때에만 가능하다. 활동 그 자체가 목적가치일 뿐, 어떤 다른 외재적인 목적은 의식 밖의 일일 때 가능하다. 물론 지금 하는 활동이 어떤 원대한 이상 · 사명 · 목적에 관련된 것일 수는 있다. 또 그런 경우가 많고 또 모름지기 그래야 하는 것인지도 모른다. 피아노 콩쿠르에 우승하고, 윔블던 테니스 시합에서 우승하고, 그래서 개인의 명성도 빛내고 국위도 선양하고……. 그러나 거기에는 앞에서도 비쳤듯이 두 조건이 따라야 한다. 첫째, 원대한 목적에 연결되는 지금의 활동이 그 자체로서 재미있고 도전감을 주는 내재적 가치를 지녀야 한다. 둘째, 활동에 골몰한 그 시간에는 우승이고 상이고 국위고 다 잊어버리고 활동 그 자체에만 심취해 있어야 한다. 이 심취의 시간이 곧 행복감의 조건이다.

행복이란 행복을 바라고 구하고 찾는다고 오는 것이 아니라, 도리어 잊고 지금 하고 있는 일 그 자체에 심취하는 시간이 곧 행복일지 모른다.

선 행위란 자주 남에게 감사하고, 남에게 친절한 선행을 베풀고, 남을 칭찬하고, 남을 너그러이 용서하는 등 남을 행복하게 해 주는 행위를 말한다. 이런 선 행위가 그 행위자 자신에게 행복감을 안겨준다는 여러 연구의 결론도 언뜻 생각하기에는 상식적 기대 밖의 일이다. '나'의 행복을 찾으려는 판에, 도리어 나의 행복은 잊어버리고 '남'부터 먼저 행복하게 해 주라는 말이고, 그것이 나의 행복의 길이라는 말이기 때문이다. 그러나 감정이입의 기제에 비추어 보면 능히 이해가 가는 결론이다. 사람은 남이 기뻐하면 나도 기쁘고, 남이 슬퍼하면 나도 서글퍼진다. 어떤 이유로 성격이 고약하게 비뚤어져 있지 않는 한 그런 감정이입이 정상이다. 따라서 나의 선행으로 남이 기뻐하는 것을 보면 또는 그런 생각만 해도 나도 기쁜 마음이 들고, 그만큼 행복감을 느끼게 된다는 것이 충분히 이해할 수 있는 결론이다.

명상冥想과 행복감의 관계에 관한 한 실험연구에서 의미 있는 결론이 나왔다.[7)] 명상, 즉 좌선의 경험이 많은 승려가 명상하고 있을 때의 대뇌활동을 fMRI로 조사했는데, 명상의 화두가 자비로운 선 행위에 관한 것이었을 때 행복감을 일으키는 왼쪽 대뇌피질의 활동이 더 크게 증폭되었다. 자비로운 행동은 생각만 해도 행복감을 느낀다는 말이다. 아리스토텔레스는 인생의 목적은 행복이라 했다. 그러나 그 행복은 단순한 감각적 쾌감이 아니라 선Good의 추구에서 오는 정신적 만족감이라고 말했다. 이 실험연구의 결과는 그의 주장을 생리적으로 뒷받침하는 셈이다. 나아가, 자주 예로 들지만 여러 종교에서 자비 · 사랑 · 인을 최고의 교리로 강조하는 이유도 그런 선 행위가 결국 행복감의 근본임을 밝힌 것이라고 해석할 수도 있다.

다시 유의해야 할 점은 행복감의 관건인 원만한 인간관계, 활동의 몰입, 선 행위 등은 다 그런 관계 · 활동 · 행위 자체의 내재가치에 근거하고 또 근거해야 한다는 점이다. 사랑과 우정이라는 인간관계도 그것이 다른 어떤 목적의 수단이라면 그것이 명백히 거짓 사랑이고 거짓 우정이고 행복과는 무관하다. 또 활동이 자체 목적적이 아니면 깊은 정신집중, 몰입은 불가능하다. 또한 다른 목적을 위한 선 행위는 문자 그대로 위선일 뿐이다. 따라서 행복은 '저 산 너머'에 있는 것이 아니라, 지금-여기에서 내가 하고 있는 일 속에 있다는 점도 되새길 만하다.

자체 목적주의

사물이나 활동의 내재가치 또는 자체가치에 몰입하고 그에 따라 삶의 충실감 · 행복감을 느끼는 것은 지극히 황홀한 절정경험이나 최적 경험에만 한정된 것은 아니다. 일상생활의 보통의 경험에서도 절정경험처럼 크게 황홀하지는 않더라도 일종의 가벼운 삼매경에 몰입하는 또 몰입할 수 있는 경우가 많다. 내 한 친구는 어느 날 문득 "숨 쉰다는 것이 정말 달고 고마운 때가 있다. 특히 산속이나 바닷가에서 심호흡할 때 더 그렇다"고 읊조렸다. 숨 쉰다는 아주 당연한 일로도 그는 가끔 삼매경에 잠기는 셈이다.

나는 서울과 춘천 사이를 자주 왕래한다. 경춘가도를 달리는 차창 밖에 굽이쳐 흐르는 북한강변의 경관은 언제 봐도 시원하게 수려하다. 그러나 나는 왕래하는 시간의 대부분 그 경관을 보기는 하면서도 실은 '보지 않는다.' 눈이 보고는 있으면서도, 머릿속에서는 어제 있었던 일, 만났던 사람, 가서 해야 할 일, 써야 할 원고 등등 온갖 잡사를 상상하고 궁리하고 있기 때문이다. 강의 경관은 건성으로 내 눈의 망막을 스쳐 지나갈 뿐이다.

어느 날 아침 강을 건너는 북한강 다리 위에서, 문득 그 수려한 강 풍경을 다른 '잡념 없이' 또렷이 바라보면서 그 아름다움에 새삼 놀라 감탄하는 내 자신을 발견했다. 옛날에 스위스에서 보았던 명승의 경치보다 낫다는 감동마저 들었다. 푸른 하늘, 떠 있는 흰 구름, 층층의 보라색 물안개를 입은 산맥들의 연봉, 그 먼 데서 굽이쳐 흘러오는 강물이 먼 곳은 은빛으로 은은하고, 여기 가까운 곳은 금가루를 뿌린 듯 잔잔한 물결이 춤추고……. '북한강이 이렇게 아름다웠구나……!' 한동안 넋을 잃고 바라보았다. 그 시간에 나는 황홀한 삼매경에 몰입하고 있었다. 내가 스위스의 그 명승 경치에 반했던 것은, 그때는 관광 자체가 목적이었고 다른 잡사를 생각할 필요도 없는 시간이었기에 경치 그 자체만을 정신집중해서 보았기 때문이었을 것이다. '허심탄회' 하게 보면 북한강변도 그렇게 아름답고 황홀해진다.

심리학자 매슬로는 중병으로 오래 사경을 헤매다가 기적적으로 살아나면서, 다음과 같은 술회를 적었다.[8)]

> 죽음에 직면한다는 것, 그리고 그 죽음의 유예를 받았다는 것은 모든 것을 아주 소중하게 아주 신성하게 아주 아름답게 보이게 하며, 그 어느 때보다 더 강렬하게 그것을 사랑하고 그것을 포옹하고 그것으로 내 자신을 압도하게 하고 싶은 충동을 느끼게 한다. 내가 보고 있는 저 강이 더 이상 아름답게 보일 때는 없었다.

죽음에서 살아났으니 돈 걱정 일 걱정 등 온갖 시름과 잡사는 다 잊었을 것이고, 그런 '허심'의 상태에서는 모든 대상이 있는 그대로 그 자체로 아름답고 신성하고 사랑스러워진다는 말이다. 이 또한 몰아의 삼매경이다.

가치價値란 얻고자 하는 목적이 되기 때문에, 내재가치 · 자체가치는 내재목적 · 자체목적이라고 부를 수도 있다. 따라서 내재적 가치를 찾아 몰입하려는 주장을 내재 목적주의 또는 자체 목적주의라고 부를 수 있다. 내재 목적주의에 해당하는 영어로 intrincism이라는 단어는 없지만굳이 쓰려면 쓸 수도 있겠으나, 같은 뜻의 자체 목적주의에 해당되는 autotelism이라는 단어는 있다. 그리스어로 auto는 자신 또는 자체라는 말이고 telos는 목적이라는 말이다. 그 반대는 타他 목적주의heterotelism다.

칙센트미하이는 자체 목적적 성격autotelic personality이라는 개념을 제시한다.[9] 어떤 환경, 어떤 처지에서도 주의를 집중할 만한 가치가 있는 어떤 대상을 찾아내고 그것을 음미하기에 몰두할 줄 아는 성격을 말한다. 재미있는 환경에서는 물론, 밭 갈기, 짐 나르기와 같은 지루한 단순노동에서도, 심지어 포로수용소 같은 음산한 처지에서도 어떤 사물이나 일을 눈여겨보며 거기에 정신을 집중하고 몰입하는 성격이다. 그럼으로써 그 지루함, 무료함, 음산함은 사라지고, 지겨운 단순노동도 즐거워지고 을씨년스러운 감옥도 '재미' 있어지기도 한다.

예컨대, 삽으로 밭을 갈 때 흙내음을 음미하고 흘린 땀을 식혀 주는 미풍을 즐기고, 어떻게 하면 더 빨리 덜 힘들이고 삽질을 할 수 있는가를 궁리하고, 어떻게 하면 더 많은 더 무거운 짐을 더 쉽게 더 빨리 나를 수 있을까 집중적으로 생각하는 사이에 일의 고되고 지루함은 잊어버린다. 3장에서 언급한 '반성적 사고'의 경우다. 아무것도 없는 철창의 감방에서 팔굽혀펴기를 하루에 다섯 번씩 더 하기, 시를 짓고 그 시를 외우기, 네모난 철창의 길이와 높이가 얼마나 되고, 그 대각선의 길이는 얼마가 될지 계산해 보기, 어쩌다 바퀴벌레 한 마리가 기어다니면 잡아서 가두어 이리저리 관찰하기 등, 그러는 사이에 감방의 음산함은 의식에서 사라지고 그런대로 몰두의 삼매경에 젖는다. 자체 목적적인 사람은 지옥에서도 행복할 수 있고, 아닌 사람은 천당에서도 불행할 수 있다는 말도 된다.

문제는 내재가치를 찾아들어 가는 자체 목적적 성격이 어떻게 형성되며, 어떤 경우에 그런 행동에 자주 젖어들어 가게 되느냐다. 자명론 같지만, 나는 그 답을 ① 생활사에서의 풍부한 자체 목적적 경험, ② 폭넓은 다양한 교양, 그리고 ③ 정신집중의 습관과 능력이라는 세 조건에서 찾는다.

부모나 교사는 아이가 어떤 훌륭한 일을 해냈을 때 흔히 별 생각 없이 칭찬하지만, 어떻게 칭찬하느냐가 실은 큰 차이를 낳는다. 예컨대, 아이가 수학시험에서 100점을 받아왔다고 할 때, "잘했다, 서울대에 쉽게 들어가겠구나!" 또는 "잘했다! 그렇게 공부를 잘해야 이다음에 큰 인물이 되어 나라에도 공을 세운다"와 같은 칭찬은 도리어 결과적으로 아이를 수학공부에서 멀어지게 한다. 중요한 목적은 외재적인 서울대 입학이고 출세일 뿐 수학공부 자체가 아니기 때문이다. 이와는 달리, "잘했다. 이제 수학의 재미를 알겠지? 어려운 문제의 정답을 찾아냈을 때 기분 좋았지?"라는 칭찬은 수학 자체의 가치에 더 눈뜨게 하고 수학공부의 내재적 동기를 북돋아 준다. 또한 아이가 좋은 성적을 냈을 때, "너 참 머리가 좋구나!"라는 칭찬은 도리어 공부의 흥미를 잃게 하고, "참 많이 노력했구나!", "수학이 재미있었던 모양이구나!"라는 형식의 칭찬이 계속 학습에 더 효과적이라는 연구 결과도 있다. '머리가 좋다'는 칭찬은 '그러니 공부 안 해도 좋은 성적을 낸다'는 생각을 일게 하고, '노력했구나'라는 칭찬은 '그러니 더 수학의 재미를 알아 내고 더 노력해야겠다'는 생각으로 이어지기 때문이다.

대학시절 영시英詩를 강의하시던 교수님이 생각난다. 언젠가 영시 한 편을 대충 해석한 다음, 처음부터 끝까지 조용히 그러나 홍이 나고 멋들어지게 읊고 나더니, 아직도 감흥이 사라지지 않은 듯 반쯤 감은 눈으로 허공을 쳐다보고, "참 좋지! 참 멋있는 시지!" 라고 멋에 젖은 감탄사를 던졌다. 덩달아 나도 괜히 그 시가 좋아지고, 뭐가 그 멋인지 궁금하고 알고 싶어졌던 기억이 생생하다. 수필로 유명한 영문학자 피천득 선생님의 이야기다. 우리는 일상생활이나 교육에서는 사물이나 활동 자체의 묘미보다는 그 쓸모만을 찾고 강조하는 경우가 너무 많다. 이런 생활사만을 짙게 겪으면 자체 목적적 성격은 형성되기 어렵다.

나는 자체 목적적 성격과 폭넓은 교양과의 관계에 특히 주목하고 싶다. 여기에서 교양이란 학교교육만 아니라 폭넓은 경험에서 길러지는 지혜 전반을 뜻한다. 자체 목적적 성격은 좋은 상황에서는 물론 지루한 단순노동이나 고약한 감옥 같은 상황에서도 주의를 집중할 만한 일을 찾아내고 생각해 내는 성격이다. 그런 일을 찾아내는 데에는 그의 지난날 축적해 온 다양한 교양과 경험이 결정적으로 중요하다. 음산한 감옥에서도 수학을 좀 알아야 철창의 면적과 대각선의 길이를 계산해 볼 생각이 날 것이고, 시에 조금이라도 소양이 있어야 시를 지을 생각을 할 것이다.

대학에는 전공과정 외에 교양과정이 있다. 전공과정은 대개 취업의 필요 때문에 쓸모를 생각하게 된다. 예컨대, 화학전공 학생의 교양과정으로 한국사를 배우는 것은 당장의 쓸모와는 관계가 없고, 국사전공 학생이 교양과정으로 화학을 공부하는 것도 당장의 쓸모와는 관계가 없다. 초 · 중등 학교교육은 원칙적으로 다 교양교육이다. 졸업해서 당장 어떤 직장에 들어가 사용할 것을 배우는 것이 아니기 때문이다. 그리고 대학이건 초·중등학교건 교양교육과정은 원칙적으로 폭이 넓고 다양해야 한다. 그것이 교양교육의 본연이기도 하지만, 그런 다양한 교양의 배경이 있어야 어떤 상황에 처해도 거기에서 몰두할 수 있는 일을 찾아내고 생각해 낼 수 있는 자체 목적적 성격이 배양될 가능성이 커지기 때문이다.

임상심리학자들이 심각하게 생각하는 정신장애 중에 '주의력결핍 과잉행동장애ADHD'가 있다. 간단히 말해서 '주의결손증'이다.어떠한 일에도 주의를 집중하지 못하고, 주변에서 들어오는 온갖 자극과 마음에 떠오르는 온갖 생각에 이리저리 산만하게 주의를 떠돌기만 하는 증세다. 지금 내 방에서도 무수한 자극이 범람하고 있다. 밖의 하늘, 소나무, 창, 책장의 책들, 벽의 그림, 전등, 탁상시계, 밖에서 아이들 노는 소리, 자동차 소리…… 일일이 헤아리면 수천의 자극이다. 거기에 일일이 이리저리 산만하게 주의가 떠돌아다니기만 한다면 나는 아무 일도 못한다. 이 글을 쓰는 일 이외의 그 모든 자극은 깨끗이 배제해야 이 글을 쓸 수 있다. 중증의 주의결손증은 정신병원에 들어가야 할 병자다. 그렇게 심하지는 않아도 학교에서 공부를 못하는 학습 부진 학생 중에는 경증의 주의결손증 학생들이 꽤 많다. 공부를 제대로 하려면, 공부에만 의식을 쏟고 다른 자극은 의식에서 배제하는 의식 통제의 능력, 정신집중의 능력이 있어야 한다.

정상적인 사람들도 그런 정신집중의 능력에 차이가 있다. 같은 일을 하는데, 한 사람은 자주 정신을 딴 데에 팔고, 또 한 사람은 옆에서 누가 큰 소리로 자기 이름을 불러도 못 듣는 정도로 골몰하는 사람이 있다. 한 사람은 소란한 시장 바닥에서도 독서에 열중할 수 있고, 또 한 사람은 조용한 도서관에 가야 책을 읽는다. 내 자신도 포함해서, 보통 사람은 좌선에서 어떤 화두話頭를 정하고, 예컨대 '구름'을 화두로 정하고, '구름' 에만 정신을 집중해야 하는 명상에 들어갔을 때, 몇 분도 안 돼 '구름' 이외의 온갖 잡된 생각이 머릿속에서 오가는 것을 경험한다. 그만큼 정신집중력이 없다는 말이 된다. 도를 닦은 고승은 한두 시간 줄곧 '구름' 을 중심으로만 깊은 명상에 든다고 한다. 기실, 불교의 좌선과 같은 명상으로써 정신집중력을 강화하고, 그에 따라 몰아, 무아의 삼매경에 들면서 정신적 평정감平靜感과 행복감, 나아가 정신질환의 치유에 이를 수 있다고 주장하는 심리학자나 정신분석학자들이 많다.

정신집중의 능력에도 여러 생활사적인 요인이 작용한다고 보아야 한다. 그중에서도 부모의 도움으로 어려서부터 어떤 재미있는, 그래서 흠뻑 빠져들 수 있는 놀이, 그리기, 만들기, 읽기 등에 열중하고 즐기는 기회가 풍부할수록 정신집중의 능력과 습관이 길러지고, 따라서 자체 목적적인 성격이 형성되어 간다는 것이 제일 중요한 기제일 것이다. 근자에 그런 정신집중의 능력과 습관은 대뇌의 기능만 아니라 그 구조 자체를 건실하게 개조해 간다는 주장까지 등장하고 있다.[10)]

즐겁고 감탄스러움

언제부턴가 진·선·미가 인간이 추구하는 정신적 가치의 궁극적인 표상으로 여겨져 왔다. 우리는 마지막으로 그 최고의 가치인 진·선·미가 근본적으로 내재적·자체적 가치인 것을 재확인해야 한다.

철학적 사색이 번창했던 고대 그리스 사상에서 진·선·미는 본질적으로 하나였다. 다 같은 것이었다. 아름답다는 뜻의 칼론kalon이라는 말은 '우리의 마음을 즐겁게 해 주고 감탄을 유발시키는 일체의 것', 현상과 색과 음에만 국한되고 있는 것이 아니라, 습관과 행위, 법과 도덕, 과학과 진리에 대해서까지 적용되는 폭넓은 개념이었다. 즉, 진·선·미를 다 포함하는 개념이었다. 오늘날 이론이라는 말의 어원인 theoria는 본래 '깊이 살펴본다'는 관조觀照의 뜻이었고, 과학적 탐구에도 미적 관조에도 다 같이 적용되는 말이다.[11] 진·선·미는 그 근본에 있어 말하자면 삼위일체였고, 그 근본은 다 '우리의 마음을 즐겁게 해 주고 감탄을 유발시키는 일체의 것'이라는 점을 시사한다. 즐겁고 감탄을 유발하는 것은 다 그 자체로서 희한한 내재적 가치다.

모든 학문은 진리 탐구에 뜻을 둔다. 학자의 학구에서만 아니라, 보통 사람의 일상생활에서도 '무엇이 어떻게 된 것인지' 알고 싶고 알아야 하고 어림짐작으로라도 알아내야 할 경우가 비일비재다. 그래서 어릴 때부터 집에서 동네에서 많은 것을 배우고, 긴 세월 학교 · 대학도 다녀야 하고, 각종 연구기관도 많다. 더구나 인간 자신이 본래 아는 것이 근본 특징인 '이성의 동물'이기도 하지만, '지식경쟁'이 격심해지는 현대의 국제사회에서 나라의 생존과 번영을 위해서도 지식 추구, 교육 추구, 학문 추구에 모든 사람, 모든 나라가 온갖 노력과 시간과 경비를 경주하고 있다. 한국은 그 대표적인 나라의 하나다.

그러나 어떤 동기에서 지식 · 교육 · 학문 · 진리를 추구하고 있느냐에 따라 결과에는 '무서운' 차이가 난다는 사실에 대한 각별한 인식이 필요하다.[12)] 문제는, 출세나 쓸모를 위한 수단주의적인 지식 추구는 그 성취에 한정이 생길 뿐만 아니라, 지식 추구욕 감소라는 '자체 파괴적'인 결과마저 낳을 수 있다는 점이다. 우선, 쓸모를 위한 공부는 쓸모를 다하고 나면 공부는 버린다. 지긋지긋한 입시 공부 다음에는 공부는 넌더리가 나서 공부의 의욕 자체를 파괴하게 된다. 또 쓸모가 없어 보이는 공부나 연구는 아예 손도 대지 않고, 연구지원기관도 그런 쓸모없어 보이는 연구는 연구비 원조에서 제외한다. 그러나 여기도 문제가 있다. 지식 · 진리는 언제 어떤 쓸모가 있게 될지 미리 정해져 있지 않다는 기제가 있기 때문이다. 의미심장한 진리, 후일에 어마어마한 쓸모를 낳는 발견은 도리어 쓸모에 하등 관심 없이, 순전히 호기심이 동기인 연구에서 쏟아져 나온다. 박테리아의 발견, 원자탄 원리의 발견, 페니실린의 발견, DNA의 발견 등이 그것이다.

나는 노자의 도덕경 첫 구절을 자주 인용한다. "언제나 욕심이 없으면 사물의 오묘한 이치를 볼 수 있고, 언제나 욕심이 있으면 사물의 번들번들한 겉모양만 보인다常無欲以觀其妙 常有欲以觀其徼." 쓸모의 욕심이 없어야 깊은 진리가 더 잘 보인다는 말이다. 우리 주변, 이 우주에 진리는 수도 없이 많다. 단, 그 진리들은 아름다운 요조숙녀처럼 겹겹의 대문 속 깊은 곳에 꽁꽁 숨어 있다. 그러다가 자기를 써먹으려고 접근하는 자에게는 겉모양이 그럴듯한 허위를 진리로 보고 가지고 가게 내몰아 버린다. 그것이 허위인 것을 알고 다시 찾아오면 그다음 대문 안의 더 그럴듯한 허위를 가지고 가게 한다. 그러다가 자신을 그저 자체로서 사랑하기 때문에 찾아오는 사람에만 그 아름다운 자태를 살짝 드러내 보인다. 진리의 쓸모가 아니라 진리의 아름다움과 감탄스러움 때문에, 즉 그 내재가치 때문에 진리를 찾아드는 경우다.

매한가지 논리는 '선'에도 적용된다. 앞에서도 예를 들었지만, 유산이 목적이고 그 수단으로 효행을 하는 것은 선 행위가 아니라 위선僞善이다. 장삿속으로 친절한 것은 일종의 가식이고 속임수다. 그렇다는 것을 알면 그 효행이나 친절은 도리어 역겨워진다. 출세나 재산을 노려 구애하는 것은 사랑이 아니라 일종의 사련邪戀이다. 선행은 그 자체로서 '아름답고 감탄스러운' 가치를 지니는 것이고, 따라서 그 자체가치 때문에 선행을 하는 것이지, 다른 어떤 목적의 수단으로써 행하는 선은 이미 선행이 아니다.

대학시절에 읽었던 칸트의 명구가 생각난다. "이 세상에는 관조할수록 그 경탄스러움에 잠기게 되는 것 둘이 있으니, 하나는 밖의 천상에 찬란한 성좌요 또 하나는 내 안의 빛나는 도덕률이다"라는 문구다. 칸트에게 도덕률은 그 자체로 '아름답고 즐겁고 감탄스러운' 것으로 보였다는 뜻이다. 칸트는 또한 그의 유명한 도덕법칙의 하나로서, "인간은 수단으로만 다룰 것이 아니라 언제나 동시에 목적으로서 대해야 한다"고 말했다. 물건에는 Wert, 즉 '가치'가 있지만, 인간에게는 Würde, 즉 인간적 가치인 '존엄성'이 있기 때문이라고 한 말도 기억난다. 두 단어의 독일어 발음은 좀 비슷하면서도 그 뜻에는 엄연한 차이가 있다.

앞에서 인용한 심리학자 콜버그의 도덕성 발달이론도 성숙된 도덕적 행위의 내재목적 · 자체 목적적인 성격을 함축하고 있음을 반추해 볼 만하다. 그의 이론도 처음에는 벌을 피하기 위해서, 다음에는 서로 이롭기 위해서, 또 다음에는 서로 잘 지내기 위해서 등 어떤 다른 목적을 위한 도덕행위로 발달하다가 마침내 오직 도덕적 원칙만이 도덕적 행위의 원인이 되는 단계에 이른다. 어떤 덕 높은 스님을 만나면, 한편 그의 언행 하나하나가 다 '자비'를 반영하는 온화함과 동시에 늙었으면서도 어린애같이 순진한 사무사思無邪의 편안함을 느끼게 한다. 바로 다른 목적은 아무것도 없이 그저 그렇게 자비롭게 행위하는 것이 그의 삶이기 때문일지도 모른다.

'미'는 진이나 선보다도 더 내재적 · 자체 목적적 가치다. 그것이 자연의 경치건 사람이건 또는 그림이건 음악이건 춤이건 시詩건 어떤 사물을 보고 '참 아름답구나!'라고 느끼는 그 순간에는 그저 즐겁고 감탄할 따름이지 그 쓸모에 대한 생각은 추호도 없다. 혹 나중에는 어떤 쓸모를 생각할망정 그 순간에만은 그런 잡스러운 생각은 의식에 전혀 없이 넋을 잃게 하는 것이 아름다움이다. 미학에서 미, 아름다움이 뭐냐 하는 문제는 진이나 선이 뭐냐 하는 문제보다 훨씬 까다로운 문제며, 미학에서도 어지러울 정도로 이론異論이 분분하다. 그러나 다른 아무 쓸모의 목적이나 관심 없이 그저 그 자체를 넋을 잃고 즐기며 감탄하는 대상이 미라는 점에서는 다 공통이다.

저기에 웅장하고 멋진 소나무가 솟아 있다고 하자. 그것을 보고, 누가 "야! 정말 멋진 소나무구나!" 감탄하고 즐기는 시간은 미를 보는 시간이다. 그러나 "저것을 잘라서 대들보감으로 썼으면 좋겠다"고 생각하는 순간, 그는 미와는 멀어진다. '저것을 소재로 전시회에 낼 사진을 찍어야겠다'는 것도 그만큼 미에 젖음에서는 멀어진다. 어떤 아름다운 여인을 보고 그저 넋을 잃고 '즐기고 감탄하는 것'은 아름다움을 앎이다. 그러나 '데이트라도……'라는 생각이 들 때 그는 이미 아름다움을 앎에서는 멀어진다.

다시 칸트가 그의 유명한 삼부작 마지막의 미의 문제를 다룬 『판단력 비판』에서 미를 '무목적적 합목적성'이라는 개념으로 정의한 것을 상기하게 된다. 언뜻 모순어법 같은 이 개념을 나는 다음처럼 해석한다. 즉, 무목적적이란 앞에서처럼 웅장한 소나무를 보고 대들보로 쓸 목적도 없고, 아름다운 여인을 보고 데이트할 욕심도 관심도 없는 상태를 말한다. 그리고 이어 합목적성이란 아름다움을 찾고 즐기고 싶어 하는 사람들의 심성에 딱 들어맞음을 말한다. 인간에게는 아름다움을 좋아하고 즐기고 감탄하고픈 심성이 있다는 것을 전제로 한다.

기실 다른 여러 미학이론에서도 표현은 서로 좀 다르지만, 미의 인식에서의 무관심성disinterestedness을 강조한다. 무관심이란 무목적과 같은 말이고, 아무런 이해관계의 관심이 없다는 뜻이다. 즉, 아름다움 그 자체의 내재적 가치에만 젖는다는 말이다. 무관심의 즐거움이 미적 감정의 근본적인 특성이라는 것이다.[13)]

이렇게 생각하면 옛날 그리스 사상에 진·선·미를 다 같이 '아름답고 즐겁고 감탄스러운 것'이라고 동일시한 것은 충분히 이해가 간다. 그 공통점은 다 쓸모나 이해관계를 떠난 내재적인 자체가치를 추구하고 있다는 점이다.

내일의 한국인

06 역사적 현재

내일의 한국인은 과거와 미래를 함축하는
역사적 현재를 사는 사람이기를 바란다.
내일에는 바로 눈앞만 보는 단기적인 안목으로는
온갖 차질을 빚을 것이기 때문이다.

오랜 세월의 지겨운 가난은 될 수 있는 대로 얼른 '빨리' 벗어나야 했다. 그래서 발전 초기의 지향은 말하자면 '빨리빨리 철학' 이었고, 만사를 빨리빨리 해냈어야 했다. 나라의 GNP도 매년 10%, 12%로 성큼성큼 빨리 성장해야 했고, 급속한 성장에 따라 생길 수 있는 부작용에는 관심도 배려도 별로 없었다. 건축공사, 교량공사도 예정일보다 빨리 끝내는 것이 자랑이었고, 후일에 물이 새거나 금이 가거나 아예 무너질지도 모른다는 염려에는 크게 마음을 쓰지 않았다. 그래서 얼마 되지 않아 지하철에는 누수가 생기고 큰 다리도 무너지고 고층 백화점이 주저앉기도 했다.

앞 장에 거론한 '위하여 철학'과 여기 '빨리빨리 철학'은 발전 초기에는 불가피할 뿐만 아니라 불가결한 정신 자세였을지도 모른다. 그만큼 역사적인 절대빈곤으로부터의 탈출은 힘든 난제였기 때문이다. 그러나 장기적 · 역사적 안목이 부족한 단기短期주의는 지나친 초조감의 탓으로 개인생활에서나 국가경영에서나 결국은 역기능적이다. 개인도 국가도 언제나 어제를 성찰하고 내일을 전망하며, 그 뜻을 오늘에 투사하면서 지금을 충실하게 사는 것이 제대로의 삶의 모습일 것이다. 삶은 현재다. 과거와 미래는 삶 그 자체는 아니다. 그러나 개인에게는 어제의 기억과 내일의 꿈이 있고, 나라에는 역사가 있고 미래가 있다. 과거와 미래를 잘라 낸 현재에는 삶의 뜻과 꿈이 없는 거친 욕심의 찰나주의만 남는다. 과거와 미래의 길고 명석한 관조 속에서 오늘에 충실한 삶을 나는 '역사적 현재' 에 사는 삶이라고 불러 본다.

우리는 일상생활에서 마음으로는 무시로 '시간여행'을 한다. 어제로 가서 어제 일도 상기하고, 내일로 가서 내일 일도 상상한다. 더 길게 5년 전이나 20년 전에도 가 보고, 좀 가물가물하지만 5년 후나 20년 후에도 가 본다. 그렇게 시간여행에서 얻은 지식과 짐작으로 오늘을 획책한다. 그런 마음속 시간여행은 극히 자연스러운 동시에 다른 동물에게는 드문 아주 독특한 인간적 특징일 것이다. 여기 '역사적 현재'의 제언은 일상생활에서 그보다는 좀 더 긴 과거 · 미래에 걸쳐 좀 더 의식적으로 좀 더 뚜렷한 관조로 시간여행을 하자는 뜻이다.

엄밀하게 따지면 어디서부터가 과거고 현재고 미래냐는, 가끔 입씨름거리도 되는 까다로운 문제다. 하지만 앞에서도 논했듯이, 삶 그 자체는 현재인 것은 부인하지 못한다. 어제는 지나간 삶이고 내일은 아직 오지 않은 삶이며, 진행 중의 삶은 오늘이다. 그래도 그 오늘에는 과거와 미래의 뜻과 꿈이 투입되어 있어야 한다는 뜻이다.

과거 · 현재 · 미래

시간의 흐름을 과거 · 현재 · 미래라는 셋으로 구분 짓는 생각은 일단 자연스러운 발상이다. 문화인류학자 클럭혼Kluckhohn은, 사회문화에 따라 과거 · 현재 · 미래 중 어느 시간을 더 좋고 가치가 있는 것으로 보느냐에 차이가 있다고 보고, 그 시간지향time-orientation

을 과거지향, 현재지향, 미래지향으로 나누었다. 그리고 각각의 시간지향에 따라 개인 또는 사회의 성격과 생활철학에도 여러 가지 차이가 생긴다고 관찰했다.[1)]

과거지향은 모든 좋은 것, 보람 있는 것, 참되고 선하고 아름다운 것들은 다 옛날에 있었다고 본다. 따라서 현재는 그 아류 아니면 타락이며, 미래는 어떤 새 세계가 펼쳐질 시간이 아니라 그저 복고復古해야 할 시간으로 본다. 노인들이 흔히 하는 "옛날이 좋았지!"라든가 "요새 애들은 버릇이 없어!" 또 영어로는 "good old days!"라는 넋두리가 잦은 사회다. 옛날이 에덴동산이었고, 그리운 것은 요순시대였다. 동서양을 막론하고 옛날의 전통사회, 오늘과 내일에 어떤 낙도 기대할 수 없는 가난한 사회, 질서가 문란하고 어지럽고 불안한 사회에서는 이런 과거지향이 지배적인 사회풍토인 경우가 많다. 그러나 근래 한국처럼 발전한 사회에서도 빠른 변화의 어지러움 때문에 그 반동으로 자주 '옛날이 좋았다'는 과거지향에 젖기도 한다. 나 자신도 이 책 서장의 서두에서, 옛날 수만 년 전 우랄알타이 산맥을 넘어 온 일단의 늠름한 기상의 기마민족을 우리 조상으로 상상하고 있는 것은 내 마음속에 나도 모르게 깃들어 있는 한 과거지향의 탓일지도 모른다.

지난날 19세기 말까지 또는 20세기 초반까지도 한국을 지배했던 좀 지나친 과거지향성은 지금에 와서도 다시 반성할 만하다. 지난 수천 년 동안 사서삼경과 삼강오륜을 줄곧 정신적 지주로 삼고, 다른 교리는 다 이단사설로 몰았다. 거기에는 새로운 것이란 그저 옛것을 재탕 삼탕한 것뿐이었던 중국의 문화적 압력이 거셌던 탓이 크다. 더구나 유교는 종교가 아니기 때문에 불교나 기독교에서처럼 사후의 미래를 생각하는 그 나름의 미래관도 없었다. 그 수천 년의 과거지향성이 크게 바뀐 것은 광복과 더불어 20세기 후반부터 밀려들어온 근대화, 산업화, 세계화의 조류 때문이었다.

그러나 과거지향성의 반성이 과거 역사의 단절을 의미하는 것은 아니고 그래서도 안 된다. 사람은 지난 경험에서 배운다. 사람은 생후에 겪은 갖가지 경험에서 배운 그의 지혜와 정서와 도덕성으로 오늘을 경영하고 내일을 겨냥한다. 한 민족국가도 이와 같다. 한 민족국가도 그 지난날의 갖가지 경험에서 오늘의 국가를 경영할 지혜와 정서와 도덕성을 배워야 한다.

과거지향을 그저 한 회고의 감상感傷으로서가 아니라, 거기에 어떤 사실적인 근거를 내세우는 경우도 있다. 기독교에서 예수 이상의 교리, 불교에서 석가모니 이상의 교리를 전파한 성자는 아직 없다는 주장도 가능하고, 철학에서 아리스토텔레스나 칸트를, 음악에서 모차르트나 베토벤을 능가하는 대가는 아직 없다는 주장을 과거지향의 근거로 내세울 수도 있다. 지난 영고성쇠의 역사를 거울鑑로 삼는다는 견지도 일단은 다소간에 과거지향적이라고 해야 한다. 하지만 모든 역사시대에 어떤 보편적인 원리를 찾으려는 견지는 반드시 과거지향적인 것은 아니다. 그런 견지는 도리어 미래지향적일 수도 있다.

이와 대조적으로 미래지향은 모든 좋은 것, 바람직하고 이상적인 것은 미래에 있고, 현재의 삶은 그런 미래를 위하여 일하며 고생을 참고 즐거움도 연기해야 하는 삶으로 본다. 그 미래가 4, 5년 후 개인적인 미래일 수도 있고, 미래론자들이 흔히 거론하는 20년, 30년, 100년 후의 사회적 미래일 수도 있다. 더 연장해서, 종교들이 말하는 사후의 세계일 수도 있다. 그런 미래 투사投射에 따라 일도 열심히 하고 돈도 저축하고, 자원도 아끼고 생태계도 보존하려고 노력하며, 고행도 하고 수행도 한다. '기회의 땅'인 신천지 미국에 이민해 들어간 사람들은 자연 미래지향적일 수밖에 없을 것이다. '과거'는 고국에 버리고 건너왔고, 앞으로 펼쳐져 있는 광활한 기회는 온갖 풍부한 미래를 약속하는 것이었기 때문이다. 그런 미국의 역사는 세계사에서 도리어 희귀한 사례일 것이다. 그때 미래지향성의 여파가 지금도 미국을 지배하고 있다고 보아야 한다.

많은 사람에게 더 중요한 뜻을 지니는 것은 종교적 미래지향일 것이다. 불교에서 그리는 내세의 서방정토의 신앙도 한 종교적 미래관이고, 먼 훗날 최후의 심판의 날이 오고 그 후에 새 세계가 시작된다고 하는 기독교의 종말론eschatology도 미래지향을 함축한다. 어쩌면 모든 종교의 발단은 현재 · 현세 · 현실의 고달픔 때문이었을 것이다. 고달픈 오늘에 낙이 없으니, 내일에 그 낙을 그려 보려는 심리적 계기가 미래 · 내세 · 초현실에 의지하려는 신심을 낳은 것인지도 모른다. 이렇게 추론한다면, 편향된 미래지향은 편향된 과거지향과 매한가지로 다 같이 현재 · 현실의 환멸이 그 발단이었다는 말이 된다.

종교의 미래지향성은 그 신자의 행동에 많은 영향을 준다. 독실한 신자들은 미래에 대한 믿음으로 세상을 등지고 사는 듯한 수도원이나 깊은 산속 사찰에서 금욕과 고행도 마다하지 않는다. 한 차원 높은 종교적 시간관은 미래에 대한 소승小乘 불교적인 극락 · 지옥의 관념을 넘어서, 원효대사가 "삼계三界가 오직 내 마음속에 있다"고 선언한 대로, 과거 · 현재 · 미래의 삼계를 융화한 시간관일지도 모른다. 나는 그것도 '역사적 현재'라고 불러 본다. 신학자 틸리히Tillich는 '신 위의 신God above God' 이라는 좀 아리송한 그러나 이해가 감직한 개념을 제언했다.[2] 그것은 어떤 특정 종교나 종파의 교리가 말하는 신이 아니고, 도리어 여러 유형의 유신론의 신들을 초월하고, 그런 신들이 인간 구제의 힘을 상실했을 때 비로소 인지할 수 있는 '절대 신앙' 의 대상으로서의 신적 존재라고 했다. 나는 그의 생각이 불교의 개념을 빌리면 소승을 넘어서는 대승적인, 따라서 극락 · 지옥론도 종말론도 초월한 신을 말한다고 해석하고 싶다. 그런 점에서 원효와 같이 틸리히도 단순한 미래지향을 넘어서는 '역사적 현재' 를 함축한다고 볼 수 있다. 종교는 과거지향적인 동시에 미래지향적이다. 과거에는 종교의 시조에 대한 숭상이 있고, 미래에 내세에 대한 신앙이 있기 때문이다.

현재지향은 모든 좋은 것, 보람 있는 것, 행복한 것은 현재에 있고, 지금-여기에서 찾아야 한다는 관념이다. 요새는 달라졌겠지만, 수십 년 전만 하더라도 '브라질 타임' 이라는 말이 있었다. 라틴계인 브라질 사람들이 시간 약속을 잘 지키지 않는 버릇을 일컫는 말이다. 저녁 파티를 일곱 시에 약속하면 누구나 으레 한두 시간쯤은 늦는다. 현재 하고 있는 일이 재미있으면 미래의 약속쯤은 잊어도 된다는 것이고, 그렇게 좀 늦는 것이 도리어 내가 삶을 즐기고 있는 표시가 되는 것으로 여긴다. 오죽 시간을 잊을 만큼 즐거운 일이 없으면 약속시간을 꼬박꼬박 지킬까 하는 심리다. 중요한 것은 지금 현재고, 다음에 약속한 미래가 아니라는 말이다. "인생 일장이 춘몽이러니 아니 노지는 못하리라"도 현재지향이다.

현재지향은 서로 다른 몇 가지 심리에 적용된다. 첫째는 이른바 쾌락주의다. 쾌락주의가 흔히 관능적 향락에만 탐닉한다는 언짢은 뜻으로 해석되고 있지만, 반드시 그렇게만 생각할 필요는 없다. 쾌락에만 탐닉한다는 뜻의 관능적 쾌락주의는 문제가 많은 관념인 것은 말할 나위 없다. 그러나 행복을 찾고 웰빙을 찾는 것은 그 자체가 쾌락주의다. 우선 주어진 현재에서 즐거움을 찾는다는 점에서는, 서구의 경우 앞의 브라질의 예처럼 이탈리아 · 프랑스 · 스페인 등 남유럽의 라틴계 문화가 북유럽의 영국 · 독일 등의 문화보다는 더 '삶을 즐기는' 현재지향성이 짙은 편이다.

둘째, 이 장 서두에 언급한 경제발전 초기의 단기주의, 빨리빨리 철학도 긴 장래를 별로 염두에 두지 않는다는 점에서 현재지향의 범주에 포함된다. 비록 현재를 즐긴다는 쾌락주의와는 확연히 다르고 도리어 근검절약이 그 삶의 특징이기도 하다. 그러나 단기주의의 결과는 앞에서 예를 든 것처럼 여러 가지 역기능을 낳는다.

셋째, 또 하나 현재지향의 경우는 앞에서 논의한 내재가치주의, 자체 목적주의다. 사물의 내재가치에 젖어들고 자체 목적을 찾아든다는 것은 다른 일이나 다음 일은 다 잊고 시간마저도 잊어버리면서 현재 여기 이 일에 몰입한다는 것을 뜻하기 때문이다. 그것은 현재지향이라기보다는 무시無時지향 또는 초超시간적 지향이라고 부를 수 있는 경우다. 이런 경우의 현재라는 시간은 물리적으로 길고 심리적으로는 없을 정도로 짧다.

나는 역사적 현재라는 개념은 그런 무시적 또 초시간적 지향과 비슷한 개념으로 파악한다. 무시적 또는 초시간적 지향이란 그 속에서는 통상의 과거 · 현재 · 미래라는 시간의 구분 없이 그 모두가 융합된 '전全 시간적' 지향이라고도 할 수 있다. 삶 속에 과거 · 현재 · 미래가 다 잉태되어 있는 시간지향이다. 철학자 하이데거Heidegger는 저서 『존재와 시간』에서 인간은 '시간 속에' 살고 있는 것이 아니라 '시간을' 살고 있는 것이라고 했다. 이 또한 좀 아리송한 말이지만, 나는 이 말을 사람은 과거 · 현재 · 미래의 흐름을 물리적으로 구분 지어 의식하면서 살고 있는 것이 아니라 그 모두를 융합한 심리적인 시간의식으로 살고 있다는 뜻으로, 아전인수격으로 해석한다. 그렇게 해석하면 그 말은 여기 역사적 현재에 산다는 뜻과 비슷해진다. 사실 우리의 상상과 사고 속에서는 과거 · 현재 · 미래의 사건들이 다 오늘 일처럼 두서없이 혼합되어 있다.

자주 듣는 우화가 있다. 어떤 젊은이가 어쩌다 산중을 헤매다가 도원경같이 아련한 절간을 찾아들어갔다. 그 절의 중과 바둑을 두며 삼매경에 빠져 있었는데, 그동안 창밖 매화나무가 꽃이 피고 지고 잎이 생기고 지고를 수십 번 반복하는 것을 보았다. 바둑을 끝내고 절을 나와서 길을 찾아 집에 와 보니, 집은 거의 쓰러져 가는 폐옥이 되었고 젊었던 부인은 세상을 뜨고, 알고 지내던 동네사람은 아무도 없었다. 그동안 수십 년의 세월이 지나갔다는 이야기다.

도원경에서의 심리적인 한두 시간이 세속의 물리적 시간으로는 수십 년이었다는 말이다. 이것은 심리 · 물리의 구분 없이도, 현대 물리학의 이론에 비추어 보면 황당무계한 이야기만은 아니다. 상대성 이론에서는, 광속에 가까운 빠른 속도로 우주를 하루 여행하고 돌아온 비행사는 떠날 때 어린 소녀였던 딸이 호호백발 할머니가 되어 만난다는 예를 든다. 물리적 시간 자체도 물체의 운동속도에 따라 길어졌다 짧아졌다 한다는 이야기다. '블랙홀' 속에서는 아예 시간 자체가 없다고 말한다. 시간을 우리는 당연한 소여所與로 알고 있지만, 철학에서도 물리학에서도 그 실체가 무엇인지 실은 많은 논의의 대상이고, 그리 당연하지 않은 까다로운 개념이다. 이런 논의들도 역사적 현재와 무관하지 않다.

카르마

인도의 힌두교 사상에 카르마karma라는 개념이 있다. 불교에 이어져서 불전에는 갈마羯磨라고 음역하고, 인과응보因果應報 또는 업보業報라고 의역하는 개념이다. 한 행위업에는 반드시 그 결과보가 따른다는 개념이다. 업보의 개념을 흔히 통속적으로는 이승에서 나쁜 짓을 하면 저승에 가서 개 · 돼지 등 축생이 된다는 식의 윤회설로 연결시키지만, 그 본뜻은 행위와 그 결과의 인과율, 특히 장기적인 '역사적 인과율'을 일컫는다. 이승과 저승에 걸친 윤회설도 그런 장기적인 인과를 함축하고 있다.

우리는 흔히 어떤 두 현상의 인과관계를 동시적 또는 다기적 관계로만 파악하는 버릇이 있다. 같은 시간 같은 장소에서 또는 가까운 시간 가까운 장소에서 일어난 두 사건 사이에 인과관계가 있다고 판단하는 버릇이 있다. 성냥을 찍 긁으면 동시에 불이 확 붙기 때문에 성냥 긁기와 불 붙기가 인과로 이어져 있다고 판단한다. 단기적으로는 봄에 씨를 뿌린 것이 원인이고 가을에 곡식을 거두는 것이 그 결과인 것을 안다. 그러나 어쩌다 큰 기침을 했더니 장땡이 나왔다고 해서 기침이 장땡의 원인은 아니다.

본래 인과관계 판단이란 언제나 그렇게 쉬운 것이 아니다. 도리어 사람들의 인과관계 판단에는 실은 맞는 것보다 틀린 것이 더 많다고 보아야 한다. 예컨대, 감기가 들어서 며칠 어떤 약을 먹었더니 감기가 나았다고 하자. 그러면 대개 그 약 때문에 감기가 나은 것으로 여기곤 한다. 하지만 엄밀하게 따지면 그 약과 감기 사이의 인과관계를 그렇게 쉽게 단정해 버릴 수는 없다. 감기가 나은 것이 실은 그 약 때문이 아니라, 뜨거운 물을 많이 마셨기 때문일 수도 있고, 외출하지 않고 푹 쉬었기 때문에 또는 저절로 나을 때가 되었기 때문일 수도 있다. 이렇게 약이 원인이 아니라 다른 것이 원인일 수도 있다는 이른바 적대가설敵對假說 rival hypothesis은 이들 외에도 수없이 많다. 따라서 정말 약이 원인이라고 주장하려면, 이런 적대가설은 틀린 것이라고 증명함으로써 그런 가설을 물리칠 수 있어야 한다. 그래서 여러 가지 실험도 해 보고 많은 사례를 수집 · 분석도 해 본다. 아니면 인과 판단은 그저 잘못일 수도 있는 설익은 판단에 머문다. 그런 설익은 인과관계 판단이 수많은 오류, 미신, 편견을 낳는다. 그래서 인과관계causality의 문제는 과학철학에서도 논의가 많은 문제다.

더구나 원인과 결과가 긴 세월, 10년, 50년, 100년을 걸쳐 떨어져 있으면, 그 역사적 인과 판단은 훨씬 더 어려워진다. 지난날 긴 역사에서의 무수한 사건들, 특히 긴 세월의 간격을 둔 사건들 사이의 인과관계는 '실험'도 할 수 없고, 그때로 돌아가서 '사례 수집'도 할 수 없어서, 과거 역사의 사건들 사이의 인과에 관한 주장들은 대개 논자에 따라 각양각색이 심하다. 오늘과 미래에 관한 인과관계에 대해서도 여러 미래학자의 주장이 많지만, 거기에도 역시 구름 잡는 듯한 예측들이 많다. 혹 거의 확실하게 인과로 이어져 있다고 알고 있어도 장기에 걸친 인과는 실감이 잘 나지 않는다. 지금 묘목을 심어야 100년 후 거목들의 울창한 숲을 얻을 수 있는 것은 알지만, 하도 까마득해서 지금 나무를 심을 엄두를 못 낸다. 그러나 100년 후 거목을 얻으려면 까마득해도 지금 묘목을 심어야 하고, 50년 후 거목의 인재를 얻으려면 지금 초·중등교육을 크게 개선해야 한다.

카르마, 즉 인과업보의 사상은 오늘 인간의 모든 행위는 그 업보로서 내일의 역사에 긴 밝은 빛 또는 긴 어두운 그림자를 던진다고 가르친다. 500년 전 세종대왕의 한글 창제는 그 빛을 지금 그리고 금후의 역사에도 길고 밝게 투사한다. 그 한글 창제 덕으로 우리는 문화적 정체성을 크게 지킬 수 있게 되었다. 그렇지 않았다면 중국의 문화적 속국을 면하기 어려웠을 것이다. 세종대왕은 우리에게 축복의 빛, 축복의 카르마를 던지고 있다. 지구상에서 문자가 없는 언어는 결국 소멸되어 가고 그 문화도 쇠퇴해 가기 때문이다. 반면, 넓은 만주 벌판이 강토였던 고조선 그리고 고구려가 어쩌다 중국의 한과 당에 패망하는 바람에 우리는 그 후 2천 년간 그리고 지금도 좁은 한반도에 복작거리고 살아야 했다. 우리는 그 긴 어두운 역사의 카르마 속에서 살아야 한다.

가난과 전란의 1950년대에도 한국은 초등학교의 의무교육을 실시했다. 그것은 반드시 경제발전을 염두에 둔 시책은 아니었다. 그저 사람은 배워야 한다는 전래의 관념 때문이었다. 그러나 모두가 초등교육을 받은 그 의무교육이 10년, 20년, 30년 후 경제발전에 필요한 풍부한 '인력' 자원이라는 밝은 빛의 카르마로 나타났다. 그래서 역사의 사건들은 단지 당대만의 사건이 아니라 그 명암의 카르마를 긴 후세에 던지는 '역사적 사건'이다. 그런 의미에서 과거의 역사는 현재 속에 살아 있다.

업보의 사상은 동시에 지금-여기 우리의 일거수일투족이 가깝고 먼 내일에 밝음 아니면 어두움의 카르마, 업보를 던지고 있다는 것을 경고한다. 그런 뜻에서 지금의 우리는, 의식하건 안 하건 뜻하건 뜻하지 않건, 내일의 밝은 또는 어두운 역사를 오늘 만들고 있는 것이다. 그런 뜻에서 미래도 현재 속에서 살아 있다. 우리가 자연을 심하게 파괴하고 부정부패가 끊이지 않으면, 우리는 그만큼 황폐한 자연풍토와 퇴폐한 정신풍토라는 어두움의 카르마를 내일에 던지고 있는 것이다. 반대로 우리가 세종대왕처럼 작건 크건 어떤 문화적 · 도덕적 · 정치적 창조를 이루어 낸다면 밝음의 카르마 속에서 내일 다음 세대의 역사가 진행될 것이다.

이런 역사적 인과율, 역사적 카르마의 기제에 대한 깊은 성찰이 특히 내일을 좌우하는 이 나라 지도층에 절실히 요망된다. 임기 5년의 대통령, 임기 4년의 국회의원, 잘해야 임기 2년 내외인 장관도 그 임기를 훨씬 넘는 긴 미래의 역사에 그들이 던지게 될 카르마를 깊이 생각한다면 오늘의 행적이 조금은 달라질 것이다.

카르마의 사상에는 앞에 언급한 역사적 인과율과 동시에 또 하나의 중요한 측면이 있다. 언젠가 만난 인도의 한 철학자와 카르마에 관해서 이야기를 나누던 중에 그에게서 귀담아 들었던 관념이다. 그것은, 그렇게 인과응보의 어떤 역사적 인과율이 있다고 해서, 그 인과율을 이용해 어떤 이득을 얻으려는 목적의 수단으로써 오늘의 어떤 행위를 꾸미고 행해서는 안 되고, 오직 최선의 지적 · 정적 · 도덕적 판단에 따라 오늘 마땅히 해야 할 일이기 때문에 행해야 한다는 생각이다. 앞에서도 말했듯이, 단시적인 인과율보다 역사적 인과율은 훨씬 더 복잡하고 심오해서, 약삭빠르게 이득을 노리는 눈에는 그 인과율의 진상보다는 허상이 더 쉽게 보이기 일쑤다. 그래서 그런 이해타산의 노림수는 빗나가기 마련이다. 5장에서 언급했듯이, 진리는 스스로를 겹겹의 그럴듯한 허위로 감싸고 있으며, 자신을 써 먹으려고 급하게 덤벼드는 자에게는 그 그럴듯한 허위만을 내보여 주기 때문이다. 도리어 과거에서 미래로 향하는 역사의 흐름을 관조하면서도 오늘 현재 그 자체로서 마땅히 해야 할 일에 전심하는 것이 가장 적절하게 역사적 인과율의 흐름을 따르는 길이라는 것이다.

카르마 사상의 이 측면은 앞 장에서 논의한 자체 목적적 · 내재적 동기에 의한 행위와 같은 생각이다. 효는 유산 때문이 아니라 그 자체로 해야 하는 것이고, 저금은 반드시 이자 때문이 아니라 그 자체로 해야 하는 일이며, 나무는 반드시 목재를 얻기 위해서가 아니라 그 자체로 심어야 한다는 것과 같은 생각이다. 이 점에서는 역사적 현재의 주장은 내재가치의 주장과 합치한다.

역사의식

나는 1925년생이다. 그러니까 내가 태어나기 15년 전 1910년에 일본의 강점으로 조선이 비통하게 망했고, 태어나기 6년 전 1919년에 많은 비분의 참극을 낳은 삼일운동이 일어났다. 15년 더구나 6년이란 아주 짧은 시간이다. 그러나 지금부터 60년 전에 겪은 한국동란의 참상은 어제 일처럼 현실감 · 박진감 있는 생생한 기억으로 회상되면서도, 내가 태어나기 전 15년밖에 안 되는 비통의 망국 그리고 6년밖에 안 되는 비분의 삼일운동이라는 중대 사건은, 내가 어렸을 때나 지금이나, 그저 단군 이야기와 같이 박진감 없는 까마득한 옛이야기로만 상상이 된다. 15년, 6년은 역사의 시간으로는 거의 한 순간인데도 단지 내 체험 밖 생전의 일이라는 그 한 이유 때문에 조선 망국과 삼일운동은 현실감 없는 저 멀리 희미한 사건으로만 의식하고 있을 뿐이다. 그러니 흔히 지금 어른들이 하듯이 "요새 아이들은 가난이 뭔지 모르고 있다"든가 "요새 젊은이들은 6 · 25의 비극을 잊어버리고 있다"고 나무랄 수만은 없는 셈이다.

개인에게는 기억이 있다. 그의 생활사의 사건들이 생생한 기억으로 남아 있다. 특히 기억에 남을 만한 큰 사건들의 기억은 더 생생하다. 집단에게는 역사가 있다. 국가건 민족이건 세계건, 한 집단에게는 여러 사건으로 이어진 역사가 있다. 문제는 어떻게 하면 집단의 역사가 개인의 기억처럼 사람들의 의식 속에 현실감 있게 생생하게 각인될 수가 있느냐는 것이다. 그렇게 역사적 사건들이 그저 단지 그 시대에 관한 지식임을 넘어서서 흡사 현실과 비슷하게 박진한 의식을 형성하고 있을 때, 우리는 그것을 역사지식을 넘어서는 '역사의식'이라고 부를 수 있다. 그런 역사의식은, 개인이 그의 과거 경험의 기억에 따라 현재 생활을 경영하고 나아가 미래도 계획하듯이, 집단의 현재와 미래를 슬기롭게 규율하며, 또 규율해야 하는 정신적 요인이 된다. 가령, 조선 망국의 사건이 그리고 6·25전쟁의 사건이 지금 한국 사람들에게 박진감 있게 각인되어 있다면 한국 근래의 사회 사정은 크게 달라졌을 것이다. 그런 역사의식을 기르는 것은 말할 나위 없이 교육의 문제다.

나의 초·중등학교 시절은 모든 공부를 일본말로 해야 하는 일제 강점기였다. '국사'도 한국사가 아니라 일본사를 배워야 했고, 한국사는 그 언급 자체가 금기사항이었다. 한국사를 정식으로 배울 수 있는 기회도 환경도 없었다. 광복 후에 한국사 책을 몇 권 읽었고, 한때는 마음먹고 한 달 가까이 들어앉아서 진단학회에서 편찬한 각각 800~900페이지가 넘는 여섯 권으로 된 『한국사』도 읽었다. 그러나 좀처럼 현실적인 박진감을 느낀 경우는 많지가 않았다. 그것이 책으로만 읽었을 뿐, 감동적인 역사 강의를 들어보지 못한 탓인가? 아니면 그 책 저자들의 잘못인가? 그것도 아니면, 모든 것이 청순한 각인을 남기는 어린 시절이 다 지나서 읽은 탓인가?

다만 하나, 방대한 『한국사』 전권을 통해서 가장 전율에 가까운 감동을 준 부분은 본문도 아닌 주에 실린 민영환閔泳煥의 유서,[3] 나라를 잃은 비통함을 못 이겨 자결하면서 국민에게 호소하는 충정을 토로한 "오호라, 국치민욕이 이에 이르니……"로 시작하는 유서였다. 그 유서를 읽으면서, 때가 마침 깊은 밤 고요 속 자정을 넘은 시간의 탓도 있었는지, 나는 한때 깊은 비장감에 사로잡혀 눈물마저 맺히는 것을 느꼈다. 그 순간 나에게는 어떤 생생한 역사의식의 한 가닥이 형성되었을 것이다. '나라를 잃는다는 것이 이렇게도 비통한 것인가!' 뼈저리게 느끼게 하는 유서였다. 나는 그 후 동료 역사 교수에게 "다른 시시한 서술문들은 그만두고 역사 교과서에는 그런 박진감 있는 원문을 많이 실어야 하는 게 아니요?"라고 제안하곤 했다. 어떻게 생생한 역사의식을 형성하느냐는 역사학자, 역사 교육자의 중요한 과제일 것이다.

더 말할 필요도 없이, 역사의식은 여러 가지 기능을 갖는다. 우선, 흔히 말하듯이 역사는 거울, 감鑑의 역할을 한다. 그것은 개인이 자기의 과거경험을 참고로 오늘의 행동을 규율하는 것과도 같다. 모든 나라의 역사는 영욕의 사건들로 점철되어 있다. 영광의 계절도 있고, 치욕의 시절도 있다. 그 영욕은 다 '거울'이 될 수 있음은 물론이다. 영광은 더 찬란한 영광으로 빛나고, 치욕은 다시는 되풀이하지 않으려는 결의로 이어질 수 있기 때문이다.

이 책 서두에서도 언급했지만, 한국사에 관한 나의 간략하고 단순한 감회는, 한국사의 가장 영광된 시절은 중국 사서들의 극구 찬양에서 보듯이 2천 년 전의 고조선이었고, 가장 어두운 치욕의 계절은 조선왕조 말기의 '삼정의 난' 으로 암울했던 시절, 그리고 그로 인한 통분의 일제 강점기라고 본다. 함석헌咸錫憲은, 2천 년 동안 한반도에서 전란이 약 200회, 거기에서 사화士禍나 내란을 뺀 외침으로 인한 전란이 약 60회, 그중 전국이 극심하게 초토화된 전란이 약 30회라고 헤아리면서, 한국사를 '수난의 역사' 라고 규정했다.[4] 내 한국사관이 그의 영향을 많이 받은 것인지도 모른다. 그러나 모든 나라의 역사에서 그렇듯이 한국사에도 오욕의 시절만 아니라 많은 영예의 계절이 점철되어 있다. 여기에 그 예를 열거할 필요는 없을 것이다. 그런 영예의 사실史實들은 더 박진감 있게 드러낼 수 있는 연구와 홍보가 필요하다. 그리고 지금 21세기 초엽, 국토 양단의 비운 속에서도 대한민국만은 옛 영광을 크게 되찾아 가고 있는 시절이라고 생각해 본다. 또 그렇기를 바란다.

이 또한 당연한 일이지만, 역사가 거울이기는 해도 과거 영광의 묵수적인 반복이나 치욕에 대한 맹목적인 반동은 바람직하지 않다. '역사주의' 로 유명한 19세기 독일의 역사가 랑케Ranke의 말대로,[5] 각각의 역사시대에는 제각기의 특수성이 있어서 현대의 가치로만 옛 역사시대를 판단해서도 안 되고, 거꾸로 옛 가치로만 현대를 판단해서는 안 되기 때문이다. 영욕 간에 과거 역사의 해석은 한편 각 시대의 특수성과 또 한편 어떤 일반적인 역사적 법칙을 아울러 조견하는 해석이라야 한다. 예컨대, 우리는 일본에 대해서 한이 많고, 옛날과 같은 일본의 군국주의의 부활을 계속 경계하지 않을 수가 없다. 그러나 지금은 과거의 분풀이보다는 평화적 인교가 원칙이라야 하는 것과 같다.

역사는 우리에게 일반적인 역사적 법칙을 알려 주는 기능도 갖는다. 폭정이 오래 계속되면 언젠가는 혁명이 일어나게 마련이다, 외우에 내환이 겹치면 나라는 망한다, 문화의 새로운 발전은 여러 문화가 집합하는 곳에 이루어진다 등은 상식적으로도 짐작이 가는 역사의 법칙이다. 역사학자들은 더 오묘한 역사적 법칙을 찾는다. 또한 정치학 · 경제학 · 사회학 · 심리학 등의 사회과학들이 탐구하는 법칙들도 시간의 흐름에 관계되는 한, 역사적 법칙이라고 해도 좋을 것이다. 역사적 법칙이란 앞서 논의한 '카르마', 역사적 인과율과 같은 말이다.

집단의 역사는 그 집단 사람들의 정체성을 함양하는 역할도 한다. 너는 누구냐는 질문 또는 그런 자문에는 대개 나는 한국 사람, 정씨 집안의 사람, 어느 회사에 다니는 사람 등 우선 소속하고 있는 집단을 든다. 나는 누구냐에 관한 정체성 의식은 개인에게나 집단을 위해서나 극히 중요하다. 건전한 정체성 의식 없이는 개인은 정신건강을 지탱하지 못하고, 집단도 와해를 면치 못할 것이기 때문이다. 특히 국가 · 민족의 경우, 국가 정체성의 긴요함 때문에 거의 모든 국가가 학교교육에서 국사를 강조하고 있다. 지금 우리나라 고등학교에서 국사를 소홀히 취급하고 있는 것은 큰 잘못이다.

이런 모든 기능을 넘어서, 국사건 세계사건 역사는 그 자체가 재미있는 이야기다. 그것이 누구에게나 재미있는 이유는 사람들이 자신의, 그리고 인간의 뿌리를 궁금해하는 인간 특유의 생득적 특성 때문이기도 하고, 은연중 각자의 생활철학을 찾으려는 욕구 때문인지도 모른다. 그리고 그것이 인간의 역사의식, 나아가 역사적 현재의식의 발단일 것이다.

미래의식

역사의식이 미래로 뻗어 가면 미래의식이 된다. 그러나 미래의식은 역사의식보다도 훨씬 더 현실감도 박진감도 없다. 그렇게 요란하게 지구온난화로 북극의 빙하는 녹아 가고, 지구의 해수면은 올라 가고, 세계 몇몇 대도시가 물에 잠길 것이고, 기상이변이 대형화하고, 생태계가 파괴되어 가고 있는 등의 경고가 요란해도 일반 사람들도, 그리고 그런 문제에 예민해야 할 정치인들도 별 꿈쩍도 하지 않는 것이 그 증좌다. 기대한 미래든 기대하지 못한 미래든 미래는 빠르고 짙게 우리에게 다가오게 마련이다. 지난날 미래론자들이 예측했던 미래 현상들 중에는 빗나간 것도 많지만, 많은 부분이 예측했던 시기보다 훨씬 앞서 현실화된 경우가 많다. 극지 빙하의 융해, 대기권의 오존층 파괴가 그 대표적인 예다.

미래학, 미래학자도 벌써 1960년대부터 등장했고, 우리나라에도 미래학회가 1970년 초에 생겼다. 무슨 예언자나 점쟁이가 되려는 것은 아니고, 그저 궁금해서 미래에 관해 이리저리 생각해 보고 알아보고 가설지어 본다는 점에서는 '학'이라고 부를 수 있을지 몰라도, 명확한 개념 · 법칙 · 방법 · 이론을 갖춘다는 뜻으로는 아직은

'학'이라고 부르기는 어렵다. 근자에 베스트셀러라는 광고까지 붙은 『다음 100년The Next 100 Years』이라는 책이 세계 정치정세의 미래 100년을 예측하고 있는데,[6] 재미는 있고 여러 사실을 동원하기도 했지만, 역시 좀 황당했다. 그의 예측이 맞기 바란다.

그래도 내일이 궁금하고 미래에 꿈을 투사하게 되어 있는 인간은 아무리 막연해도 어떤 미래의식을 아니 가질 수가 없다. 불가피하고 불가결하다. 우리에게는 내일의 일기도 궁금하고, 사업가에게는 내년, 내후년의 세계동향이 궁금하다. 한국인에게는 남북관계의 내일이 궁금하고, 생태운동가에게는 지구의 내일이 궁금하다. 거의 모든 사람에게 사후의 세계가 궁금하다. 궁금한 만큼 어떤 가설이라도 가지고 있어야 견딘다.

미래의식에는 세 가지가 있다. 즉, 올 수 있는 미래, 올 듯한 미래, 오기 바라는 미래다. 말을 바꾸면 가능의 미래, 개연의 미래, 선호의 미래다. 영어로는 possible, probable, preferable에 해당된다. 암癌의 완전정복은 5년 후 또는 10년 후에 올 수도 있고 안 올 수도 있다. 그것은 가능의 미래다. 누가 여러 정황으로 미루어 그런 일이 늦어도 10년 후에는 올 것이라고 예측한다면 그것은 개연의 미래다. 암을 5년 이전이라도 정복할 수 있었으면, 원하는 것은 선호의 미래다. 남북통일은 1년 후에도 올 수 있고 20년 후에도 안 올 수 있음은 가능의 미래다. 누가 여러 정황으로 미루어 통일이 5년 후에 올 듯하다고 예측한다면 그것은 개연의 미래다. 당장이라도 왔으면 하는 것은 선호의 미래다. 이 셋 중에서 미래에 대한 관심의 초점은 대개는 올 듯한 개연의 미래를 예측하는 일이다. 그러나 올 듯하다고 기대했던 예측이 자주 빗나가는 것이 문제다. 정책적 요인이 개재되지 않은, 또는 덜 개재되는 인구동향과 같은 것은 근사하게 예측되지만, 정책요인이 많이 개재되는 주식의 등락 같은 현상은 예측이 크게 어긋나기가 일쑤다.

미래의식은 우선 이 세 가지 미래를 구분할 줄 알아야 한다. 선호의 미래 또는 가능의 미래의 관념을 개연의 미래에 너무 혼입하면 미래 예측이 그만큼 빗나가게 마련이다. 그런 혼동을 사람들은 자주 범한다. 하지만 미래의식은 그 세 가지 미래를 적절히 교차시킬 줄도 알아야 한다. 희망의 꿈이 있어야 그리고 여러 가능성을 통찰해야 바라는 미래 실현의 개연성이 커질 것이기 때문이다. 그러면서 미래의식은 올 듯한 개연의 미래만 아니라 가능의 미래 그리고 선호의 미래에도 폭넓게 대비할 수 있어야 한다. 예컨대, 통일이 언제되어도 된다는 대비가 있어야 한다. 그 대비 태세는, 마치 무협영화에서 보는 장면처럼, 한 검객이 전후좌우 여러 적에게 둘러싸여 앞의 주적을 응시하면서도 동시에 사방의 모든 적도 의식하는 '초점 없는 주의', 고착된 초점 없는 '열린 주의'로 대결하는 태세와 같아야 한다.

지난날의 역사가 복잡했듯이 미래의 역사는 그보다 더 복잡할 것은 당연한 예견이다. 급속한 세계화, 지식 팽창, 사회문화의 변화로만 미루어 보아도 당연한 예견이다. 그런 속에서도 우리는 몇 가지 기본적인 사항에 관해서는 각자 나름의 미래 전망을 가지고 있어야 한다. 예컨대, 국내외의 정치동향, 경제동향, 인구동향, 가치관 등 문화의 변화, 지식의 팽창, 자연과 생태계의 문제 등이 그런 기본 사항일 것이다. 이런 사항에 대해서 각계 전문가들의 통찰과 전망은 비전문가들이 미치지 못하는 세련된 전망일 수 있다. 그러나 그저 한 생활인, 시민, 직장인으로서도 단순할망정 이런 사항에 관한 어떤 전망을 할 수 있어야 한다. 아니면 개인생활도 국가경영도 갈피를 잡을 수가 없기 때문이다. 학교교육의 목적 중 하나는 학생들에게 이런 상황에 대한 기본적인 미래 전망의 능력을 길러 주는 일이다. 여기에서 그런 전망 자체를 길게 논의할 겨를은 없다. 그러나 나의 경우, 비전문적으로서의 간단한 미래 전망의 예는 다음과 같다.

세계의 역사는 결국 인간의 역사다. 인간의 지 · 정 · 의 · 체에는 장점도 있고 단점도 있다. 인간의 장점이 역사시대의 영예를 낳고, 인간의 단점이 역사시대의 오욕을 낳는다. 미래에도 또한 그렇다.

옆 나라 대륙의 중국은 경제적으로는 강국이 될 것이다. 그러나 지금대로는 초강대국superpower은 되지 못할 것이다. 왜냐하면, 자유 또는 인권과 같은 세계를 매혹시킬 만한 정신적 이념의 제시가 아직 없기 때문이다.

남북통일은 중국이 민주화되지 않고 지금대로 북한의 뒤에 버티고 있는 한 쉽지 않을 것이다. 또한 통일문제는 태반이 국제외교의 문제다. 따라서 한국은 외교력을 강화해야 한다. 또한 통일을 위해서도 한국의 민주주의는 점점 더 성숙해 갈 것이고 또 그래야 한다.

세계경제는 자유시장을 전제로 점진적인 부유화가 계속될 것이다. 그러나 적절한 대책 없이는 그에 따라 국내 그리고 국제적인 빈부의 양극화도 점점 문제로 드러날 것이다.

세계 인구는 팽창을 계속할 것이고, 그에 따라 여러 생활자원도 그 희소가치를 더해 갈 것이다. 이어서 대소의 분쟁도 끊이지 않을 것이다. 또한 각 문화권 간의 교류는 점점 더 광범화하고 심화되어 가면서, 한편 동질화되고 동시에 다원화될 것이다. 그래도 각 문화권은 그 자체의 중핵적인 문화 정체성은 고수해 갈 것이다.

과학을 비롯한 각 분야의 지식은 계속 폭발적으로 팽창해 가고 그 전달 · 전파의 매체도 더 발달하면서, 과잉정보의 부담과 지식 남용의 위험도 증대해 갈 것이다.

자연 훼손과 생태계 파괴의 문제는 점점 심각한 문제로 등장할 것이며, 이러한 예와 같은 것들은 각국에서 그리고 국제적으로 점점 더 이에 부심하게 될 것이다.

물론 각자의 미래 전망은 계속 현실과 추세를 성찰하면서 수정 · 개변되어 가야 하고 또 그럴 수밖에 없다.

변화관

역사는 흘러간다. 때로는 잔잔한 물결처럼 때로는 사나운 노도를 치면서 변화해 간다. 그 역사의 변화 자체를 어떻게 보느냐에도 여러 '관'이 있다. 이 세상은 변화하지도 않고 할 수도 없다는 생각은 변화 부정관이다. 옛 그리스의 제논Zenon이라는 철학자는 이른바 난동론難動論으로 유명하다. 세상의 근본은 움직이지 않고, 따라서 변화하지도 않는다는 주장이다. 높은 곳에서 떨어지는 돌이 움직이는변화하는 것으로 보이지만 그 움직임은 허상일 뿐이고 실은 움직이지 않는다는 약간 궤변스러운 주장이다. 활을 떠난 화살이 100m를 가려면 우선 그 반인 50m를 가야 하고, 그다음에는 또 그 반인 25m를 가야 하고, 다음에 또 그 반 그리고 또 그 반…… 무한히 남은 반을 가야 하는데, 그 무한을 어떻게 다 갈 수 있느냐, 그러니 실은 화살은 숨기는 것이 아니라는 것이다. 그 궤변 여하는 둘째치고, 그 뒤에는 변화를 싫어하고 항상을 바라는 심리가 있다.

이런 변화 부정의 심리는 세상은 변화하지 않고, 따라서 변화해서도 안 되고, 변화할 수도 없다는 철저한 부정관을 낳을 수도 있다. 앞에도 언급했듯이 이런 변화 부정관은 과거지향의 한 특징이다. 1960~1970년대에 발전이론에서, 변화는 올 수 없다는 이런 변화 부정관이 후진국의 큰 문제 중 하나라고 지적된 적도 있었다. 긴 세월의 역사적 빈곤에 찌든 사회에서는 으레 깃들기 쉬운 체관이다. 이에 비하면 미래지향은 변화는 있고, 있어야 하고, 있을 수 있다고 본다. 현재지향은 그 순간만큼은 변화에 관심이 없다.

세상은 변해 간다는 변화관에도 낙관적인 관과 비관적인 관이 있다. 역사에는 융성과 퇴락의 기복이 있게 마련이다. 그 융성기에 초점을 두느냐 아니면 그 퇴락기에 초점을 두느냐에서 오는 차이일 것이다. 18세기 기본Gibbon의 유명한 『로마제국의 폐망사』 또는 20세기 초반 슈펭글러Spengler의 『서구의 쇠퇴』는 퇴락기에 초점을 둔 비관적 사관이다. 단, 슈펭글러는 역사란 융성과 쇠퇴를 거듭한다는 순환론적 견지에서 서구의 쇠퇴를 논하고 있다. 루소Rousseau는, 과학의 진보가 도덕의 진보를 가져오지는 못했다는 요지의 논문으로 현상논문에 당선된 후부터 유명해지기 시작했다. 도덕에 관한 한 그의 사관은 비관적이었다. 근자에도 그간 강대국인 미국이 몰락의 길에 들어섰다, 아니다라는 논쟁이 심심치 않게 자주 들린다. 더 옛날로 올라가서, 이상의 낙원은 에덴동산이었다는 생각, 이상의 나라는 요순시대였다는 생각, 따라서 그 이후는 퇴락이었다는 생각은 비관론을 함축하고 있다. 앞에서도 말했지만, 2천 년 전 고조선이 이상적이었고 그 후는 '수난의 역사' 였다는 나의 생각도 약간은 그 자체로서는 비관적인 사관에 가깝다. 단, 나는 그런 잠시의 비관 사관에 머물 생각은 없다.

역사적 변화에 대한 대표적인 낙관론은 철학자 · 수학자며 프랑스 혁명 주도자의 한 사람이었던 콩도르세Condorcet의 사관이다. 그는 인류의 역사는 야만인으로 시작했지만 거기에서 점차로 벗어나면서 끝없이 지적 · 도덕적 · 신체적인 진보를 거듭해 가는 과정이라고 보았다. 즉, 진보관進步觀이다. 그에게는 역사의 앞길은 양양하기만 했다. 역사의 융성기에서 보는 미래는 그렇게 양양하게만 보이는 것이 당연한 것인지도 모른다. 1960년 개인당 GDP가 100불도 안 된 처지에서 반세기만에 1,000불, 5,000불, 20,000불로 비약한 한국 사람들의 역사관은, 비록 남북분단과 동북아의 지정학적 정세 등이 불안요소로 작용하고 있다 해도, 그런 희망을 바라보는 낙관적인 진보관에 가까울 것이다. 그런 진보관을 한국은 가질 만하다.

그러나 지나친 비관적 사관이 의기소침한 무위의 운명론에 이어지기 쉽다면, 지나친 낙관적 진보관은 자만과 안식의 자기만족을 낳기 쉬울 것이다. 역사 운행의 실제는 진보와 퇴보 사이에서 기복을 그리면서 또는 슈펭글러의 의견대로 순환하면서 진행하는 것으로 보아야 한다. 그리고 나는 그런 기복 또는 순환을 일으키는 주동적인 원인은 바로 인간 자신이라고 믿는다. 오늘날 사람들의 지혜와 판단과 의지 여하에 따라 내일의 진보 여하가 결정된다는 이러한 견지를 나는 낙관적 진보관과 대비해서 '의지론적 진보관'이라고 불러 본다. 그 지혜와 판단에는 앞서 논의한 '카르마'의 의식이 작용하고 그 의지는 카르마의 뜻을 오늘에 행위하려는 의지를 의미한다. 평범한 표현으로는 1960, 1970년대 새마을운동의 노래 가사처럼 '잘살고 못 사는 게 팔자만이 아니더라, 잘살고 못 사는 게 마음먹기 달렸더라' 라는 생각이다.

1948년 대학시절 철학자 김기석金基錫 교수가 강의시간 강단에서 낭랑하게 소리 높여 말한 명언이 지금도 내 귀에 울린다. "역사의 곡선은 인간의 곡선이다." 역사의 기복은 결국 인간이 짓는다는 말이다. 내 의지론적 진보관은 그때 형성된 생각일지도 모른다. 최근에 재미있는 글을 읽었다.[7)] 사람들의 낙관주의와 대뇌의 신경작용과의 관계를 MRI로 연구한 결과다. 결론은 다음과 같다. 인간은 본래 어떤 사태에 당면했을 때 생리 · 심리적으로 비관적이기보다 낙관에 기울도록 진화해 왔다. '잘될 것이다, 해볼 만하다' 고 생각해야 삶의 의욕이 생기고 따라서 생존에 더 유리하기 때문이다. 그래서 때로는 명백히 위험하고 불가능한 상태에서도 지나친 낙관을 접지 않는 경우가 많다. 그런 지나친 낙관을 자제할 수 있는 길은 결국 그 자신의 지식 · 지혜라는 결론이다. 여기 의지론적 진보관은 그런 지식 · 지혜를 담고 있는 의지를 전제로 한다고 해 둔다.

진보론의 논의에서 하나 참고해야 할 견해에 앞에서도 언급한 랑케의 역사주의historicism가 있다. 그는 각각의 역사적 시대는 제각기 독특한 시대이기 때문에 현대의 가치로 옛 시대를 해석해서는 안 된다고 주장한다. 예컨대, 옛 왕조가 현대적 가치인 민주주의가 아니었다고 해서 잘못된 정치체제라고 비난해서는 안 되고, 현대가 핵가족제도라고 해서 옛 대가족제도를 덜 발전된 제도라고 보아서는 안 된다는 말이다. 이런 주장은, 각각의 시대에는 그 나름의 독특한 사정과 논리와 가치가 있기 때문에 어떤 한 기준으로 여러 역사 시대의 장단을 비교하면서 진보 여하를 운운해서는 안 된다는 주장으로도 이어진다.

이런 역사주의의 주장은 일단 충분히 수긍이 간다. 사람의 경우, 개개인은 다 독특한 취미 · 적성 · 성격 · 사상을 지닌 독특한 존재로서 그의 인간적 가치가 인정되어야 하는 것과 매한가지로, 역사의 경우 각각의 시대도 독특한 시대로서 그 역사적 가치가 인정되어야 한다는 추리도 가능하다. 개인의 키가 작건 크건, 건강하건 건강하지 않건, 그들은 다 동등한 인간 대접을 받아야 한다. 따라서 "모든 시대는 신과 동거리에 있다"는 랑케의 말도 이해는 된다.

그러나 사람의 경우 키가 크고 작고를 비교하는 것이 전혀 무의미한 일은 아니다. 더구나 건강하냐 아니냐는 꽤 중요한 비교다. 가령, 예나 지금이나 건강이 사람들이 바라는 보편적인 가치라면, 그리고 옛날보다 지금 사람들이 더 건강하다면, 그 점에서는 옛날보다는 오늘이 진보되어 있다고 주장할 수 있다. 마치 사람들이 서로 다르면서도 어떤 공통된 보편가치를 추구하고 있듯이, 또 여러 나라 여러 문화가 서로 독특하게 다르면서도 거기에 어떤 보편적 요인을 찾을 수 있듯이, 각각의 여러 역사시대에도 그런 보편적 가치를 찾을 수 있다는 것이 내 생각이다.

이런 관점에서 나는, 현대는 여러 현대문명 비판가들이 거론하고 있듯이, 옛날보다는 많이 '타락'한 점도 없지 않겠으나 적어도 인간 존중, 경제적 풍요, 그리고 인지人知의 발달 등 아마도 보편적인 몇몇 역사적 가치에 비추어서는 현대는 옛날보다 진보되어 있다고 선언할 수 있다고 생각한다. 지금도 여전히 전쟁에서의 살육은 있어도, 왕이 죽었다고 생사람을 파묻는 순장은 더 이상은 없다. 아직도 굶는 세계인구가 많지만, 많은 나라에서 사람들은 굶주림에서 벗어나고 있다. 본연이 이성의 동물이라고 하는 인간의 인지는 계속 폭발적으로 증가하면서, 그것이 악용될 가능성은 있어도 그 인간의 본연을 그만큼 더 크게 실현해 가고 있다고 보아야 한다. 인간문화의 여러 영역에서 찾기로만 마음먹는다면 과거 · 현재 · 미래라는 역사의 흐름 속에서 앞에서 예로 들은 가치 이외에도 여러 진 · 선 · 미의 보편적 가치의 진보과정도 밝혀낼 수 있을 것이다. 그리고 이런 보편적 가치의 추구는 내일의 역사에서도 계속될 것이다.

4차원

마지막으로, 역사가 그 속에서 흐르는 '시간'에 관해서, 비전문적이나마 가볍게 참고로 음미해 볼 만한 사항이 있다. 현대 물리학의 시간관이다. 현대 물리학은 참으로 많은 난해하고 희한한 이야기를 우리에게 가끔 일러 준다. 그중 하나가 이 세상 이 우주는 실은 4차원으로 이루어져 있다는 이야기다. 제4차원인 시간도 공간의 세 차원과 매한가지인 한 차원이라는 말이다더 나아가 11차원으로 구성되어 있다는 이론도 있다. 우리 눈에 보이는 것은 3차원뿐이지, 제4차원인 시간은 시계 초침의 공간적 이동으로 밖에는 실감 나게 '보이지' 않고 만져 볼 수도 없다. 입체영화는 2차원인 평면에 펼쳐지는 그림인데, 특수한 안경을 쓰면 실감 나게 3차원인 입체로 보인다. 혹시 아주 더 희한한 '안경'을 쓰면 3차원의 세계가 4차원으로 실감 나게 '보일' 수도 있을까?…… 한 가공적인 환상이다. 물리학은 이 우주는 3차원으로 보면 무한無限하고, 4차원으로 보면 유한하다는 아리송한 말도 한다. 그래서 4차원으로 우주를 향해 직선으로 여행을 떠나면 언젠가는 제자리에 돌아온다. 마치 2차원의 평면이 바다를 직선으로 여행해 가면 실은 3차원인 지구에서 그 원점으로 돌아오는 것처럼 말이다.

우리는 몸을 가지고 산다. 우리는 몸을 다른 물체처럼 부피가 있는 3차원으로 이루어진 것으로 인식한다. 그러나 우주의 실체가 본래 4차원이라면, 우리의 몸도 실은 4차원일지도 모른다. 우리의 몸 자체가 3차원의 부피만 아니라 시간을 포함하는 4차원의 신체일지도 모른다. 즉, 시간이 나의 밖에 있는 것이 아니라, 나 자신 속에서 시간이 한 차원을 이루고 있는지도 모른다. 그것이 하이데거가 사람은 '시간 속에서' 사는 것이 아니라 '시간을' 살고 있다고 말한 것과 비슷한 뜻일 수도 있다.

또 물질도, 공간도, 시간도 우주의 시작인 140억 년 전의 대폭발 이전에 '없었고', 공간이 '휘어질' 수도 있고, 시간도 '짧아질' 수도 있으며, 블랙홀에서는 물질도, 공간도, 시간도 다시 '없어진다' 고도 일러 준다.[8] 물질이 없어진다는 것은 그래도 상상이 되지만, 공간이 없어지고 시간이 없어진다는 것은 보통 머리로는 상상이 안 된다. 이런 말을 듣고 있으면, 슬그머니 불교의 반야심경 속의 말, 만사는 본래 없는 것이라는 색즉시공色卽是空이 연상된다. 시간에 따라서 역사도 우리가 상식으로 상상하는 것보다 훨씬 더 기묘한 것인지도 모른다.

우리는 3차원의 여기저기를 실감 나게 보고 느끼고, 원하면 가서 만져 볼 수도 있다. 그러나 시간은 마음대로 과거로 미래로 이때 저 때를 가 볼 수가 없다. 공상소설이나 영화 속의 타임머신이 아니고서는 불가능하다. 비유해서 말하면, 역사적 의식이란 그렇게 실감 나게 가 보고 만져 보고 할 수 없는 과거와 미래를 3차원을 넘어서 4차원으로 시간여행을 하면서 실감 나게 가 보고 만져 보고 느껴 보는 의식이라고도 말할 수 있다. 역사적 현재에 산다는 뜻은, 마치 3차원의 먼 곳을 실감 나게 바라보면서도 몸은 여기 이 장소에 있음을 의식하는 것처럼, 먼 시간을 될 수 있는 대로 멀리 실감 나게 '바라보면서' 삶은 지금-여기에 있음을 직시하는 자세를 뜻하는 셈이다.

내일의 한국인

07 보편과 특수

내일의 한국인은 보편과 특수 사이를
슬기롭게 오가는 사람이기를 바란다.
세상은 보편과 특수의 합작품이기 때문이다.

혹 어떤 조물주가 있었다면, 그는 이 세상을 참으로 희한하게 만들었다는 생각이 가끔 든다. 다른 여러 불가사의도 많지만, 특히 모든 것을 다 같게 동시에 다 다르게 만들었다는 사실은 생각하면 할수록 참 희한하다. 어떤 점에서는 다 같고, 동시에 어떤 점에서 다 다르다. 단풍나무 잎은 다 어린애 손 모양과 같이 다섯 가닥으로 펴져 있다. 그러나 한 잎 한 잎 자세히 들여다보면 크기나 색깔이 다 다르다. 서로 다른 단풍나무와 자작나무도 뿌리 · 기둥 · 가지가 있다는 점에서는 다 같다. 동양 사람, 서양 사람, 아프리카 사람들은 눈 · 귀 · 코 · 입이 있고 말이 있고 노래가 있다는 점에서 '보편적'으로 다 같다. 그러나 그 모양과 내용은 독특하고 '특수하게' 다 서로 다르다. 이런 예는 한없이 들 수 있다.

존재: 다 같고 다 다르고

나는 모든 것, 모든 존재는 다 보편성과 특수성의 조합으로 존재한다고 본다. 단풍나무 잎의 어린애 손 모양은 보편성이고, 크기 · 색깔이 각각 다른 것은 특수성이다. 흑인, 백인, 동양인이 다 눈 · 귀 · 코 · 입이 있고 다 말을 한다는 것은 공통된 보편성이고, 그 모양과 색이 다르고 말의 종류가 다른 것은 상이한 특수성이다.

만일 사물들에 아무 공통점 · 유사점 등 보편성이 없다면, 그것은 아무것도 종잡을 수 없는 그저 혼잡 · 혼돈의 세계일 것이다. 뭐가 뭔지 알 수도 없고 이름을 붙일 수도 없고 의미도 없는 잡동사니로 꽉 찬 창고 속처럼 그저 어지럽고 막막한 혼돈뿐일 것이다. 뭐가 뭔지를 알고 거기에 이름을 붙일 수 있다는 것 자체가 어떤 보편성의 파악을 전제로 하기 때문이다. 예컨대, '저것은 구름이다' 라고 알고 이름을 붙일 수 있다는 것은 구름이 지니는 보편성, '저렇게 하늘에 둥실 떠 있는 것' 이라는 보편성의 파악을 전제로 한다.

반면, 만일 사물들이 다 일양일색으로 똑같다면, 즉 보편성만 지니고 있을 뿐 서로 다른 아무런 특수성을 찾을 수 없다면, 짙은 안개 속처럼 그 또한 뭐가 뭔지 분간할 수 없는 회색 일색의 세계일 것이다. 그것은 혼돈의 세계와 매한가지로 이름을 붙일 수도 없고 알 수도 없는 혼미의 세계일 것이다. 하늘이 언제나 구름이면 구름이라는 이름은 애당초 붙일 수가 없을 것이다. 구름 아닌 다른 것과 구분 지을 수 있어야 구름이라는 생각도 말도 가능하다.

인간을 호모 사피엔스homo sapiens라고 부르듯이, 인간의 가장 현저한 특징은 주변 사물을 잘 '안다', '알아낸다' 는 능력이다. 그 '안다' 는 것이 무엇이며, 인간은 어떻게 해서 알게 되는 것이냐를 밝히려는 것이 철학에서는 인식론이고, 심리학에서는 인지심리학이다. 각각 주장도 많고 이론도 많다. 나는 '안다' 는 것을 내 나름으로 간단하게 '다양의 통일' 이라고 규정해 본다.[1)]

갓난아이는 몇 달 지나면 엄마를 안다. 갓난아이의 감각에 들어오는 엄마는 그때그때 다르다. 빨간 옷을 입은 엄마, 파란 옷 · 흰 옷 ·

노란 옷을 입은 엄마는 감각적으로는 다 다르다. 그러나 아이는 그런 다 다른 경험 중에 언제나 갸쭉한 얼굴에 안아도 주고 젖도 먹여준다는 공통점 · 항상성 · 보편성을 파악하게 된다. 그때 아이는 엄마를 '알게' 된다. 즉, 특수하고 다양한 여러 경험을 그것들이 지니는 어떤 공통된 보편성으로 결합 · 통일하는 한 생각, 한 상념想念을 형성하는 것이 '안다' 는 현상이다. 그렇게 형성된 상념에 차차 음성으로 '엄마' 라는 말을 연결시키고, 더 커서는 그것에 '어머니' 라는 문자를 연결시킨다. 말이나 문자는 그 상념을 가리키는 상징symbol 또는 '기호' 다. 말이나 문자는 그 자체가 특수한 다양함을 통일한 보편을 뜻한다. '사람' 이라는 말은 특정한 철수나 순이를 가리키는 말이 아니라 모든 사람에 보편적으로 적용되는 공통점을 가리키는 말이다.

학문적 냄새를 풍기려 할 때에는 그런 상념을 흔히 개념概念, concept 이라고 부른다. 누가 만들어 낸 단어인지는 모르지만, 한자 概는 '대개 다 그렇다' 는 뜻이고, 영어 con은 '같다' 는 어의가 있으니, 용어 자체가 어떤 보편성 · 일반성을 함축하고 있어서 잘 만들어 낸 용어라고 생각된다. 전문 영역에서는 한 개념을 담고 있는 단어를 까다롭게 술어術語, term라고도 한다.

기실 학문적인 술어만 아니라, 사람들이 쓰는 단어는 다 어떤 다양多樣을 통일統一한 개념을 지칭하는 기호다. 구름, 산, 강…… 기다, 뛴다, 난다…… 예쁘다, 착하다, 옳다…… 물질, 속도, 거리…… IQ, 정서, 창의력 …… 국가, 민족, 민주주의…… 등등 사전에 실린 모든 단어는 특정한 고유명사를 빼고는 다 보편적인 개념을 담은 말이고 기호다. 인간은 말하는 동물이다. 동물도, 예컨대 개도 주인을 알아보는 것으로 미루어 상념을 가지고는 있을 것이다. 그러나 개에는 '말'이 없다. 사람의 경우 말의 위력은 여러 가지로 무서울 정도로 대단하다. 말 한마디로 천 냥의 빚도 갚고, 말 한마디에 피비린내 나는 전쟁도 터지지만, 무엇보다도 말의 큰 위력은 인간이 말을 구사함으로써 추상적인 사고思考가 가능하다는 점이다. 눈앞에 현물이 보이지 않아도 그에 관한 추리와 사고가 가능하다. 사과 두 개에 세 개가 더 생기면 몇 개가 되느냐를 사과를 갖다 놓고 세거나 손가락을 꼽아 세거나 하지 않아도 추상적 기호로 2+3=5라고 쉬 추리할 수 있다.

말은 근본적으로 특수하고 구체적인 현물 자체가 아니라 보편적이고 추상적인 기호다. 따라서 흔히 "말이 추상적이라서 알아들을 수가 없다"라는 푸념을 자주 듣지만, 이런 푸념은 문자 그대로는 실은 어불성설이다. 말이란 본래 일반적이고 추상적인 것이기 때문이다'일반적'과 '보편적'을 같은 뜻으로 쓴다. 이런 푸념은 대부분의 경우 실은 "그 개념의 뜻이 불분명하다"는 반문이다. 이런 반문은 언제나 정당한 반문이고 또 있어야 할 반문이다. 그래서 개념의 뜻을 명확히 정해야 한다는 정의定義의 문제가 대두한다. 대부분의 경우 한 개념이나 말의 뜻, 즉 그것이 가리키는 실체가 무엇인지는 통상적으로 서로 잘 아는 뜻으로 여기고 지나간다. 이 책에서도 쓴 수많은 낱말의 뜻을 일일이 해명하지 않았다. 구름, 산, 강, 나무 같은 보고 만지고 할 수 있는 사물들의 뜻은 뻔하기 때문에 새삼 정의할 필요도 없다. 그러나 개념들, 말들 중에는 그 실체가 그리 뻔하지 않은 고도로 추상적인 개념들도 많다. 따라서 엄밀성을 따지는 학문의 경우 중요한 개념은 명확하게 정의하지 않으면 안 되는 경우가 많다.

개념을 어떻게 모호하지 않게 정의하느냐는 그 자체가 '함축적 정의', '명시적 정의' 또는 '조작적 정의' 등 까다로운 문제를 안고 있다. 그것을 여기에서 세론細論할 겨를은 없다. 다만, 아무리 드높은 보편적 추상성을 지닌 개념이라도 그 '뿌리'는 특수하고 구체적인 실체, 현실의 사물 내지 현상에 내리고 있어야 한다는 점은 새삼 강조할 만하다. 말은 사람을 홀리는 힘을 가지고 있다. 사람들은 말하다가 말에 홀려 들어가서, 무슨 말을 하고 있는지 남도 자신도 혼미해지는 경우가 있다. 그럴 때 내가 자주 거는 제동은 "예를 들면?"이라는 반문이다. 그 구체적인 예를 제대로 들 줄 알면 그 사람은 그 뜻을 알고 있는 것이고 나도 그 뜻을 알 수 있다. 그러나 제대로 답하지 못하고 쩔쩔매면 그는 뜻도 모르고 자기 말에 홀려 있는 셈이다.

인간의 보물인 말도 제대로 사용하려면, 보편과 특수, 추상과 구체 사이를 슬기롭게 왕래할 수 있어야 한다. 인간의 사고작용도 끊임없이 보편과 특수 사이를 오간다.

진 · 선 · 미

사람들이 최고의 가치로 여기고 있는 진眞 · 선善 · 미美도 특수와 보편 사이를 슬기롭게 오갈 수 있어야 제대로 찾을 수 있다. 특수의 세계에만 또는 반대로 보편의 세계에만 머물러 있는 한, 진 · 선 · 미는 그 참된 모습을 드러내지 않는다.

조물주는 한 가지 사물들 사이에만 아니라, 서로 다른 특수 사물 · 사건들 사이의 관계에도 보편성을 짜 넣었다. 예컨대, 구름들 사이에만 아니라, 구름과 기압 사이에도, 또는 경제에서의 수요와 공급 사이에도 어떤 보편성, 즉 보편적 법칙을 짜 넣었다. 또 예컨대, 낙하의 법칙은 모든 물체에 보편적으로 적용된다. 높은 곳에서 손에 쥐었던 돌을 놓으면 돌은 땅으로 떨어진다. 사람도 집 이층에서 뛰어내리면 떨어진다. 무엇이나 언제나 어디에서나 '보편적으로' 높은 곳에서 물체는 아래로 떨어진다. 법칙law이란 언제나 어디에서나 그렇게 되고 그렇게 되어야 한다는 보편성을 뜻한다. IQ가 높으면 학교 성적도 높아진다는 관계가 있다. 이 경우는 언제나 반드시 그렇지는 않지만, '대개는' 그렇다. 말하자면 좀 어수룩한 보편성의 법칙이지만, 그런 법칙이라도 알고 있는 것이 모르고 있는 것보다는 훨씬 낫다.

나는 대학시절 철학강의에서 진리란 보편타당성普遍妥當性이라고 귀아프게 들었다. 당시 광복 직후의 혼돈기였기 때문인지 나는 속으로 '그저 흔히 하는 소리! 이 어지러운 세상 어디에서 그런 보편타당한 법칙을 찾을 수 있느냐?'라는 반감을 잠시 느꼈던 기억이 난다. 당시에는 세상이 그렇게 믿을 만한 질서도 법칙도 없어 보였기 때문이었을 것이다. 그러나 보편타당성이라는 말은 결국 옳은 말이었다. 이 세상에 언제나 그럴 것이라는 어떤 보편타당한 법칙이 없다면, 사람들은 믿고 의지하며 삶을 계획할 수 있는 원리를 잃을 것이기 때문이다. 봄 다음에 여름 가을이 올 것을 믿고, 그리고 비도 적당히 올 것이라는 법칙을 믿고 봄에 모내기를 한다. 가끔 조금은 빗나가기도 하지만 말이다. 아무리 고약한 세상이라도 사람들에게 인정이 조금은 남아 있을 것이라는 보편타당성을 믿고 사람은 사람을 대한다. 가끔 속기는 하지만 말이다.

보통의 생활인에게도 보편타당한 진리 · 법칙을 알고 있을 필요가 있지만, 여러 영역의 학문 · 학자의 경우에는 그런 진리의 탐구가 본업이다. 5장에서도 언급했지만, 이 세상에 진리는 무한할 정도로 수없이 많다. 다만, 겉으로 쉬 드러나는 진리도 있지만, 대부분의 진리는 겹겹의 그럴듯한 허위들의 가식 뒤에 꽁꽁 숨어 있는 것이 문제다. 더구나 희한하고 결국에는 더 큰 쓸모가 있는 중요한 진리일수록 더 깊이 꽁꽁 숨어 있다. 그래서 자칫하면 그럴듯한 허위를 진리로 잘못 알기 일쑤다. 따라서 '이것이 진리다' 라고 주장하려면, 반드시 그것이 여러 특수하고 구체적인 현실에 들어맞는다는 실증을 관찰 · 실험 · 조사 등의 방법으로 제시할 수 있어야 한다. 즉, 보편적이고 추상적인 법칙이 특수하고 구체적인 현실에 뿌리를 내리고 있다는 증거를 보일 수 있어야 한다. 진리 탐구에서도 보편과 특수 사이의 슬기로운 왕래가 있어야 한다.

그러나 여기에 문제가 하나 있다. 즉, 한 진리를 특정한 실험 · 관찰 사례로 단정적으로 실증하기에는 현실적으로 한계가 있다는 문제다. 실험 · 조사는 언제나 가상할 수 있는 사물이나 사건들의 전체, 전집全集, population을 그 대상으로 할 수는 없고, 언제나 그 일부분인 표집標集, sample을 다룰 수밖에 없다. 예컨대, 지능과 성적과의 관계를 한국의 모든 학생, 나아가 세계의 모든 학생, 더 나아가 태어나지도 않은 미래의 학생 전부를 대상으로 연구할 수는 없다. 부득이 그 소수의 표집을 다룰 수밖에 없다. 따라서 표집의 결과가 전집의 것과 반드시 일치하지 않을 수도 있다. 그리고 그중 한 사례라도 그것이 진리가 아니라 허위라는 반증反證이 드러나면 그 진리는 그만큼 진리로서의 가치를 잃는다. 그러므로 진리는 '이것이 진리다' 라고 단정적으로 실증할 수 있는 실증가능성verifiability의 대상이 아니라, '이것은 허위다' 라고 반증만 할 수 있는 반증가능성falsifiability의 대상일 뿐이다. 그리고 어떤 명제를 진리로 여기는 것은 '이것은 아직 진리가 아닌 것은 아니다' 라는 이중二重반증에 의해서 '잠정적' 으로 진리로 받아들이는 것일 뿐이다. 유명한 과학철학자 포퍼Popper의 주장이다.[2] 진리란 언제나 그 반증이 나오기 전까지만 진리인 셈이고, 그런 반증이 돌출할 가능성은 언제나 있다. 마치 금과옥조였던 뉴턴의 역학을 아인슈타인이 반증한 것과 같다. 그래서 인간이 알아내는 진리는 언제나 한 가설假說, hypothesis일 뿐이고, '궁극적' 진리는 조물주만이 알고 있다는 말도 나올 수 있다. 진리에 관한 이 모든 논의는, 진리의 보편성 · 추상성은 언제나 현실의 특수성 및 구체성과 왕래하며 서로 규제도 해야 한다는 것을 뜻한다.

도스토옙스키의 소설 『카라마조프가의 형제들』 속의 한 인물이 생각난다. 그는 대단한 사회적 박애주의자로 자타가 공인하는 인물이었고, 살롱에 사람들이 모일 때마다 "인간을 사랑해야 한다!" 고

열변을 토하곤 하는 사람이었다. 그러던 그가 어느 날 무슨 일로 조용히 신부에게 솔직하게 고백성사를 한다. "신부님, 저는 인간 일반은 열렬히 사랑하는데 같이 살고 있는 그놈은 미워 죽겠습니다." 이 모순을 어떻게 해야 할까가 그의 고민이었다. 보편적인 도덕률과 자신의 특수한 현실 행위 사이의 괴리가 고민이었던 것이다.

도덕은 현실 행위의 문제다. 아무리 선善에 관한 도덕률을 의식하고 있다 해도, 특수한 현실에서 그것이 실천행위로 이어지지 않는다면 그 도덕률은 무의미하다. 선을 행하려는 '실천이성'은 말 그대로 실천을 전제로 한다. 그래서 지행일치知行一致라는 말도 나온다. 이때 '지'란 도덕률의 지식을 뜻한다. 다시 말해서, 보편적인 도덕률은 특수한 행동 상황에서의 실천으로 '뿌리'를 내리지 않으면 안 된다. '선'의 문제 역시 보편과 특수 사이를 슬기롭게 오가야 한다.

나는 이 세상에는, 비록 궁극적으로 도달하지는 못한다 하더라도, 그것에 끊임없이 접근할 수 있는 보편타당한 진리가 있다고 믿는 것처럼, 비록 절대적이라고 주장하지는 못한다 하더라도 그것에 끊임없이 접근할 수는 있는 보편적인 '선'이 있다고 믿는다. 나는 사회에 따라 시대에 따라 도덕적 선의 기준이 다르다는 도덕적 상대주의에는 찬성하지 않는다. 비록 도덕적 관습에는 사회와 시대에 따라 차이가 있다 해도, 그렇게 서로 다르고 특수한 관습들을 총괄할 수 있는 한 차원 높은 상위의 보편적인 선 또는 도덕률이 있다고 믿는다. 비록 한국에서는 어른에게 큰절을 하고 서양 사람들은 악수하고 껴안는다 해도, 서로를 생각하고 위한다는 점은 같다. 또한 '죽이지 말고 도둑질하지 말고 속이지 말고'는 불교의 오계, 기독교의 십계명, 고조선의 팔조법금에도 공통적으로 포함되어 있다. 그리고 도덕은 지켜야 한다는 규율 자체가 보편적이다.

칸트는 『도덕형이상학 원론』에서[3] 두 가지 근본적인 도덕률을 제창한다. 그 하나는 5장에서 언급한 "인간을 수단으로서만 다루지 말고, 언제나 동시에 목적으로 다루어라"라는 원칙이다. 인간에게는 여느 물건처럼 수단으로 써야 할 '가치' 뿐만 아니라 목적으로서 존중해야 할 인간적 가치인 존엄성이 있기 때문이다. 또 하나의 도덕률은 "너의 행위가 보편적인 입법자立法者일 수 있도록 행위하라"는 원칙이다. 즉, 나의 이 행위가 누구나 언제나 이대로 따라 해도 되는 보편적인 법칙의 범례일 수 있도록 행위하라는 것이다. 나의 정직한 행위는 남들도 다 범례로 따를 만한 행위다. 그러나 나의 속임수 행위는 남들도 다 따라야 하는 보편적 범례가 될 수 없는 것은 명백하다. 그러다가는 나의 존재, 사회 존재 자체가 성립될 수 없기 때문이다. 공자가 논어에서 "나도 원하지 않는 일을 남에게 해서는 안 된다己所不欲勿施於人"라고 한 말도 도덕률은 나에게도 남에게도 보편적으로 적용되어야 한다는 뜻을 담고 있다.

따라서 도덕률이란 근본적으로 누구나 언제나 그래야 한다는 보편성을 함축한다. 이때는 정직하고 저때는 거짓말을 한다면 그것은 도덕일 수 없다. 다만, 예컨대 적에게 포로로 붙잡혀서 고문에 못 이겨 아군의 정세를 거짓으로 말한다면 그것은 기계적인 정직보다 고차적인 도덕률, 애국이라는 더 높은 보편성을 지니는 대의大義의 도덕률을 따르는 셈이다.

도덕률도 어떤 특수한 경우에도 언제나 적용되어야 하는 보편성을 함축한다. 도덕적 행위에도 보편성과 특수성 사이의 오감이 필연적이다.

미美, 아름다움이 무엇이냐에 관한 담론은 많다. 그중 아름다움이란 '무목적적인 합목적성'이라는 칸트의 말은 앞에서 인용했다. 나는 물론 미학 전공은 아니다. 그러나 '미'에 관한 한 견지로서 '미'란, 그 대상이 미술이건 음악이건 문학이건 또는 자연이건, 본질적으로 특수한 소재로 보편적인 정서 내지 이념을 드러내는 것이라고 내 나름으로 규정해 본다. 더 특수한 소재로 더 보편적인 정서 내지 이념을 드러내는 작품일수록 더 아름답고, 더 '즐겁고 경탄스럽다'는 견해다. 셰익스피어의 『햄릿』은 한 특수한 시대, 특수한 왕조, 특수한 인물들의 특수한 사건을 소재로 하면서도 동서고금 만인의 보편적인 심금을 울리기 때문에 명작이다. 베토벤의 심포니 5번도 독특한 멜로디, 독특한 구상으로 그 별칭인 '운명'대로 '인간은 운명적인 존재'라는 모든 인간에 보편적인 정감을 드러내기에 명작이다.

한때 20년 전 쯤 〈서편제〉라는 영화가 우리나라에서 선풍적인 인기를 얻었다. 줄거리는, 딸을 창唱 수련에 전심하도록 약을 먹여 앞을 못 보는 소경으로 만들어 명창으로 기른다는 것이다. 한국에서의 인기로 미루어 작품상을 자신하고 그 영화를 칸영화제에 출품했다. 결과는 보기 좋게 낙선이었다. 아무리 창이라는 예술이 중요하다 해도 사람을 더구나 딸을 소경으로 만드는 것은 '너무했다'는 심사원들의 후일담이 들려왔다. 보편적인 인권사상에 어긋나기 때문에 예술적 가치가 없다는 것이었다.

고대 그리스의 피타고라스는 아름다움이란 '여럿을 하나로 축소한 것'이라고 했다. 많은 미학자가 미의 본질은 '다양의 통일'이라는 견해를 취하고 있다. 다양 속의 동일성uniformity amidst diversity이라고도 했고, 다양 속의 통일성unity among diversity이라고 말할 수도 있다. 직삼각형은 납작한 것이건 길쭉한 것이건 다 '$a^2+b^2=c^2$'이라는 동일성으로 축소되기에 아름답고, 가장 쾌감을 주는 직사각형은 큰 것이건 작은 것이건 다 세로 가로가 대충 8 : 5의 '황금비'를 이룰 때 가장 쾌감을 주고 아름답게 느껴진다. 일정한 음계들이 모여 화음을 이루고, 그림에서는 여럿이 이루는 일정한 구도가 아름다움을 준다. 동일성, 통일성, 보편성 때문이다. 자연은 여러 다양한 대상이 서로 '어우러져야' 아름답다. 반대로 쓰나미가 쓸고 간 자리처럼 그저 잡동사니만의 집합은 추하고 어지럽다. 어우러짐도 하나의 통일이다. 하지만 아무리 아름다워 보여도 조화나 모사품, 모조품에는 미적 가치를 인정하지 않는다. 특수성, 독특성이 없기 때문이다. 미도 보편과 특수의 합작으로 이루어진다.

아름다움이 사람 밖의 대상이 지니고 있는 것이냐, 아니면 대상을 보는 사람 안의 마음이 지어내는 것이냐, 즉 미가 객관적인 것이냐 아니면 주관적이냐라는 문제는 미학에서 자주 논제가 되고 있다. 그러나 그것은 진리가 사람 밖에 있느냐 또는 사람 마음이 지어내는 것이냐는 인식론의 문제와 비슷하게 보편 · 특수를 문제삼는 여기 논의와는 별 관계가 없다. 그러나 나는 '진'도 '미'도 그 특수 · 구체적인 소재는 밖에 있고 거기에서 진이나 미를 발견해 내는지어 내는 것은 사람의 마음이라는 견해에 기울어진다.

앞에서도 말했지만, 고대 그리스 사상가들은 진 · 선 · 미를 명확하게 구분 짓지 않았다. 진 · 선 · 미 모두 다 깊이 잘 본다는 관조觀照라는 뜻의 테오리아theoria에 관련되는 말이고, 아름답다는 뜻의 칼론kalon은 "우리의 마음을 즐겁게 해주고, 감탄을 유발시키는 일체의 것에 일반적으로 적용되는 말이었다."[4] 기실 우리도 좋은 그림만 아름답다고 하는 것이 아니라, 훌륭한 선행도 아름답다, 희한한 과학이론도 아름답다고 감탄한다. 진 · 선 · 미를 보고 '아름답다'는 감탄은 다 특수와 보편의 결합에 대한 감탄이라고 해야 한다.

이론과 실제

진 · 선 · 미가 특수와 보편 사이를 오감으로써 발현한다는 사정은 이론과 실제, 이상과 현실의 문제에도 그대로 이어진다. 이론 · 이상은 보편성이고 실제 · 현실은 특수성이기 때문이다.

가끔 이론을 운운하는 것을 못마땅하게 여기면서, '이론은 그렇지만 실제는 다르다' 라고 말하는 사람들이 있다. 그러나 본래 이론은 추상적인 것이고, 구체적 실제와는 다르고 또 마땅히 달라야 한다. 서로 다르기 때문에 이론은 이론으로서의 재미와 가치가 있고, 실제는 실제대로 재미와 가치가 있다. 둘이 범벅이 되면 이론도 실제도 엉망이 된다. 단, 이때 추상적인 이론은 반드시 구체적인 실제에 그 뿌리를 내리고 있어야 한다. 그런 뿌리가 없으면 애당초 이론이 아닌 허구虛構가 된다. 실제에 뿌리를 가지고 있는 한, 더 추상적인, 따라서 더 보편적인 이론일수록 더 희한하고 가치와 재미와 쓸모가 있는 고차적인 이론이다. 아인슈타인의 상대성 이론이 뉴턴의 역학보다 더 추상적이고 보편적인 것처럼, 또는 DNA 이론이 염색체 · 유전자 이론보다 훨씬 보편적인 것처럼 말이다.

특수하고 잡다한 구체적인 실제에서 보편적이고 추상적인 진리인 이론에 이르려면 응당한 관찰 · 논리 · 상상력을 동반하는 창의력이 필수다. 나는 그것은 '추상하는 창의력'이라고 불러 본다. 적정한 추상, 적정한 이론의 발견이 그리 쉬운 일이 아니다. 앞에서도 언급했듯이, 추상적인 이론 · 진리에 이르는 과정에는 온갖 오류의 함정들이 도사리고 있고, 그 오류는 대개 상식 · 상투에의 집착이 원인이기 때문이다.

또 한편, 실제는 이론과 달라라는 푸념에는 이론대로 해봐도 안 되잖아라는 푸념도 포함되어 있다. 그러나 이론이란 그리 호락호락하게 실제에 적용되는 것이 아니다. 이론은 한 추상이다. 추상抽象이란 어떤 모양象을 추려 낸다抽는 뜻이다. 그러려면 필요 없는 것은 사상捨象해야, 즉 버려야 한다. 비유하면, X광선으로 인체의 옷, 근육, 혈관 등은 버리고사상하고, 뼈만 추려 내서추상해서 촬영한 것이 이론이다. 이론은 사람의 골격에 해당한다. 따라서 구체적인 사람의 형상을 다시 실현하려면, 골격에 맞는 근육 · 혈관 · 옷을 도로 갖추어 입혀야, 즉 구상具象해야 한다. 다시 말해서, 이론을 실제에 응용하려면 그 이론이 작용할 수 있는 적절한 조건들을 미리 마련해야 한다.

그 구상의 작업, 이론을 응용하는 작업도 실은 그리 쉬운 일이 아니다. 예컨대, 인공위성을 쏘아 올릴 수 있는 이론은 벌써 발견되었는데, 실제로 쏘아 올리는 데에 필요한 충분한 힘의 발사기관, 충분한 내열성이 있는 표피 금속판 등의 현실적 조건들을 갖추는 일에 10여 년이 걸렸다. 그래서 자연과학에서는 그 구상을 전문으로 하는 해당 공학工學이 있다. 그런 구상에도 관찰 · 논리 · 상상을 동반하는 창의력이 필요하다. 그것을 '구상하는 창의력'이라고 불러 본다.

적절하게 추상하는 창의력은 학자에게 필요하고, 적절하게 구상하는 창의력은 실천가에게 필요한 능력이다. 하나는 특수에서 보편을 창출하려는 능력이고, 또 하나는 보편에서 특수를 창출하려는 능력이다. 따라서 어떤 교육이론, 예컨대 미국 학자가 제안하는 교육이론을 한국 현실에 적용해 보았더니 별 실효가 없었다면, 거기에는 세 가지 가능성이 있다.

첫째는 그 이론 자체가 실은 미국의 현실에도 들어맞지 않는 잘못된 이론인 경우다. 이때는 그 이론 자체를 폐기 또는 수정해야 한다.

둘째는 그 이론이 미국 교육의 실제에는 들어맞는 타당한 이론인데 한국 교육의 실제에는 안 들어맞는 경우다. 즉, 그 이론의 보편성이 좁게 미국에만 한정되어 있는 경우다. 이때는 한국에 타당한 '한국적 이론'을 모색하든지, 그보다 더 바람직하게는 한국에도 미국에도 나아가 중국에도 아프리카에도 타당한 보다 넓은 보편성을 지닌 이론을 탐구해야 한다.

셋째 가능성은 그 이론이 미국에도 한국에도 다 타당한 보편적 이론인데, 한국에서는 그것을 '구상' 할 수 있는 실제적 · 공학적 여건이 마련되어 있지 못해서 실효를 낳지 못하는 경우다. 이때는 이론이 틀렸다고 나무랄 것이 아니라, 그 이론이 작용할 수 있는 여건을 조성하는 노력이 필요하다. 예컨대, A교수이론은 여러 나라에 다 타당한 이론인데, 그중 한 나라 교실은 유난히 춥다든지, 교사가 너무 열의가 없다든지 등 여건이 부적절하면, 그 교수법은 효과를 낼 수 없는 것은 명백하다.

이론은 보다 넓게 보편적으로 적용되는 것일수록 더 바람직하고 이론답다. 한국 학자의 야심은, 한국적 이론을 탐색하려는 것이 아니라, 모든 시공時空에 타당한 더 넓은 보편성을 지닌 이론의 탐구라야 한다. 보다 보편적인 이론일수록 그것이 설명할 수 있는 현상들의 범위가 더 넓고, 그것을 응용할 수 있는 상황들이 더 많아지기 때문이다. 앞에서도 말했듯이, 이론 탐구는 부득이 전집이 아니라 어떤 나라에서 한정된 표집으로 얻은 자료를 다룰 수밖에 없다. 이론을 찾는 의도 자체는 그런 현실적 한정을 넘어서는 어떤 보편적인 것, 기왕이면 모든 나라 모든 시대 모든 경우에 다 적용될 수 있는 보편적인 원리를 얻으려는 데 있다. 우리가 탐색하는 교육이론은 한국에만 적용되는 이론이 아니라 전 세계와 전 시대에 적용되는 이론이 한국 학자의 야심이라야 한다. 그것이 더 학문답기 때문이다.

반면, 실제는 각각 독특한 실정에 적합하게 특수할수록 더 바람직하고 실효를 거둘 수 있다. 명백히 각 나라 각 시대에 따라 사회 사정은 서로 다르다. 한국의 실정은 명백히 미국과는 독특하게 다르다. 따라서 한국 교육의 실제는 그 독특한 실정에 적합하게 특수

해야 하고, 그러려면 모든 교육이론은 그 실정에 적합하게 '구상화' 되어야 한다. 즉, 한국 교육의 실제는 교육목적도 교육과정과 방법과 평가도 교육행정 · 재정도 철저하게 한국적이라야 한다. 그래야 교육 효과가 크게 나타난다. 실은 한국적인 것만으로는 부족하다. 더 철저하게 강원도적이고 춘천고등학교적이고, 더 나아가 개개의 학생에 적합하게 이철수적, 김순희적이라야 한다. 실제는 모든 특수한 사정에 들어맞게 철저하게 특수화해야 한다.

학자적인 관심은 될 수 있는 대로 보편적인 이론을 찾는 데 있고, 실천가의 관심은 될 수 있는 대로 특수한 실천방책을 찾는 데 있다. 하지만 재언컨대, 보편적 이론은 실제에 뿌리를 두어야 하고, 특수한 실제는 이론을 함축한 것이라야 한다. 이론의 끊임없는 진화도 실제의 계속적인 발전도 보편과 특수 사이의 부지런한 왕래로써 가능하다.

문화의 절대 · 상대 · 보편주의

세계의 수많은 민족집단은 제각기 독특한 생활문화를 가지고 있다. 긴 역사에서 형성된 생활도구 · 지식 · 기술 · 조직 · 제도 · 도덕 · 가치관 · 종교 등으로 이루어진 제각기 특수한 문화를 가지고 있다.

옛날 교통 · 통신 · 교역이 드물었을 때, 두 민족의 만남은 우선 불신 아니면 전쟁이었다. 인간만 아니라 모든 동물은 나와 다른 이상한 것들은 우선 경계하게 마련이다. 거기에는 영토를 지키고 넓히려는 영토지상territorial imperative이라는 생물적 본능도 작용하지만, 동시에 자신들의 정체성의 근거인 생활양식을 지키려는 문화적 충동도 크게 작용한다. 정복자는 거의 예외 없이 자신들의 생활양식을 피정복자들에게 강요한 것이 그 증거다. 자신들의 특수문화를 모두의 보편문화라고 수용을 강요하는 셈이다. 이때 작용하는 심리가 자신들의 민족문화가 세상에서 절대 제일이라는 민족문화중심주의ethnocentirism인 '문화절대주의'다. 그것은 피정복자들도 매한가지다. 이들도 어쩌다 재수 없이 정복당했을 뿐, 그래도 자신들의 전래문화가 절대 제일이라고 굳게 믿는다. 중국은 사방을 동이·서융·남만·북적이라고 이름 짓고 다 야만의 오랑캐들이고, 중국만이 세계 중심의 꽃이라고 믿었다. 영국은 '대' 영국이고, 일본은 '대' 일본이고, 한국은 '대' 한민국이다. 땅은 작아도 민족문화는 크고 빛난다는 뜻이다.

밖의 세계와 접촉이 드문 폐쇄사회에서는 이런 민족문화중심주의는 이럴 때 아이들의 자기중심주의egocentrism와 매한가지로 당연한 현상이다. 어릴 때 아이들은 자기 집에서 엄마 아빠하고만 살며 자라나기 때문에 남의 집 사람들은 미심쩍고 낯을 가린다. 자기 집이 세상의 전부고 '우렴마' '우라버지'가 세상에서 제일이다. 가족중심주의인 셈이다. 그러나 자라나면서 남의 집에도 가 보고 다른 세상도 있다는 것을 알고 우리엄마나 우리아버지가 반드시 제일은 아니라는 것도 알게 된다. 폐쇄적 특수에만 묻혀 있다가 개방과 더불어 보편을 알기 시작한다. 아이들은 차차 자기중심주의에서 '자라 나온다grow out.' 매한가지로 민족적 문화절대주의도 이른바 세계화된 현대에서는 거기에서 자라 나와야 할 심리다. 그러나 그것이 그리 쉽지 않은 것이 현실이다. 은근히 또는 노골적으로 자기 나라 문화가 남들보다 훨씬 낫다는 우월감에 젖어 있는 사람들은 많다. 민족문화는 대부분의 사람에게 자신이 어떤 사람이냐를 스스로 규정하는 자아정체성의 불가결한 근거이기 때문이다. 그러나 자기 나라 문화를 정겹게 사랑한다는 것과 그것을 절대 세계제일이라고 우월감을 갖는 것과는 다르다. 또한 고집스러운 두 문화절대주의가 맞부딪치면, 그 결과는 마찰 아니면 충돌일 뿐이다. 그런 충돌을 피하기 위한 한 대안적인 주장이 문화상대주의다.

문화상대주의는 '우리 문화도 좋고 너희 문화도 좋으니 누가 더 낫다고 비교하지도 말고 싸우지 말자' 는 주장이다. 동양문화는 그것대로 좋고, 서양문화는 그것대로 좋으니 서로 비교하거나 우열을 따지지 말자는 것이다. 기실, 쌀밥과 빵, 김치와 샐러드, 추석과 감사제, 조상숭배와 불교와 기독교 등은 어떤 척도로 비교하고 그 우열을 따질 문제가 아니다. 각각의 문화는 그 나름의 존재 이유가 있고 가치가 있는 독특하고 특수한 문화이기 때문이다. 앞에서 우리는 랑케의 역사주의, 즉 역사의 각 시대는 제각기 독특하기 때문에 한 시대의 가치 기준으로 다른 시대를 시시비비해서는 안 된다는 주장을 언급했다. 그것은 말하자면 역사상대주의다. 상대주의는 다른 분야에서도 자주 거론되고 있다.

도덕에 관한 논의에서도 이른바 상황윤리설은 도덕이란 상황에 따라 다를 수 있다는 주장이다. 예를 들어, 아랍 국가에서는 일부다처제가 허용되어 있다. 그러나 한국에서는 불법이고, 어기면 간통죄다. 그러다가 근자에는 간통죄를 없애자는 소리가 나오고 있다. 옛날 조선에서도 첩이 허용되어 있었다. 사회에 따라, 시대에 따라 상대주의의 추는 마구 흔들린다. 살인이 평상시에는 큰 죄가 되지만, 전쟁 시에는 도리어 큰 공이 될 수 있다는 주장도 윤리상대주의의 예다. 정신병학에서도 무엇이 정신병으로 간주되느냐가 사회에 따라 다르다는 상대주의적 주장이 들린다. 예컨대, 활동을 존중하는 서양문화에서는 조용하고 퇴영적인 정신분열증schizophrenic 증세는 쉬 병으로 여기지만, 떠들썩하고 법석을 떠는 조병증적maniac 증세는 별 문제로 여기지 않는 경향이 있다. 그러나 조용하고 법석대지 않는 정사靜思를 존중하는 동양문화에서는 그 반대다. 옛날에 숭앙받던 무당은 도리어 쉬 환상의 세계로 빠져 들어가는 정신분열증적인 성격의 소유자였다. 문화인류학에서는 상대주의의 경향이 더 드러난다. 여러 민족문화의 어떤 공통점, 보편성을 찾기보다는 서로 다른 차이점, 특수성을 찾는 데에 흔히 그 주 목적이 있어 보인다. 여러 분야에서 상대주의적 사고가 짙다.

더 심각한 것은 진리상대주의적 사고다. 종종 듣게 되는 한국적 교육학, 한국적 사회학, 한국적 정치학 등의 주장이 그 예다. 이런 주장은 한국의 진리는 외국의 진리와 다르고 또 달라야 한다는 뜻이다. 앞에서 논의했듯이 한국 교육의 실제, 사회의 실제, 정치의 실제는 외국과는 철저하게 다르고 또 달라야 한다. 그러나 그 진리·이론이 다르고 달라야 한다는 것은 자체 모순이다. 진리·이론이란 본래 보편성을 지향하는 것이기 때문이다. 진리상대주의를 강원도 진리, 춘천 진리, 철수 진리 등으로 끝까지 밀고 가면, 결국 모두가 상대적으로 특수할 뿐, 본래 보편이라야 할 진리란 없다는 말이 되고 만다.

앞 논의에서 시사했듯이 나는 절대주의에도 반대지만, 각종 상대주의에도 동조하지 않는다. 각종 상대주의 주장에는 어쩐지 물리학의 상대성 이론의 '상대' 라는 말을 아전인수로 과대 일반화해서 잘못 전용한 탓이 짙어 보인다. 상대성 이론은 시간 · 공간 · 운동 등이 상대적이라는 뜻이지 진리 · 정서 · 도덕이 근본적으로 상대적이라는 뜻이 아니다. 그리고 상대주의는 두 문화의 충돌을 피하려고 서로 경이원지敬而遠之, 서로 위하는 척 하지만 실은 서로를 멀리하면서 속으로는 '그래도 내 것이 제일' 이라는 절대주의를 품고 있는 주장인 셈이다. 나는 절대주의가 지적으로 무식 아니면 오만의 탓이라면, 모든 상대주의는 일종의 지적 허약증 아니면 일종의 불가치론의 탓으로 본다. 서로 다른 사물이나 상황 속에서도 끈기 있게 끝내 어떤 공통점이나 유사점을 찾아내려 하는 지적인 강인성이 부족한 탓으로 본다.

나는 문화의 보편주의 또 보편접근주의를 주장한다. 다양하고 특수한 여러 민족문화 속에도 어떤 공통된 보편성이 있고, 각 민족문화의 특수성을 존중하고 장려하면서도 그 보편적 공통성도 끊임없이 추구해야 한다는 주장이다. 어떤 같은 형상에 관한 진리를 주장하는 이론 · 학설에는 흔히 여러 가지가 있을 수 있다. 그렇게 여러 가지가 있는 것이 도리어 바람직하다. 여러 가지가 있기에 나는 그 여러 학설을 참고하고 내 나름의 이론을 가져볼 수 있기 때문이다. 앞에서도 말했듯이, 궁극적 절대진리는 조물주만이 알고 있고, 인간이 할 수 있는 일은 그것에 끊임없이 접근해 가는 일일 뿐이다. 그럼으로써 학문은 계속 발전해 간다.

나는 오페라도 즐기고 창극도 좋아한다. 그렇게 여러 특수를 접할 수 있는 것이 기쁘다. 그러면서도 다 같이 박자가 있고 멜로디가 있다는 보편성도 반갑다. 어떤 탁월한 음악가가 있어서, 가끔 보는 어설픈 국악의 오케스트라식 연주가 아니라, 정말 희한하게 국악의 정수와 '서양악'의 정수로써 한 차원 높은 보편성을 지닌, 따라서 한국인도 서양인도 같이 심취할 수 있는 명곡을 창조할 수는 없는 것인가 가끔 생각해 본다.

윤리 · 도덕 영역에서도 각 민족문화마다 그 관습과 구체적 덕목에 많은 차이가 있다. 또 윤리학설 자체에서도 쾌락론 · 금욕론 또는 동기론 · 결과론 또는 공리론 · 법칙론 · 목적론 등 다양하다. 그러나 도덕에서도 그 모두를 망라하는 어떤 차원 높은 '선'이 있을 것이다. 자비, 사랑, 인 또는 인권, 정의, 자유는 그런 선의 후보일 것이다. 궁극적 · 절대적인 미 또는 선도 조물주만 아는 것이고 인간은 역시 거기에 끊임없이 접근해 갈 수밖에 없는 존재일 것이다.

지금은 세계화, 지구화된 시대라고 한다. 기실 이제는 어떤 나라도 폐쇄적으로 고립해서는 제대로 살아갈 수 없는 세계다. 그런 세계화된 세계에서는 오만한 문화절대주의는 충돌만 부를 것이고,

'경이원지' 하는 상대주의도 서로의 몰이해와 불신을 낳는다. 서로의 특수성을 환영하고 존중하면서도 상호 이해의 기본이 되는 공통된 보편성의 인식이 지구촌화된 세계에서는 필수일 것이다.

어디에서 읽었는지는 잊었으나, 세계화에 관해서 한 의미 있는 관찰이 있다. 세계화의 추세는, 국가의 권력을 한쪽에서는 세계화의 세력이 빼앗아 가고, 또 한쪽에서는 지방화localization의 세력이 찢어가는 현상을 낳고 있다는 관찰이다. 즉, 한쪽에서는 UN · UNESCO · WHO · WTO 등 각종 국제기구, 각종 국제조약과 협약, 수많은 다국적 기업들과 그린피스 등 국제 NGO들이 국가주권의 재량권을 빼앗아 간다. 또 다른 쪽에서는 문명이 개화되고 민주정신이 진화하면서 점차 치열해지는 국내 각 지방의 자치운동에게 종래 국가권력을 할애하지 않을 수 없게 된다. 마치 두 세력이 균형이라도 잡아야 하는 듯이 양쪽에서 잡아당긴다는 것이다. 그것은 말하자면, 세계로 향하는 보편화 세력과 지방으로 향하는 특수화 세력의 균형이라고 부를 수 있을 것이다.

열림과 닫힘

조선왕조는 특히 그 말기 100년간 극심했던 쇄국주의가 그 멸망의 큰 원인의 하나였다. 위정자들은 밖의 세계에서 엄청난 힘을 가지고 있는 과학문명의 발달에 무관심했고, 그것으로 무장한 열강들의 세계 정세에도 눈 감고 있으면서, '문 닫고' 당쟁과 수탈에만 소일했기 때문이다. 한강 어귀에 나타난 철선을 보고 그 지방의 군수가 조정에 아뢰기를 "이상한 모양의 배에 사람 같은 짐승들이 나타났다"라고 했다. 기선도 처음 보고 퍼런 눈에 노란 털보의 서양인이 사람이 아니라 아예 짐승으로 보였던 만큼 밖의 세상에는 깜깜했다. 조정도 그 기괴한 소식에 허둥지둥했을 것은 물론이다. 생물은 눈·귀·코·입 등 감관을 열고 밖을 살피고 밖으로부터 먹이도 섭취해야 산다는 비유대로, 한 국가도 시야를 밖으로 열고 바깥과 주고받고 해야 생존한다는 것은 당연한 이치다. 조선왕조는 이 이치를 잊고 있었다.

외부와의 접촉이 드물었던 옛 전통사회는 대개 다소간에 폐쇄성을 띠게 마련이다. 접촉이라야 약간의 교역 아니면 전쟁이 고작이었고, 바깥을 몰라도 살 수 있었고, 바깥은 도리어 위협의 가능성이 도사리고 있는 곳으로 볼 수밖에 없었기 때문이다. 그러나 현대사회는 예전과는 완연히 다르다. 국가 생존이 국제적 상호관계에 달려 있다. 거미줄 같은 항공로의 세계, 구석구석을 연결하고 있는 인터넷 등 통신망의 현대사회에서는 폐쇄적인 사회는 결국에는 자충 아니면 자멸을 자초하게 마련이다. 북한의 폐쇄성, 중국의 정치적 폐쇄성은 필경 이로울 것이 없다. 현대사회에서 국가는 혼자서는 생존할 수 없고, 밖에는 위협도 있지만 기회도 많아 그만큼 밖으로 향한 개방성이 필수다. 그리고 그 개방은 넓은 세계의 보편성으로 향한 개방이다. 너와 내가 같이 공유하는 어떤 보편적인 이해와 가치와 규칙으로 나를 개방함을 뜻한다.

물론 밖으로 나라를 개방한다는 것이 나라를 속속들이 다 바깥바람에 까발려 놓는다는 뜻은 아니다. 나라의 독자적인 문화의 정수는 지켜야 하고, 나라 나름의 독특한 국력과 국격과 국혼을 간직하고 있어야 할 것은 당연하다. 보편성을 향한 열림과 특수성을 간수하는 닫힘이 균형을 이루어야 한다. 원심력과 구심력의 균형이라고 해도 좋을 것이다.

넓은 밖으로 향한 열림과 좁은 안으로 향한 닫힘의 균형은 여러 가지 다른 경우에도 관계된다. 우선 사람들의 성격에도 개방적 성격과 폐쇄적 성격의 구별이 가능하다. 종래 심리학에서 말하던 외향적 성격, 내향적 성격과 비슷한 개념이다.

병적으로 극단적인 개방적 성격은 앞에서도 언급한 이른바 '주의결손증'이라는 정신장애다. 어디 한군데에 얼마 동안이라도 주의를 집중할 수 없이 여기저기 사방에서 쏟아져 들어오는 모든 감각자극에 주의가 걷잡을 수 없이 산란하게 맴도는 증세다. 이런 증세는 아무 일도 공부도 놀이도 제대로 못한다. 모든 일은 어느 정도라도 한 곳에 주의를 집중해야 가능하기 때문이다. 학교에서 공부 못하는 학생, 여기저기서 소란을 피우는 학생 중에는 이런 정신산란증 학생이 많다. 너무 밖으로 열려 있는 성격이다. 인터넷 · 스마트폰 중독증이나 정보과잉 상태도 이런 주의결손증에 이어질 수 있다.

반대로 병적으로 폐쇄적인 성격을 일컬어 자폐증autism이라 한다. 밖으로 향한 감관은 아예 '닫아 버리고' 보여도 보지 않고 들려도 듣지 않고 자신의 환상세계 속에서만 사는 성격이다. 자폐증에는 유전적 · 생득적인 원인도 있고 후천적인 원인도 있다고 한다. 자폐증 성격 중에는 어쩌다 한번 본 것을 사진판처럼 구석구석을 다 외우고 있는 등의 희한한 능력도 더러는 있으나, 아예 밖에는 주의를 두지 않기 때문에 학교공부나 사회생활에 지장이 많다.

신념체제belief system에도, 그것이 종교건 정치이념이건 또는 학설이건 주장이건 간에, 열린 또는 반대로 닫힌 신념체제가 있다. 열린 신념체제는 다른 종교, 다른 이념, 다른 학설, 다른 주장에 귀를 기울일 여유가 있는 개방적인 신념체제고, 아예 그럴 여유도 생각도 없으면 닫힌 폐쇄적인 신념체제다. 굳게 닫힌 종교신앙은 광신자로 연결되고, 굳게 닫힌 이념이나 학설은 독단론이다. 이런 폐쇄성은 특히 진리를 추구한다는 학문의 경우에는 치명적이다. 학문이란 새로운 증거 앞에서는 계속 자체 수정하는 여유가 있어야 하기 때문이다. "좋은 이론은 그 자신을 파괴하는 씨를 품고 있다A good theory has a seed of its own destruction."

철학자 존 듀이Dewey는 교육목적 불필요론이라고도 해석할 수 있는 주장을 폈다. 즉, 교육에는 따로 설정해야 할 교육목적이란 필요없고, 교육적인 경험에 의한 경험의 재구성 자체가 교육의 목적이라고 했다. 그리고 교육적 경험이란 그 경험으로 말미암아 더 넓게 열린 경험의 세계로 인도할 수 있는 경험이라고 했다. 예컨대, 기하학의 공리 · 정리의 학습은 더 넓고 희한한 공간세계를 알 수 있게 앞을 열어 주고, 피아노의 바이엘이나 체르니는 더 오묘한 소나타 연주를 가능하게 한다. 반면 '이 종교는 절대진리고 다른 것은 거들떠볼 필요도 없고 거들떠보아서도 안 된다'고 가르칠 때 그것은 교육이 아닌 세뇌일 뿐이다. 교육이냐 세뇌냐는 경험의 세계를 앞으로 더 열어 놓느냐 아니면 닫아 버리느냐의 문제다.

다른 사람들에게 많은 영향을 주게 마련인 정치 · 행정 · 경제 등 각계 지도자가 닫힌 폐쇄적 성격을 가지고 있으면 문제는 심각하다. 히틀러, 무솔리니, 도죠 등 독재자들 때문에 벌어진 제2차 세계대전 후, 그들의 전제적authoritarian 성격을 분석한 사례연구가 많았다. 그 결론의 하나는 전제자, 독재자들은 거의 예외 없이 밖의 정세에 눈을 감고 충고자들의 의견에 귀를 막은 폐쇄적 성격이고, 다른 부류와 다른 계층의 사람들과 접촉이 적은 닫힌 생활환경에서 자라났다는 것이다. 지도자는 자신의 배경이 부유층이면 서민층과도 사귀는 경험, 배경이 서민층이라면 부유층도 이해하는 경험이 필요하다는 말이고, 배경이 인문계면 자연계도 이해하고, 자연계면 인문계도 이해하는 열려 있고 다양한 경험이 필요하다는 말이 된다. 한국의 정치지도자들에게 그런 다양한 경험이 형성하는 전인적全人的 바탕이 있다면, 한국 정치는 그 비생산적이고 폭력과 욕설의 싸움판을 조금은 면할 수 있을 것이다.

다양 속의 통일성

미국 하버드 대학교의 교육적 가치의 하나가 '다양 속의 통일성unity in diversity'이라고 들었다. 나는 이 표어를 좋아한다. 하버드 대학교에서는 신입생 선발에서, 우선 지망생들이 학업능력, 과외활동 실적, 스포츠 능력, 지도력과 책임감을 포함하는 성격 네 가지에 걸쳐 어느 정도의 수준에만 도달하면, 다음에는 지망생의 종족, 종교, 부모 직업, 거주하는 주, 빈부층 등 미국의 다양한 사회집단을 흡사하게 대표할 수 있게 다양한 배경의 신입생들을 선발하는 것이 원칙이라고 했다. 공부를 잘한다고 한국 학생만을 많이 뽑지는 않는다. 그런 다양, 다종, 다층의 학생들이 섞여 사는 동안에 제각기 어떤 폭넓은 전망을 형성해 가면서 다양의 사회를 이끌어 갈 수 있는 개방적인 성격의 인물이 길러져 나온다는 논리다.

기실 인구는 3억밖에 안 되면서 그간 반세기 넘어 세계의 정치·경제·과학·공학을 주름잡고 있는 미국의 문화적 저력의 중요한 근원은 바로 미국사회가 다민족·다문화의 '융합의 도가니'라는 사실이다. 다민족·다문화가 제각각 독특한 지혜를 가지고 들어오기도 하지만, 그들이 도가니 속에 '합금'되면서 온갖 희한하고 새로운 아이디어가 창출되기도 하기 때문이다.

기실 세계문화사에서 문화적 창조가 특히 화려하게 꽃핀 시기와 장소는 거의 예외 없이 여러 문화가 모이고 서로 부대끼고 한 곳이고 시대였다. 지금 이라크가 자리하고 있는 옛 메소포타미아에 기원전 3,000년 전에 번창했던 스메르 문화도 두 강의 물을 따라 모여든 여러 종족의 '합금'이었다. 고대 중국문화도 스스로는 사방을 동이·서융·남만·북적이라고 업신여겼지만, 그 여러 종족의 '합금'이었을 것은 충분히 짐작이 간다. 기원전 4세기 알렉산더 대왕이 이집트에 세운 학문·문화의 도시 알렉산드리아에는 대왕이 불러들인 그리스, 로마, 이집트 그리고 더 멀리 아랍과 인도의 학자들이 운집하고 있었다. 더 근래에 와서 14~15세기의 르네상스라는 문예

부흥은 교역의 발달로 동서양 각 지방에서 지중해 이탈리아에 모여든 문화의 '합금'이 이루어 낸 문화 창조였다. 그리고 20세기에 미국이 그 전통을 이은 셈이다. 한국인이 실은 '단일민족'이 아니기도 하지만, 설령 그렇다 해도 단일민족이 자랑거리는 못된다.

창의적인 인물들의 한 특징은 그의 생활 주변이 어지럽게 혼잡하고 무질서하다는 것이다역으로, 주변이 어지럽다고 반드시 창의적인 인물을 아니다. 화가의 아틀리에에는 화구 이외에 온갖 허접쓰레기가 널려 있고, 과학자의 실험실에는 별별 기구, 도구들이 이 구석 저 구석 어지럽게 놓여 있고, 학자의 연구실에는 책과 서류 들이 여기저기 흩어져 있고 쌓여 있다. 그런 방에 들어서면, 첫 반응은 '정돈 좀 하고 살지'라는 느낌이다. 그러나 그런 혼잡 속에서 당사자는 태연히 일에 열중하고 있다. 그에게는 그런 주변 잡동사니의 무질서가 께름칙하지가 않다. 그런 속에도 그는 한곳에 정신집중이 가능하다.

이런 모습은 사소한 표면상의 특징일 뿐, 더 중요한 것은 창의적 인물들은 자기 전문 영역에서의 여러 가지 이상異常, 예외, 혼돈, 갈등 등 무질서 상황을 '즐긴다'는 사실이다. 그런 무질서가 새 질서, 새 이론, 새 화풍을 창조할 수 있는 소재가 되기 때문이다. 즉, 다양, 이양異樣의 통일이 창의 · 창조의 기회를 주기 때문이다.

이와 반대로, 벗어 놓은 신은 언제나 반드시 똑바로 가지런히 맞춰놓아야 하고, 방은 언제나 티끌 하나 없이 깨끗해야 하고, 손은 세균이 묻으니 자주자주 씻어야 하는 등 지나치게 청결 · 규칙 · 질서를 묵수하는 일 자체를 생활신조로 여기고 있는 이른바 결벽강박증적compulsive 성격자에게는 창의성을 기대하기는 어렵다. 그가 매일 아침 산책할 때, 어느 큰 나무 옆을 지나가면 동네 사람들이 '지금 일곱 시' 라고 시계를 맞추었다는 창의적인 철학자 칸트는 그 예외인 셈이다.

민주주의는 근본적으로 다양 속에서 어떤 통일성을 찾으려는 정치제도다. 근대에 들어와서 민주주의의 표상으로 여기고들 있는 미국 민주주의는, 고국의 종교적 · 정치적 박해가 지겨워서 자유를 찾아 나선 그 건국자들의 사상의 소산이기도 하지만, '어쩔 수 없이' 취할 수밖에 없었던 제도였다고도 볼 수 있다. 즉, 누구나 이민해 들어갈 수 있었던 신대륙이었기에 자연 다민족, 다종교, 다문화가 모여들었고, 그 상황을 하나의 정치적 통합체로 흡수하는 길은 민주주의밖에 없었을 것이다. 아니면 미국사는 내분 · 내전의 연속이었을 것이다. 그 미국 민주주의가 다민족 · 다문화의 용광로를 낳고, 용광로가 미국의 창의적 문화력을 낳을 것이라고는 미국 건국자들도 미처 몰랐을 것이다. 특수한 다양성 속에서 한 보편적인 통일성이 형성된 것이다.

내일의 한국인

08 자연과의 조화

내일의 한국인은 자연과의 조화 속에서
자연과 더불어 살아가는 사람이기를 바란다.
인간의 삶을 지탱하는 자연의 파괴와 착취에는
한계가 있기 때문이다.

인간은 제아무리 잘났어도 결국 대자연의 일부다. 인간은 자연 속에 진화했고, 자연 속에서 생生을 받았고, 자연 덕으로 살아가고, 종당에는 자연 속으로 돌아간다. 공자가 그 심오한 뜻을 탐독하느라고 위편삼절韋編三絶, 책을 묶은 가죽끈이 세 번이나 닳아 끊어졌다는 중국의 고전 주역周易도 인간의 처지를 삼재三才, 즉 천지인天地人 삼자의 관계로 풀이한 경전이다. 내 천견으로는 조금은 신비스러운 한 희한한 문학작품이라고 느껴지지만, 주역에서 짙게 받은 인상은 결국 인간이란 자연의 섭리에 따라 삶을 경영해야 한다는 계명이었다. 우선, 전부 64개 괘卦의 이름들 자체가 건위천乾爲天, 산수몽山水蒙, 택뢰수澤雷隨, 풍지관風地觀 등 하늘 · 땅 · 못 · 물 · 우레 · 바람과 같은 자연현상에 빗대어 지어져 있기 때문이다.

하지만 인간이 자연 속에서 산다는 대명제는 인간이 자신과 자연과의 관계를 어떠한 것으로 보느냐에 따라 그 실제적인 뜻은 사뭇 달라진다. 예컨대, 한 그루 거목의 소나무를 보고, 우선 그것을 잘라 재목으로 쓸 것부터 생각하느냐 또는 그 웅장함에 일종의 경외감부터 느끼느냐에 따라 인간의 처신도 소나무의 처지도 크게 달라지고, 그렇게 달라진 상황은 다시 되돌아 인간과 자연의 운행 자체에 영향을 줄 것은 쉬 짐작이 된다. 근래 가끔 논의되고 있는, 아마존의 원시림을 개발할 것이냐 말 것이냐 그리고 그다음으로 이어지는 영향이 무엇이냐라는 문제도 이런 관심을 반영한다.

예속 · 정복 · 조화

6장에서 시간지향에 관해서 인용한 문화인류학자 클럭혼은 또한 자연관에도 문화집단에 따라 차이가 있다고 관찰했다. 자연관은 인간 밖의 외부 세계 전반에 대한 세계관으로도 그대로 이어진다. 그는 자연에 대해 인간이 어떤 관계에 있느냐에 관한 자연관을 예속관隸屬觀, subjugation, 정복관征服觀, mastery, 조화관調和觀, harmony 세 가지로 구분 지을 수 있다고 보았다.[1)] 수긍이 가는 관찰이다.

예속관은 인간이란 결국 자연 '아래'에서man under nature 눌려 살 수밖에 없다는 관념이다. 자연이 복을 주면 주는 대로, 화를 입히면 입히는 대로, 그저 받고 견디고 할 수밖에 없는 것이 인간이라는 가엾은 존재라는 생각이다. 화산이 터지고 물난리가 나고 가뭄이 들어도, 유행병이 돌고 쪼들리게 가난하고 폭군이 설쳐도, 다 그대로 견디고 참을 수밖에 없다는 인간 무력감의 경험이 오랜 세월에 쌓이면, 자연에 대한 이런 예속관을 가지게 되는 것이 어쩌면 당연한 일이다. 인지人知가 덜 발달된 미개의 전통사회에 흔히 있는 자연관이다.

자연에 대한 예속관은 필연 각종 운명론과 점술신앙으로 이어지기도 한다. 또한 귀신 또는 신의 개념, 따라서 각종 신화와 종교의 기원도 자연의 무서운 위력에 대한 경외와 복종의 심성이 그 발단이었을지도 모른다. 기실 거의 모든 종교적 신화에서 신은 가차 없이 준엄한 '아버지'의 형상으로 개념화되고 있다. 그리스신화의 제우스가 그 예다.

한때 후진국의 경제발전에 심각한 심리적 장애가 '우리의 가난은 벗어날 수 없는 운명'이라는 비관적 숙명론이고, 따라서 발전의 시동을 걸기 위해서는 우선 그런 체념적인 숙명론부터 불식해야 한다는 주장이 있었다. 한국에서도 1950년대 경제학자 중에, 남한은 농업지역이고 북한은 공업지역이기 때문에 남북이 통일되기 이전에는 경제발전은 불가능하다는 숙명론을 편 학자들이 있었다. '잘살고 못 사는 게 팔자만이 아니로다'라는 1960년대 새마을운동의 노래는 그런 숙명론을 이기려는 노래였다.

그러나 자연에 대한 전적인 예속관 또는 습복관은 아니더라도, 자연에 대한 외경감은 인간이 자연에서 생을 받고 자연으로부터 삶을 영위하고 있는 한 어느 정도는 필연적인 그리고 필요한 관념이라고 해도 좋을 것이다. 다음에 논할 자연정복관에 취해 있는 현대인들도 지축을 흔들 정도의 대지진, 화산 폭발, 산더미같이 밀어닥치는 쓰나미를 당하면 잠시나마 옛 자연 예속관 내지 경외감으로 돌아가게 마련이다.

정복관은 인간은 자연 '위'에man over nature 군림해서 자연을 자신의 뜻대로 컨트롤할 수 있고 그렇게 해도 된다는 관념이다. 자연의 사물은, 바위건 나무건 짐승이건, 그것을 부수건 자르건 죽이건 인간의 마음대로라는 생각이다. 이런 정복관은 특히 과학의 발달과 19세기 산업혁명에 따라 현대산업사회를 풍미하고 있는 자연관이다.

거기에는 한 종교적 재가裁可도 작용하고 있다. 기독교 성경 첫 장 '창세기'에, 하느님이 엿새에 걸쳐 우주를 창조했는데, 마지막 날에 "하느님이 자기 형상대로 사람을 창조하시되 남자와 여자를 창조하시고 하느님이 그들에게 복을 주시며 그들에게 이르시되 생육하고 번성하여 땅에 충만하라, 땅을 정복하라, 바다의 고기와 공중의 새와 땅에 움직이는 모든 생물을 다스리라"라고 이르셨다고 적혀 있다. 인간은 하느님의 모습이므로 하느님처럼 땅과 모든 생물을 제 마음대로 정복하고 다스려도 된다는 종교적 재가인 셈이다. 그러나 그런 종교적 재가를 수천 년 전에 받기는 했지만, 긴 세월 그렇게 정복할 지혜와 힘이 부족해서 자연을 크게 '정복'하지는 못했다. 그러다가 근래 약 300년간 과학의 발달과 더불어 무서운 가속도로 자연을 땅만 아니라 하늘과 우주마저도 넓고 깊고 높게 정복하기 시작했다.

그 결과의 하나는 다 아는 바와 같이, 세계 전반의 미증유의 풍요화다. 아직 나라 사이의 격차는 심해도, 세계의 인구는 100년 전보다 훨씬 더 잘살고 더 오래 산다. 하지만 동시에 또 하나의 심각한 결과로 미증유의 자연 훼손과 생태계 파괴도 수반했다. 많은 나라에서 이제는 물을 '사서' 마셔야 할 판이다. 또한 이런 변천에 동반해서 지식도 폭발적으로 팽창하면서, 인간 복제, 유전자 조작 등 여러 미증유의 윤리적 문제를 낳고 있다. 언제까지 그리고 어디까지 자연정복관을 고수할 것이냐가 그런 윤리적 문제의 핵심일 것이다.

조화관은 인간이란 자연 '속'에서man in nature 자연을 벗 삼아 자연과 조화하면서 살아야 할 존재라는 관념이다. 자연에 눌려 습복하는 것도 아니고 자연을 탐욕스럽게 정복하는 것도 아니고, 자연과 더불어 사이좋게 같이 살려는 철학이다. 나는 조화관의 표상으로 동양의 산수화를 그 예로 자주 든다. 전통적인 산수화에는 산이 있고 물이 있다. 산은 무섭게 위압적으로 덤벼드는 산이 아니라 아늑한 안개를 걸친 고즈넉한 산들이다. 물은 사납게 파도치는 물결이 아니라 유유히 평화롭게 흐르는 강이다. 사람에게 편안한 친근감을 주는 산수다. 그리고 거의 예외 없이 화폭 어디엔가 자그마한 일엽편주 아니면 한 칸 모옥에 한 사람이 곁들여 있다. 그 사람은 절대 자연을 명령하거나 정복하려는 오만한 자세가 아니다. 그저 겸손하고 경건하게 자연 속의 제 자리에 있다.

욕심껏 물고기를 많이 잡으려 하는 투망이나 저인망 배는 절대로 산수화에 등장할 수 없다. 물고기를 잡으려면 작은 배에서 낚싯대 하나를 드리워야 한다. 가끔 강가에서 욕심껏 낚싯대 서너 개를 던져 넣은 사람을 보지만, 그런 장면은 이미 산수화의 주제는 되지 못한다. 자연의 선물은 '먹을 만큼만 주십사' 고 낚싯대 한 자루를 살짝만 던져 넣으면 자연도 기꺼이 살짝 그 선물을 준다. 그러나 욕심껏 투망이나 저인망으로 훑어 내면 자연은 거기에 그만큼 어떤 재앙, 예컨대 고기의 씨가 마른다는 재앙을 덧붙여 주게 마련이라는 생각이다. 자연도 사람도 서로 너무 귀찮게 굴지 말고 사이좋게 지내야 한다는 관념이다. 동양사상에는 물활론적 그리고 다신론적 사고가 짙다. 산에도 신이 있고, 바위에도 고목에도 정신이 있고, 오래된 신발에도 귀신이 있다는 식이다. 그런 물활론을 미신이라고 일소에 붙일 것만은 아니라는 생각이 든다. 적어도 자연의 사물에 대한 경외감 내지 친근감을 내포하고 있다고 볼 수 있기 때문이다.

자연조화관은 서양의 정복관과 대조되는 전통적으로 동양적인 자연관이다. 그러나 근래 경제발전의 광분 속에서 동양의 나라들이 도리어 서양을 빰칠 정도로 자연정복관에 기울어져 있는 것은 하나의 아이러니다. 서양의 이른바 선진국들은 경제발전의 단맛 쓴맛을 다 알아서 그 쓴맛을 시정하려고 환경 · 생태계를 걱정하는 자연조화관에 근접해 가고 있는데, 동양의 나라들은 아직도 단맛만 찾고 쓴맛에는 관심이 없어진 형국이다.

조화관은 자칫 예속관과 쉬 혼합될 수도 있다. 자연을 무섭게 보느냐 친하게 보느냐의 차이일 뿐, 자연에 그리 깊이 작동해 들어가지 말아야 한다는 점에서는 두 관점이 다 같기 때문이다. 따라서 가난에서 헤어나야 하는 경제발전이 지상의 과제라면 어느 정도는 정복관에 기울어질 수밖에 없다. 그래서 근자에 발전은 하되 '지속가능한 발전sustainable development'이라는 어찌 보면 궁여지책의 개념도 등장한다. 인간은 필연 자연 속에서 살 수밖에 없다면, 이제 필요한 것은 종래 동양적 조화관보다는 한 차원 높은 조화관이라야 할는지도 모른다. 그것이 어떤 관념을 포함해야 할 것이냐는 다음에 계속 논의한다. 그 전에 생명의 문제에 대해 먼저 언급해야겠다. 인간 대 자연의 문제는 결국 사람과 땅에서 사는 모든 생물의 생명의 문제이기 때문이다.

생 명

니체Nietzsche는 저서인 『비극의 탄생』에서 다음과 같이 그리스신화의 한 장면을 인용한다.[2)]

> 마이다스 왕은 숲속에서 반수신의 현자 실레노스를 마침내 찾아내고 그에게 물었다. 인간에게 가장 좋은 것, 그리고 가장 바람직한 것이 무엇인가라고. 그 마신은 입을 잘 열지 않다가 간청에 못이겨 깨지는 듯한 웃음소리와 함께 토하듯이 말했다.
>
> "불쌍한 하루살이 종족들이여, 우연과 피땀의 아들들이여. 듣지 않는 편이 몸에 가장 좋을 것을 왜 억지로 들으려 하는가? 가장 좋은 것은 너희가 도저히 이룰 수 없는 일이니, 태어나지 않는 일이요, 존재하지 않는 일이요, 무(無)라는 것이다. 그러나 너희에게 다음으로 좋은 것은 곧 죽는다는 것이다."

나는 이 글을 처음 대했을 때 적지 않은 충격을 느꼈다. 삶, 생명이란 근본적으로 한 비극이라는 뜻이다. 그리고 니체가 혹시 불교의 '무' 또는 '공'의 사상을 알고 있었나 하는 생각도 해 보았다.

석가모니는 왕궁의 뜰에서 기어가는 지렁이를 새가 날아와서 먹이로 낚아채 가는 것을 보고, 생명의 비극적인 무상함에 대한 고뇌에 사무쳤다. 그것이 한 계기가 되어 출가 수도의 길을 떠났다고 한다. 지렁이도 살려고 부지런히 기어 갔고, 새도 살려고 지렁이를 잡아먹었고, 삶이란 그저 그렇게 먹고 먹히는 덧없는 연쇄일 뿐인가라는 고뇌다. 의사 · 선교사였고 생명존중사상에 철저했던 알베르트 슈바이처는 자기는 어쩔 수 없이 세균이라는 생명의 살육자라고 회한의 넋두리를 했다.

가끔 밥상에 잔멸치를 볶아 놓은 반찬이 나온다. 한 젓가락 집으면 한 수십 마리가 집힌다. 몇 젓가락이면 백 마리는 먹는다. '내가 한끼 생명을 잇느라고 백의 생명을 잡아먹고 있구나' 하는 생각이 들 때가 가끔 있다. 그것이 안쓰럽다고 생명 없는, 적어도 없어 보이는, 모래나 돌멩이를 먹고 살 수는 없는 것이 나의 생명이다. 어쩌면 니체가 말하는 삶의 비극의 한 뜻은, 생명이란 다른 생명을 먹고 살아야 하는 비극도 포함하는 것인지도 모른다. 그런 비극이 애처로워서 부처님은 살생 · 육식을 금하고 채식을 권하셨을 것이다. 그러나 부처님이 미처 모르셨던 사실이 있다. 식물도 생명이 있는 생물일 뿐만 아니라, 그 유전인자의 DNA는 동물 그리고 인간의 것과 다 같이 아데닌, 사이토신, 구아닌, 티민의 네 가지 염기鹽基로 구성되어 있다는 것이다. 각각의 동 · 식물에 따라 그 염기의 수와 배열만 다를 뿐이다. DNA의 염기로만 보면 식물 · 동물은 다 같은 생물의 '형제' 라는 말이 된다. 채식을 해도 어차피 살생이라는 말이다.

어차피 살생하면서 살아야 할 처지이기는 하지만, 인간은 연쇄적 살생, 먹이사슬의 정상에 있다. 뿐만 아니라, 다른 동물들은 살기 위해 먹어야 할 만큼만 다른 생명을 잡아먹는데, 인간은 그 이상으로 포식하고 장사하느라 살생하고 재미로도 살생하고 독성물질로 새와 물고기를 떼죽음으로 몰기도 한다. 그 결과 19세기 후반부터 세계 인구는 급격히 증가해 왔는데, 반대로 여러 동·식물들은 대기오염, 지구온난화, 독성물질 등으로 '인간 때문에' 멸종의 위기에 몰리고 있다.

얼마 전에 구제역 만연을 막기 위해 소·돼지 300만 마리를 도살 매몰했다. 그 대량 살생에 참가했던 인부 몇 사람이 정신장애 증세를 보였다는 보도가 있었다. 아무리 축생이라도 그 많은 살생에 직접 가담하는 일이 정신적으로 퍽이나 끔찍했던 모양이다. 사람들은 직접 보거나 겪지 않으면 실감을 하지 못하는 버릇이 있다. 나도 가끔 불고기, 스테이크를 태연하게 '즐겨' 먹는다. 그 소고기에서 죽음을 면하려 절규하는 소의 울음소리는 들리지 않고 살기를 애소하는 휘둥그런 눈망울도 보이지 않는다. 그러나 이 스테이크가 그런 비극의 울음소리와 눈망울의 빛을 거쳐 온 것은 틀림없다. 사람들은 한편으로는 개를 기르고, 아기처럼 안고 다니기도 하고, 심지어 애견이 죽으면 묘비까지 세워 주는 사람도 있다. 그러면서 또 한편에서는 보신탕도 먹는다. 보신탕에 대해서는 말도 많지만, 살생에 관한 한 불고기나 보신탕이나 매한가지다. 동·식물의 살생에 대한 사람들의 마음은 모순투성이다.

내 자신에게도 그런 모순이 있다. 가을이면, 어떻게 들어왔는지 화장실에 귀뚜라미 한 마리가 톡톡 튀어다닐 때가 있다. 그럴 때면 살짝 다가가서 다치지 않게 휴지로 싹 덮어 잡고, 창밖에 던져 '잘 살라' 고 놓아 준다. 그러나 어쩌다 책상 위에, 이것도 어디서 기어올라 왔는지 2밀리미터도 안 되는 작은 개미가 기어다니는 경우가

있다. 그때는 귀찮아서 휴지로 잡아 뭉개 버린다. '내가 또 하나 생명을 살육하는구나…….'

이 모든 비극의 상념들이 그저 지나친 감상주의에 불과한 것일까? 나는 그렇게 생각하지 않는다. 감상이 아니라 삶, 생명이 생명을 유지하려면 피할 수 없는 사실이라고 해야 한다. 하지만 어차피 인간도 다른 생물의 생명을 앗아야 하는 비극으로만 나의 생명을 유지할 수 있는 비극적인 존재라면, 그 살생의 비극을 최소한으로 줄이는 배려, 게걸스럽게 마구 잡고 자르고 죽이고 하지 말고 다른 동물처럼 그저 잡아먹어야 할 만큼만 잡아먹는 것이 생물들 사이에서 지켜야 할 '생명윤리'가 아닐까? 그 생명윤리를 자기도 모르게 과도하게 깨고 있다는 죄악감이 앞에 언급한 구제역 소·돼지 살육자가 겪은 정신질환의 원인이라고 생각할 수도 있다.

더구나 이런 생명윤리의 바탕에는 일컬어 생물다양성biodiversity의 문제가 있다. 이 세상의 모든 것, 지상·지하, 천상·천하의 모든 것은 오묘하고 정교한 상호 관련·상호작용의 균형 속에 있다는 생각은 예로부터 있어 왔다. 근자에 환경론자들 사이에 '가이아 원리Gaia principle'라는 개념이 등장하고 있다. '가이아'는 그리스신화에서 '어머니 대지Mother Earth'라는 신이다. 그가 이 지상의 모든 것이 서로 유기적으로 관련되게 하면서 만들어 냈다는 것이다. 그 유기적 관련이 가이아 원리라는 것이다. 그리스신화는 자연의 여러 사물과 현상의 상호 관련과 그 균형을 신들의 상호 관계로 표상화하고 있다. 앞에서 언급했듯이 주역周易도 수많은 자연현상의 상호 관계를 괘卦로 표상화했다. 균형 속에서는 하나가 깨지면 다른 것도 깨진다. 인간이 공장에서 흘려 보내는 독성물질은 강의 물고기를 멸살할 뿐만 아니라 바다로 흘러들어가서 플랑크톤이 먹고 플랑크톤을 잔고기가 먹고, 그것을 큰 고기가 잡아먹고, 결국 그 큰 고기를 먹는 인간 자신에게로 되돌아온다. 먹이사슬에 이상이 생기면 먹이사슬 속의 모든 생물에 영향이 간다.

생물의 세계, 생태계는 정교한 상호 관련 · 상호 균형 속에 있다. 그 관련 · 균형의 전모는 아직도 헤아릴 수 없이 심오하다. 사람의 병을 낫게 해주는 약의 원료는, 한방에서는 물론 거의 100%가 식물이고, 양약에서도 80%가 온대 · 열대의 각종 식물이다. 필요한 식물이 멸종되면 사람의 병도 못 고친다. 각종 다양한 동 · 식물이 다 같이 공생해야 하는 생물다양성의 원칙은 그 자체가 생명윤리를 반영하는 가치일 뿐만 아니라, 그 속의 인간 자신, 우리 자손들 자신의 생존에도 결국은 필수다.

환 경

생명을 존중하자는 명제는 그대로 환경이 소중하다는 명제로 이어진다. 생물은 그에 적합한 환경에서만 살 수 있기 때문이다. 생명을 될 수 있는 대로 덜 죽이자는 말은 곧 환경은 될 수 있는 대로 덜 파괴하자는 말로 이어진다. 지금부터 140억 년 전 대폭발로 시작한 우주 속에서 50억 년 전에 탄생한 태양계는 어차피 지금부터 50억 년 후에는 블랙홀로 끝을 맺을 것이라고 한다. 지구도 그때면 없어진다. 그러나 그보다 너무 일찍 지구를 결단 낼 필요는 없다. 원전의 붕괴로 지금부터 적어도 수십 년 동안 사람 살 땅이 못되는 일본의 후쿠시마처럼, 지구를 사람도 다른 생물도 못 살 위성으로 만들 필요는 없다.

최초의 인류에게 주어진 환경은 인간의 손이 채 닿지 않았던 천연의 자연이었다. 그러나 이성의 인간homo sapiens 외의 인간의 또 하나의 별명이 도구의 인간homo fabre이듯이, 인류는 돌도끼부터 시작해서 온갖 도구를 만들고 그 도구로 천연의 환경에 작동을 가하면서 그것을 '손보기' 시작했다. 그것은 머리가 좋은 이성의 소유자고 동시에 정교한 손놀림을 할 수 있는 '맞댈 수 있는 엄지손가락'을 가지고 있는 인간으로서는 살기 위해서 필연적인 일이었다. 인간은 그때부터 천연의 환경을 파괴하기 시작한 셈이다. 그에 따라 인류의 문화 · 문명도 시작했다. 문화 · 문명이란 부득이 얼마간의 환경파괴를 의미했다.

그래도 유사 이래 수천 년 지구의 대자연은 그런대로 성하게 이어져 왔다. 비록 거대한 피라미드, 만리장성, 앙코르와트 사원 등 대공사가 있었다고 해도, 하늘은 그대로 맑았고 물은 그대로 깨끗했고 공기는 그대로 신선했으며 빗물은 그대로 반가웠다. 수천 년을 그러다가 약 200년 전 산업혁명 이후부터 서서히, 특히 20세기 후반부터는 급속하게 지구의 대자연은 심하게 결단나기 시작했다. 하늘은 오존층 파괴로 결단나고, 물은 아무 물이나 마실 수 없게 되고, 공기는 각종 가스로 오염되고, 빗물도 산성비를 걱정하게 되었다. 이 모든 변화는 각종 생물의 생존을 위협하고 있고, 이미 많은 종이 그 때문에 사라졌다. 얼마 전에 일본 후쿠시마에서 강도 9.0의 대지진과 30미터가 넘는 쓰나미가 일어 엄청난 인명을 앗아갔다. 그러나 그보다 더 끔찍한 재앙은 그 해독이 얼마나 넓게 몇 십 년을 갈 지 알 수 없는 원전原電사고였다. 그것은 인간의 손이 원인인 재앙이다.

내가 어렸을 때, 동네 어귀에 있는 시냇가에서 개구쟁이들끼리 놀다가 목이 마르면 그 시냇물가에 가서 물에 뜬 티끌을 훅훅 불어 없애고 그대로 두 손으로 물을 떠 마셨다. 지금은 깊은 산속 계곡에서도 그러기가 께름칙하다. 미국에서도 1950년대에는 가게에서 사 마시는 콜라병은 있어도 사 마시는 물병은 없었다. 그러나 1960년대에 가게에서 물병을 팔기 시작한 것을 보고 '세상 참 고약해져 가는구나' 했는데, 한국에서도 파는 물병이 나온 지 이미 오래다. 그만큼 사람들은 자연과 멀어졌다.

도시 사람들이 마음껏 상상의 세계를 펼쳐 주는 밤하늘의 별들과 '이별' 한지는 이미 오래다. 서울에서는 뿌연 대기와 훤한 전깃불 때문에 별은 안 보이고, 시골에서도 웬만한 곳은 전깃불 때문에 별 찾기가 힘들다. 옛날의 칠흑같이 캄캄한 밤은 도깨비 · 유령 이야기도 들었기 때문인지 어릴 때에는 무서웠다. 그러나 지금은 그런 캄캄한 들판에 서면 도리어 마음의 평정을 느끼게 된다. 한국에서는 곳곳의 전깃불 때문에 이제는 여간 깊은 산속이 아니면 그런 캄캄한 들판에 서 보기가 어렵다. 언젠가 밤에 시골 논밭 옆길을 차 타고 가다가 문득 사방에 등불 하나 없는 것을 깨닫고 차에서 내려 칠흑의 밤을 십여 분 '감상' 했다. 하늘에 반짝이는 별들, 어슴푸레한 먼 산들의 윤곽, 보일까 말까 어둠 속에 숨은 나무들이 지어 내는 어떤 유현幽玄의 세계를 보는 듯 마음의 차분함에 젖었다. 이것 또한 하나의 감상感傷일까 아니면 자연과 멀어진 자의 귀향歸鄕심리일까?

경제발전은 부득이 크게건 작게건 자연의 훼손을 뜻하게 마련이다. 자원을 캐야 하고, 들을 파고 산을 헐어 공장과 빌딩을 짓고 고속도로도 깔아야 하고, 산 곳곳을 깎아 송전탑도 세워야 한다. 갖가지 '사회자본' 도 늘려야 한다. 발전의 별명 '개발' 의 '개' 는 자연을 '까발려 열어 젖힌다' 는 뜻을 풍긴다. 한국은 1960년대부터 부지런히 그 개발의 길을 걸어 왔고 지금도 그 개발은 왕성하다. 그러나 문제는 그렇게 자연을 까발리는 여정이 어디까지 가야 하는지, 그 개발의 습성을 여전히 그대로 계속해야 하는지다. 그야말로 국가 대계를 위해서는 깊이 반성해 볼 일이다.

서울 변두리 내가 사는 동네에는 나지막한 산들이 많고, 그 산자락에는 평평한 산록지대도 많다. 그 평평한 지대에 그전에는 포도밭, 배밭 등 과수원에 채소밭, 잡목의 숲도 있어서 제법 도심 속의 전원을 만끽할 수 있었다. 그러나 얼마 전부터, 아마도 이 지역의 구청의 소행인 듯 싶은데, 그런 밭을 하나씩 '개발' 하기 시작하고 거기에 '공원' 을 만들기 시작했다. 그런 공원에는 악취미의 표상 같은 괴상한 구조물들을 세웠다. 가끔 그 옆을 지나가면서 보아도 산책하는 사람은 별로 없다. 돈은 수십억이 족히 들었을 것이다. 구청에서는 그것을 발전의 '공적' 으로 여기고 있겠지만, 나에게는 예전의 배밭과 포도밭이 더 정다웠다.

한국의 기관장들, 정치지도자들은 자연을 까뭉개게 되는 토목공사를 공적으로 여기는 일종의 토목 중독증에 걸려 있는 것만 같다. 대학총장들은 웅장한 새 건물을 캠퍼스에 세워 가는 것을 공적으로 알고 있고, 그러면서 대학의 교육적 내실은 안중에도 없다. 지방 도지사는 그 지방에 고속도로망을 넓혀 비행장을 만드는 것을 치적으로 알고 있고, 대통령도 새만금, 수도 이전, 4대강 개발을 치적으로 여기고 있다. 그러나 민자民資로 지은 고속도로는 한산해서 한 해 수조 원씩 정부가 보상하고 있고, 열 개 넘는 비행장도 한산해서 인천공항 이외에 다 적자다.

한국의 국토는 몹시 좁다. 이대로 고속도로, 비행장, 공장지대를 깔아 가다가는 남아날 땅이 없다. 그리고 그나마 남아 있는 이 땅의 생물다양성도 크게 위협받고 있다.

일본이 아직도 헤어나지 못하고 있는, 일본의 '잃어버린 10년' 이라는 1990년대 경제몰락의 한 큰 원인은, 시골 방방곡곡까지 그리 긴요하지도 않은 도로망과 각종 사회간접자본 시설을 확충한 토목공사였다. 국회의원들이 지방정부와 토목공사 업체와 짜고 그 토목공사를 위한 국가예산을 마구 늘렸고, 그에 따른 수뢰와 뇌물이 성행했던 탓이라고 일본의 경제학자 자신이 한 강연에서 분석했다. 혹 지금의 한국이 그때 일본의 전철을 밟고 있는 것은 아닐까?

생존의 철학

앞에서처럼 내가 자연의 소중함을 길게 소리 높여 강조하지 않아도, 환경보존과 생태계 보전의 문제는 벌써 1960년대 후반부터 세계적인 관심으로 크게 부각되었고,[3) 4) 5)] 그때 이미 식자들은 많은 예측적인 경고도 제시했다. 예컨대, 이대로 가다가는 공장과 자동차가 내뿜은 탄산가스$_{CO_2}$ 때문에 지구온난화로 극지방의 빙산이 녹아내려 해수면이 올라가고 기상이변이 심해질 것이고, 공장에서 뿜어나오는 염화불화탄소$_{CFC}$ 때문에 지구 상층의 오존층이 파괴되고 하늘에 '구멍'이 생겨서 여과 없이 내리 쪼이는 강렬한 자외선은 각종 병을 유발함은 물론 DNA마저 훼손할 것이라는 경고 등이다.

그때 그런 경고들을 사람들은 먼 장래의 이야기라고 크게 귀담아 듣지 않았고, 세계의 위정자들도 경제개발만이 관심일 뿐 이런 경고에 대한 대책에는 별 관심이 없었다. 그러나 문제는 그 경고들이 30년도 안 되는 근래에 와서 기대보다 빨리 현실화되고 있다는 사실이다. 나는 한 8년 전 알래스카 근해를 배를 타고 지나가다가 한 1km쯤 떨어진 빙산에서 높이가 족히 50m쯤 되어 보이는 육중한 얼음 기둥이 우레와 같은 굉음을 내면서 바다로 쓰러져 들어가는 장면을 목격한 적이 있다. 그 우레소리는 어떤 거대한 짐승이 쓰러지면서 울부짖는 단말마의 울음소리 같았다.

환경과 생태계 보전을 위해 CO_2 감축 국제회의, 각종 대체에너지 개발, 지속 가능한 발전 등 그간 수많은 제안이 나왔다. 과학자들 중에는 과학공업이 저지른 생태계의 재해는 새로운 과학적 발전으로 해결할 수 있다는 낙관론을 펴는 사람도 있다. 그러나 나는 환경보존 · 생태계 보전의 문제는 과학적 문제이기도 하지만, 그보다는 더 근본적으로 철학적 문제라는 생각으로 점점 더 기울어져 간다. 과학적인 '땜질' 만으로는 약간의 효과를 볼 수 있을지 몰라도, 근본적으로는 사람들이 마음을 바꾸기 전에는 환경 · 생태계의 보전은 어렵다는 생각이다. 문제의 발단은 실은 더 뿌리 깊은 정신적 문제에 있다는 생각이다. 그런 생각의 편린은 앞에서 자연에 대한 예속관 · 정복관 · 조화관의 논의에서 시사하기도 했다. 다음에 그런 생각을 미래관, 행복관, 윤리관, 우주관, 신神관으로 나누어 부연해 본다.

미래관 사람은 긴 미래라는 시간에 둔감하다. 길수록 더 둔하다. 어쩌면 그래야 하고 그럴 수밖에 없는 것인지도 모른다. 인간은 사회변화가 없거나 아주 느린 시대에 진화해 나왔기 때문에 긴 옛날 긴 미래에는 둔감하게 된 것인지도 모른다. 그리고 사람들은 오늘의 일만 챙기기도 힘에 벅찰 수도 있다. 하지만 오늘의 미래는 어제의 미래와 달리 엄청 빠르게 그리고 짙게 엄습해 온다. 변화의 속도가 무척 빠른 세상이다. 그만큼 가끔은 긴 그러나 기필 다가올 미래를 조금은 생각해야 한다.

1970년대 초 미래론자들이 화학공업이 내뿜는 가스인 CFC 때문에 하늘의 오존층에 구멍이 나는 재앙이 있을 것이라고 말한 경고를 세계의 위정자들이 실감 있게 들었더라면, 그리고 그때 그 대책을 마련했었더라면 지금보다 그 구멍이 훨씬 작았을 수도 있다. 문제는 지금도 빠른 역사의 흐름 속에서 그 오존층 구멍이 지금의 짐작보다 더 빨리 넓게 번져갈 수도 있다는 데 있다.

환경 · 생태계 보전에는 우선 긴 옛날 긴 내일을 가능한 한 길게 투시하면서 오늘을 경영하려는 정신 자세가 그 첫 관건일 것이다. 이것은 바로 6장에서 논의한 '역사적 현재' 그리고 '카르마' 의 개념과 같은 맥락의 정신 자세이기 때문에 여기에서 재론할 필요는 없을 것이라 생각한다.

행복관 앞서 든 그리스신화의 실레노스는 사람이란 태어나지 않는 것이 가장 행복한 것이고 다음으로는 죽는다는 것이 행복하다고 했지만, 이미 어쩌다 태어났고 억지로 죽을 수도 없는 처지에서는 태어남과 죽음 사이의 삶에서 그 행복이 무엇인지 묻고 그 행복을 찾으려 할 수밖에 없다. 환경 · 생태계의 보전을 위해서, 그리고 어쩌면 인간적 존재가치 자체의 추구를 위해서도, 이제 그 행복에 관한 생각은 물질적 풍요가 중심인 종래의 지배적인 행복관을 넘어서는 그 어떤 행복관으로 크게 승화되어야 한다는 것이 여기서의 제안이다. 행복의 문제도 5장에 언급했지만, 그 요점만을 여기에서 반추해 본다.

인류의 대부분은 유사 이래 줄곧 가난했다. 지금도 세계 60억 인구의 태반이 허기를 충분히 채우지 못한다. 그러니 물질적 풍요가 행복감의 중심에 놓인 것은 당연하다. 그러나 예부터 세계의 성현들은 약속이나 한 듯이 입을 모아 지나치게 물욕에 휘말리지 말고 지나치게 호화사치를 누리려 하지 말고, 삶의 뜻과 행복은 그 물욕

이외의 어디엔가 있다고 설교해 왔다. 설마, 그 설교가 어차피 가난할 수밖에 없는 세상이니 물욕 자체를 버리는 것이 상책이라는 체념적인 패배주의의 설교는 아닐 것이다. 도리어 설혹 넉넉해도 검소하게 살라는 뜻이 담긴 설교일 것이다.

앞서도 언급했듯이, 부자나라 사람들은 더 부자가 되었다고 더 행복감을 느끼는 것도 아니고, 가난한 나라 사람들이 부자나라 사람들보다 더 행복감에 젖어 있는 경우도 많다는 여러 조사 결과가 나오고 있다. 부자들 중에도 정신질환자도 많고 자살도 많다. 따라서 물질적 풍요를 최고 가치로 여겨 왔던 경제학자 자신들도 행복은 풍요 너머 어디엔가에 있고, 그 행복감을 경제학의 중요한 변수로 보아야 한다는 견해를 피력하고 있다.

말할 나위 없이, 환경 · 생태계 파괴의 주범인 물욕이 중심인 종래의 행복관이다. 따라서 그 행복관의 전환이 있어야 물욕이 그 중심자리는 양보할 것이고, 그 정도에 따라 환경 · 생태계도 소생할 가능성이 생긴다는 말이 된다. 물욕의 초월, 이것이 쉬운 일이 아닌 것은 충분히 알고 있다. 그리고 거기에 관련되어 고려해야 할 사항들이 엄청 많다는 것도 짐작하고 있다. 하지만 지금처럼 사나운 물욕이 중심인 행복관은 서서히라도 전환되어 가야 한다. 지구가 살 만한 곳으로 남아 있으려면 꼭 그래야 한다.

윤리관 '윤리'라는 말에는 가끔 앞에 어떤 수식어가 붙는다. 개인윤리, 사회윤리, 공공윤리, 전문윤리 등이다. 나는 앞에서, 인간만이 아니라 모든 동 · 식물을 포함한 생명체에 대한 윤리라는 뜻으로

'생명윤리' 라는 개념을 썼다. 본래 한자의 倫理에는 사람들의 무리를 서열 있게 다스리는 길이라는 뜻이 있다. 즉, '윤리' 는 사람들에게 해당되는 개념이다. 생명윤리는 그 개념을 모든 생명체에 넓게 적용해 보자는 뜻이다.

1장에서 언급했듯이, 나는 윤리 · 도덕의 출발점인 심리기제는 남이 아프겠다 또는 슬프겠다고 느끼는 감정이입이라고 규정한다. 구제역 돼지를 몰살한 작업원이 정신장애 증세를 보인 것은 바로 죽음에 몰린 돼지의 처참한 심정에 감정이입했기 때문이다. 그때 그는 생명윤리를 뼈저리게 느꼈을 것이다. 즉, 감정이입에 따르는 윤리는 다른 동물에게도 적용될 수 있다는 예다.

가끔 길가 보도를 걸어가면, 담벽과 보도의 틈바구니에 민들레꽃이 힘없이 작고 가련하게 피어 있는 것을 본다. '너도 살겠다고 꽃을 피웠는데 어쩌다 그런 척박한 곳에 뿌리를 내려 고생하느냐?' 라고 한동안 들여다보았다. 그때 나는 그 작은 가련한 민들레에 감정이입한 셈이다. 영국의 유명한 시인 테니슨Tennyson은 나보다 좀 생명윤리가 둔하다. 그의 시 「벽 틈에 핀 꽃Flower in the crannied wall」은 다음과 같다.

> 벽 틈에 핀 꽃,
> 나는 너를 벽 틈에서 뽑아 내고
> 뿌리째 너를 내 손에 쥔다.
> 작은 꽃 – 하지만 내가 네가 뭔지
> 뿌리째 모두 다 알 수 있다면

하느님과 인간이 뭔지도 알 수 있으련만.

'귀엽고 신기하다면 왜 뽑아 내서 죽여 버리느냐' 가 나의 반응이었다.

환경윤리라는 개념도 성립된다고 나는 생각한다. 가끔 꽤 높은 산허리를 뭉텅 잘라 내고 도로를 낸 장면을 여기저기에서 보게 된다. 꼭 사람의 팔다리 살점을 잘라 낸 것 같은 상흔이 보기에도 끔찍하지만, 말 없는 산이라도 퍽 아프겠다는 환상이 든다. 어쩌다 그 근처 도로 바닥에 너구리 같은 것이 자동차에 깔려 죽어 너부러져 있다. '정 여기에 길을 내야 한다면 다소곳이 터널을 뚫는 것이 그래도 나을 텐데. 그러면 고라니, 다람쥐들의 통로도 그대로 있을 텐데……' 라는 생각도 든다. 물활론物活論은 산도 바위도 강도 생명이 있는 것으로 본다. 굳이 물활론을 믿지 않는다 해도 잘 보존된 산수는 그 자체가 즐거움을 주고, 그야말로 Mother Nature, 어머니 품 같은 포근한 느낌을 준다.

같은 맥락에서, 미래윤리 또 후손윤리라고 부를 수 있는 윤리관도 성립된다. 미래의 후손들을 지금의 내 아들딸처럼 생각하고, 지금 우리가 하는 일 또는 하지 않는 일 때문에 먼 후손들이 겪을 희로애락에 미리 감정이입함을 뜻한다. 이것은 그대로 6장에서 논의한 '카르마'의 사상을 되풀이한 말이다. 현재에 살고 있는 우리는 지금 옆에 있는 사람들에게만 윤리적 책임이 있는 것이 아니라, 아직 태어나 있지 않은 다음 세대에도 책임이 있다. 국책을 논의하는 국회에는 어른들이 뽑은 어른들만의 국회의원이 있다. 그러나 오늘 펴는 국책이 다음 그리고 또 다음 세대에도 영향을 주는 것이라면, 국회에는 아이들의 '대표', 나아가 아직 태어나지 않은 아이들의 '대표'도 의원이 되어야 한다는 말이 된다. 실제로는 이런 '대표'는 어른들 의원이 겸하기를 바랄 수밖에 없지만 말이다.

환경·생태계를 보전하려면 우리의 윤리관, 윤리적 책임감에 변화가 있어야 한다. 내가 자주 인용하는 칸트의 도덕법칙, "인간을 수단으로써만 아니라 언제나 동시에 목적으로 대하라"는 말은 인간은 어떤 쓸모 때문이 아니라 우선 그 자체로서 존중되어야 할 가치가 있다는 뜻을 내포하고 있다. 환경의 모든 것, 산도 물도 풀도 나무도 새도 고라니도 나아가 돌도 바위도 '그 자체로서' 존중되어야 할 가치가 있는 것으로 보는 정도에 따라서만 환경·생태계는 보전될 것이다.

우주관, 신관 더 근원적인 차원에서, 나는 환경·생태계의 문제는 형이상학인 우주관·신관과도 관계가 깊다고 생각한다. 이 생각은 앞에서 예속·정복·조화의 자연관을 논의한 데에서도 시사한 바 있다. 예를 들어, 유대·기독교의 교리는 인간형상적anthropomorphic 신관과 인간중심적anthropocentric 우주관을 함축하고 있다. 즉, 인간의 형상을 지닌 신이 이 우주를 인간을 위해서 만들었다는 생각이다. 따라서 이 우주의 중심은 인간이고, 인간이 자연을 마음대로 정복하고 요리해도 된다는 종교적인 재가를 함축한다. 어쩌면 그런 재가가 기독교의 나라들이 경제발전에 앞서고 세계 곳곳을 식민화하기 시작한 한 원동력이었을지도 모른다.

이와 대조적으로 인도 힌두교의 최고의 신인 브라만Brahman은 사람의 형상이 아니라, 그저 한 '절대세계정신Absolute World Spirit' 이다. 이 우주는 사람의 형상을 지닌 신이 사람을 위해서 마음대로 정복하라고 만들어 놓은 것은 아니라는 것이다. 힌두교의 우주관은 기독교의 우주관보다 훨씬 광대하고 장구하다.[6)]

우주는 끝없는 생멸을 반복하는 것이고, 그 한 주기는 브라마Brama 신이 주재하는 한 겁劫, kalpa인 43.2억 년의 '브라마의 낮' 과 다시 한 겁인 '브라마의 밤' 이다. 그렇게 합계 86.4억 년의 '브라마의 하루' 가 지난 다음, 브라마는 어머니신 격인 비슈누Vishnu의 몸속으로 들어간다. 그리고 다시 한 브라마가 비슈누의 배꼽에서 나와서 또 '브라마의 하루' 를 주재한다. 그렇게 주기가 반복되면서, 비슈누는 '100년' 을 산다. 단, 그 1년은 '브라마의 하루' 로 360일인 1년이다. 즉, 보통 햇수로는 42.2×2×360년이 비슈누의 '1' 년인 셈이다. 그런 100년이 지난 다음 '절대세계정신' 인 브라만은 새 비슈누를 앉힌다. ……숫자 계산하기에도 까마득한 장구한 우주의 역사다. 어쩐지 이 힌두 우주관이 현대과학이 말하는 우주관과 흡사한 점이 많다는 생각이 든다. 비슈누의 배꼽은 흡사 블랙홀인 셈이다. 그리고 태양계는 50억 년 전, 지구는 45억 년 전에 생성했고, 지금부터 50억 년 후에는 블랙홀이 되어 소멸할 것이라는 말도 흡사 힌두 우주론을 닮았다. 문제는, 이 광대하고 장구한 우주는 인간 형상의 신이 만든 것은 아니고 더구나 인간을 위해 만들어진 것도 아니며, 그 광대 · 장구 속에서 인간은 그저 한 미물일 뿐이라는 생각이다. 일본 후쿠시마의 강도 9.0의 대지진과 30m 높이의 쓰나미 그리고 원전재해는 인간이 세계의 주인이 아니라는 것을 뼈저리게 일러 주는 것인지도 모른다.

그렇다고 내가 환경과 생태계 보전의 견지에서 이 종교 저 종교를 시시비비하려는 것은 아니다. 환경 · 생태계 보전을 위해 개종을 권하려는 뜻은 더더구나 아니다. 다만, 나는 모든 종교의 교리에는 비유적 · 상징적인 뜻이 많이 담겨 있고, 따라서 불교에서와 매한가지로, 그 교리의 소승小乘적인 직설적 해석과 동시에 대승大乘적인 비유적 해석도 있을 수 있고, 또 있다고 믿는다. 소승불교는 자질구레한 계율에 문자 그대로 얽매여 있는 반면, 대승불교는 원효대사처럼 그런 계율의 근본정신을 지키면서 구체적 계율은 초월하는 신앙을 말한다. 소승종교는 고집만 있고 대승종교는 여유가 있다. 대승적으로 해석한다면, 어떤 종교든 간에 그 '친환경적'인 해석이 가능할 것이라고 믿는다. 불교의 근본정신은 자비이며 기독교는 사랑이라면, 그 정신을 인간 아닌 다른 생명체 그리고 생명체로 보이지 않는 산, 물, 들판에도 펼쳐 볼 수 있을 것이다.

생태 속의 삶

후쿠시마 원전사고의 심각성을 보고, 유럽 각국에서 그리고 한국에서도 원전 반대 시위가 잇달았다. 이해는 간다. 아무리 안전해도 원전은 재앙을 내포하고 있기 때문이다. 그러나 곧 반문도 이어진다. 그렇다면 원전 외의 태양열 · 풍력 · 소수력 등의 대체에너지의 활용은 제안만 요란할 뿐 그 대량 실용화 단계는 아직은 요원한데, 그때까지 긴 세월을 시위 참가자들은 전기가 부족한 삶을 감수할 용의가 있는가? 자가용을 없애고 대중교통만 이용하고, 냉장고에서는 음식이 썩고 걸핏하면 20층을 엘리베이터 없이 걸어 올라가고, 밤거리는 어두컴컴하고, 각종 공장 가동은 줄고…… 그런 삶을 감수할 용의가 있고 그래도 불평도 시위도 안 할 것인가? 한국도 전기의 약 40%가 원전의 전기다. 그리고 휘발유 값은 매년 천정부지로 올라가고, 대체에너지는 말만 요란하고 부지하세월이다. 그렇다면 그 대안은 무엇인가? 아마도 그 시위 참가자들도 그 대답에 궁할 것이다.

그 답은 결국은 지금보다는 덜 화려한 삶을 각오해야 한다는 말이 될 수밖에 없다. 지금보다는 검소하고 낭비를 줄이고 지금보다는 만사를 절약하고 지금보다는 덜 편안하고 지금보다는 더 힘이 드는, 지금 기준으로 약간은 우울한 삶일 수밖에 없을 것이다. 근검절약, 간소질박이 조금은 더 생활의 원칙일 수밖에 없어 보인다. 옛날에는 부족하고 모자라서 근검절약했지만, 이제는 풍요하고 넉넉해도 근검절약해야 할 판이다. 옛날에는 집이 가난해서 또는 나라가 가난해서 검소질박해야 했지만, 이제는 지구가 '가난하고' 한계가 있어서 검소질박할 수밖에 없는 셈이다. 아니, 검소질박이 어떤 경우건 본래 삶의 기본 자세라야 하는 것인지도 모른다.

나 자신을 포함해서 풍요의 홍청망청에 길들어진 현대인에게는 이런 검소질박의 주장은 잠꼬대 같은 도가적 설교로밖에 들리지 않을 것이다. 그러나 불교계의 법정法頂 스님이 입적한 다음, 그의 저서

『무소유』가 베스트셀러로 십여만 권이 매진되었다는 소식은, 일반 사람들 마음속에도 그런 질박한 삶에 대한 그리움이 남아 있다는 것을 시사한다. 경제학자 중에도 벌써 1970년대에 이런 미래를 예측한 사람이 있었다. 그 학자와 논문의 제목은 잊었으나 그 요지는, 인류는 결국 가톨릭 성당 건물 속처럼 약간은 어두우면서도 정숙靜肅한 삶, 그런 속에서 삶의 뜻과 행복을 찾을 수 있는 삶을 영위할 수밖에 없는 것이라는 결론이었다.

속세를 떠난 깊은 산속 절간과 암자에서 수도하는 승려의 생활, 또는 기독교의 수도원과 수녀원에서 수도하는 수사와 수녀의 생활, 먹을 것을 손수 농사짓고 먹을 만큼만 간소하게 깨끗이 먹고 모든 것을 아껴서 쓰는 수도의 생활은 삶의 정상이 아닌 비정상적인 특이한 생활이라고 보통 사람은 생각한다. 나도 굳이 그런 생활을 할 생각은 없다. 나도 그저 보통 사람이기 때문이다. 그러나 그런 수도자들의 생활, 근검절약하고 간소질박한 삶 속에 고금을 통하는 어떤 삶의 진수, 적어도 그 진수의 편린이 함축되어 있는지도 모른다. 그 진수를 체득하려고 그들은 수도의 길에 들어섰을 것이다. 그들은 온갖 섭리가 교차하고 운행하는 대자연, 그러면서도 온갖 한계가 있는 대자연, 그 대자연과 더불어 살아야 하는 인간의 삶의 진수를 스스로도 탐구하고 우리에게도 시사하려는 것인지 모른다.

시애틀의 편지

1852년경 미국 정부가 계속 이민해 들어오는 많은 사람을 정착시키기 위해서, 미국 서북부 해안지방의 한 인디언 부족의 땅을 사고 싶다고 부족장 시애틀Seattle에게 문의해 왔다. 시애틀은 그 답장을 써 보냈다.[7] 아름답고 심오한 자연철학이 담긴 명문의 답장이기에 좀 길지만 여기에 그 전문을 소개한다. 그 편지는 이 장의 취지를 그대로 대변한다.

> 워싱턴에 있는 대통령이 우리의 땅을 사고 싶다는 말을 전해 왔다. 그러나 당신은 어떻게 하늘을 사고팔고 할 수 있는가? 땅은 또 어떻게? 그런 생각은 우리에게는 생소하다. 우리가 공기의 신선함이나 물의 반짝임을 소유하고 있는 것이 아닐진대, 그것을 당신은 어떻게 살 수 있다는 말인가?
>
> 이 땅의 곳곳은 다 나의 부족 사람들에게는 신성한 곳이다. 모든 반짝이는 솔잎, 모든 바다 모래사장, 모든 어두운 숲속의 물안개, 모든 초원, 모든 웽웽거리는 벌레들…… 이들은 다 내 부족 사람들의 추억과 경험 속에 거룩한 것으로 남아 있다.
>
> 우리는 피가 우리의 핏줄을 흐르고 있는 것을 알고 있는 것처럼, 나무들 속을 흐르고 있는 수액을 알고 있다. 우리는 이 대지의 일부고, 대지는 우리의 일부다. 향기로운 꽃들은 우리의 누이들이다. 곰, 사슴, 큰 독수리…… 이들은 우리의 아우들이다. 산꼭대기의 바위, 초원의 물기, 말

의 체온 그리고 사람, 모두 다 같은 한 가족에 속한다.

개울과 강에 흐르는 빛나는 물은 그저 물이 아니고 우리 조상의 피다. 우리가 당신에게 우리 땅을 팔게 된다면, 이 땅은 신성하다는 것을 기억해야 할 것이다. 호수의 맑은 물에 비치는 신령스러운 반영은 내 부족 사람들의 옛일과 기억 들을 말하고 있다. 물 흐름의 속삭임은 나의 아버지의 아버지의 목소리다.

강은 우리의 형제다. 강은 우리 갈증을 가셔 준다. 강은 우리 카누를 날라 주고 우리 아이들을 먹여 살린다. 그러니 당신들은 모든 형제에게 베푸는 것처럼 강에 대해서도 친절을 베풀어야 할 것이다.

우리가 당신들에게 우리 땅을 팔게 되면, 공기가 우리에게 귀중하고, 공기는 그것이 지탱해 주는 모든 생명체와 그 정기를 나누어 가지고 있다는 것을 잊지 말라. 우리의 할아버지에게 그의 첫 숨을 불어넣어 준 저 바람은 그의 마지막 숨결도 거두어 간 바람이다. 그 바람은 우리 아이들에게도 생명의 정기를 불어넣어 준다. 그러니 우리가 당신들에게 이 땅을 팔게 되면 사람들이 초원의 꽃으로 감미로워진 바람을 즐겨 맛볼 수 있도록 이 땅을 각별히 신성하게 유지해야 할 것이다.

당신들은 우리가 우리 아이들에게 가르쳐 왔던 것처럼 당신네 아이들을 가르치겠는가? 이 대지는 우리의 어머니라고? 이 대지에 일어나는 일들은 대지의 모든 아이들에게도 일어나게 마련이다.

우리는 알고 있다. 대지는 사람에 속해 있는 것이 아니라, 사람이 대지에 속해 있는 것이다. 모든 것은, 우리 모두를 잇고 있는 피처럼다 서로 연결되어 있다. 인간이 생물들의 그물網을 만들어 낸 것이 아니고, 인간은 그 그물의 한 올일 뿐이다. 인간이 그 그물에 저지르는 일은 결국 인간 자신에게로 돌아온다.

하나 우리가 알고 있는 것이 있다. 우리의 신은 당신들의 신이기도 하다. 이 대지는 그 신에게 소중하다. 그리고 대지를 해치는 일은 그 창조자에게 멸시를 퍼붓는 일이다.

당신들이 결국 어떻게 되어갈 것인지 그 운명이 우리에게는 불가사의다. 들소들이 다 죽임을 당하면 무슨 일이 벌어질 것인가? 야생마들이 다 길들여지면? 숲속 비밀스러운 곳까지 많은 사람의 체취가 무겁게 깔려 있게 되면? 그리고 풍요한 언덕들의 경관이 여기저기 전화 줄로 얼룩진다면 또 무슨 일이 벌어질 것인가? 수풀은 어디 있을까? 사라져 버린다! 독수리는 어디 있을까? 사라져 버린다! 재빠른 말 그리고 사냥과 헤어진다는 것이 무엇을 뜻할까? 삶의 끝이고 그저 살아남기 위한 고통의 시작을 뜻한다.

마지막 적색인이 그의 들판과 같이 사라지고, 그의 기억은 넓은 초원을 지나가는 구름의 그림자일 뿐일 때, 이 해변과 이 숲들이 그대로 남아 있을까? 우리 부족의 얼이 조금이라도 남아 있을까?

우리는 갓 태어난 아이가 엄마 가슴의 맥박소리를 사랑하듯이, 이 대지를 사랑한다. 그러니 우리가 이 땅을 당신들에게 팔게 되면, 우리가 사랑했듯이 이 땅을 사랑하기 바란다. 우리가 돌보아 왔듯이 이 땅을 잘 돌보아 주기 바란다. 당신들이 이 땅을 받을 때의 그 모습을 마음속에 깊이 간직해 주기 바란다. 신이 우리 모두를 사랑하듯이, 모든 아이를 위해 이 땅을 보존하고 사랑하라.

우리가 이 땅의 일부였듯이, 당신들도 이 땅의 일부다. 이 대지는 우리에게 소중했다. 당신들에게도 소중하다. 하나 우리는 알고 있다. 신은

> 오직 하나다. 사람은, 적색인이건 백인이건, 누구도 혼자 떨어져 있지 않다. 결국 우리는 다 형제다.

나는 1980년대 캐나다 애드먼 시 박물관의 인디언 문화관에서 우리나라 윷과 비슷한 나무토막 네 가락이 전시대 위에 진열되어 있는 것을 보고 놀랐다. 옆에 윷판도 있었고 윷놀이하는 설명서도 있었다. 영락없이 우리 윷이다. 윷가락의 등에 인두로 무늬를 지져 넣은 것도 똑같다. 만 년 또는 수만 년 전 시베리아 바이칼 호에서 우리와 헤어져 계속 동진해서 베링 해협을 넘어 미 대륙으로 건너간 옛 한민족 형제들이 윷을 가지고 간 것이다. 나는 그 윷가락 전시에서 만 년 전에 헤어진 나의 형제들의 영혼을 보는 것 같아서 가벼운 전율마저 느꼈다.

시애틀 그리고 그의 미국 인디언과 캐나다 인디언도 다 우리 한국인과 같이 우랄알타이 산맥을 넘어 동진해 온 몽골족, 우리의 사촌들이다. 밭 전 자田 모양으로 점들을 배열한 윷판은, 본래 가운데에 북극성을 두고 일곱 점 북두칠성이 그 주위를 돌아가는 모습을 네 방향의 위치로 형상화한 것이라고 한다. 시베리아의 벌판을 가로지르면서 동방으로 동방으로 용진하던 우리 옛 조상들에게 밤하늘에서 가장 인상 깊게 빛나는 별은 항상 변하지 않는 북극성과 그 주위를 도는 북두칠성이었을 것이다. 어쩌면 북극성과 북두칠성은 옛 우리 조상의 한 상징이었을지도 모른다. 그 상징이 북미 인디언의 윷판에도 있었다. 한민족의 옛 고유신앙도 시애틀의 철학과 매한가지로 자연과 인간의 합일사상이었을 것이다. 그리고 우리는 그 자손들이다.

내일의 한국인

종장

나의 본래 관심은 교육이다. 그러나 앞 여덟 장의 논의에서 교육 자체에 관해서는 거의 언급하지 않았다. 그 주안점은 발전의 연대를 지나서 성숙의 연대에 들어서는 한국을 능히 경영해야 할 인간상을 새삼 성찰해 보려는 것이었다. 그 인간상이 한국 교육의 교육목적에 반영되어야 한다는 것을 이 책 논의의 전제로 했다. 이제 마지막으로 그런 모습의 인간을 길러 내야 할 교육 자체에 관해서 몇 가지 생각을 간략하게 강조하면서 이 책을 맺는다.

나는 교육은 사람을 사람답게 기르고 나라를 나라답게 만드는 일이라고 규정해 본다. 그리고 교육은 하기 나름에 따라 그 교육 성과에 하늘과 땅의 차이가 생길 수 있다고 믿는다. 힘 있는 교육은 사람의 사람다운 성장, 나라의 나라다운 발전에 크나큰 이득과 축복을 안겨 줄 수 있고, 반대로 힘없는 교육은 그 성장과 그 발전에 무서운 손해와 재앙을 끼칠 수 있다고 믿는다.

교육세력

한 나라의 교육이 흔히 학교교육만의 일이라고 생각하는 경향은 크게 시정되어야 한다. 학교교육이 교육전문의 기관인 것에는 틀림없다. 그러나 총체적인 견지에서 본다면 한국사회 전체가 한국 제2세대의 교육자다. 그렇지만 한 나라에서 특히 강력한 교육적 영향력을 행사하는 '교육세력'으로서 나는 다음의 넷을 지목한다.[1)] 한국 교육의 실질적인 향방은 이 네 세력이 결정한다. 즉, ① 가정의 부모, ② 학교의 교사, ③ 매스미디어의 언론인, ④ 각계각층의 지도자들이다. 한국 교육의 잘잘못은 학교 교사만의 공과가 아니라, 이들 모두의, 그리고 그들 상호작용의 공과다. 따라서 내일의 한국인상에 관한 나의 호소도 이 네 교육세력 모두에 드리는 호소다. 앞에서 논의한 여덟 가지 인간상도 결국 이 네 교육세력에 의해서 그 함양과 형성이 좌우되기 때문이다.

첫째, 가정의 부모가 아이들에게 미치는 교육 영향이 지대하다는 것은 여기에 췌언이 필요 없다. 아이의 건강, 성격, 도덕성, 지적 잠재력, 취미 할 것 없이 부모의 영향이 크게 미치지 않는 곳이 없다. 엄마의 영향은 태아 때부터 중요하고 탄생 후 신생아, 유아기는 물론 아동기 · 사춘기 · 청년기까지도 계속된다. 근래 신경생리학은 인간 대뇌의 생리적 발달이 종래 생각처럼 8세 전후까지만이 아니라, 20세는 물론 25세까지도 계속된다고 말한다. 그때까지도 부모의 영향이 계속된다는 말이다.

문제는 두 가지가 있다. 그 중요한 부모의 교육적 영향이 현대 산업사회에서는 크게 희석되어 있다는 것이 그 하나다. 아빠는 물론 엄마마저 취업하는 바람에 아이가 부모와 지낼 수 있는 '친자시간親子時間'이 심하게 줄어들었기 때문이다. 어린이집, 유치원 등의 보육기관이 있기는 하지만, 보육교사가 아무리 훌륭해도 육친인 부모의 자상함을 완전히 대신할 수는 없다. 육아휴가, 직장탁아소, 유동근

무제, 재택근무제 등은 친자시간을 늘려 보려는 극히 바람직한 시도다. 그 외에도 신체적 · 정신적 · 도덕적 · 지적으로 건전한 육아를 위해서는 친자시간을 늘릴 수 있는 더 많은 창의적인 조치가 있어야 한다.

또 하나의 문제는, 부모는 천성적으로 아이를 사랑하게는 되어 있지만, 그래도 부모의 교양 정도가 육아의 질에 영향을 준다는 사실이다. 여러 조사연구의 일반적인 결론은 세대 간의 계층 상승이 그리 흔하지 않다는 것이다. 빈민층 부모의 자녀는 다시 빈민층에 머물 가능성이 크다. 별로 반성적 사고를 하지 않는 부모는 옛날 자기가 길러진 방법대로 아이를 기르기 때문이다. 부모가 받은 낮은 수준, 낮은 질의 교육이 그들 자신이 빈민층인 원인이기도 하지만, 동시에 그들 자녀도 계속 빈민층으로 머물게 하는 지적 · 정서적 · 도덕적 경향성을 기르는 원인이 된다. 그렇다고 살기에 바쁜 부모를 불러 모아 다시 부모교육을 할 수는 없는 노릇이다. 대신 매스미디어를 통해서 부모로서의 교양을 강조할 수는 있지만, 궁극적으로는 부모가 되기 전에 모든 사람이 거쳐 가는 학교교육을 모두가 잘 배우도록 강화하고 향상시키는 길밖에 없는 셈이다. 극히 중대한 부모의 교육력을 강화하기 위해서는 그것이 결국 최선의 길이다.

둘째, 초 · 중등학교의 교사라는 교육이 전문인 교육세력의 중요성에 관해서도 긴 말이 필요 없다. 그 학교교육, 대학교육이 한국에서 극심한 비판 · 비난의 도마 위에 놓인 지가 이미 오래다. 나는 학교교육 · 대학교육이 안고 있는 많은 문제 중에서 특히 두 가지를 문제시한다. 하나는 교사의 자질의 문제고, 또 하나는 학교 · 대학의 자율의 문제다. 둘은 관련이 있다.

근래 국내 · 국외에서 교육의 질을 개선하려는 여러 연구의 중요한 일반적인 결론의 하나는, 교육의 향상을 위해서 긴요하다고 흔히들 주장하는 요인들, 예컨대 교육비의 다과, 교사봉급의 다과, 교육시설의 빈부, 학급 학생 수의 다과, 교사교육 연한의 장단, 교육경력의 장단 등의 요인은 학습성과 향상에 별 관계가 없고, 결국 교사 자신의 능력과 열의가 학생들의 학습 성과와 가장 관계가 깊은 조건이라는 결론이다. 다른 좋은 조건들은 이 조건이 만족된 연후에야 그 효과가 있다는 것이다. 하기는, 학급 학생 수가 옛날처럼 80명이건, 지금처럼 35명이건, 또는 20명이나 5명이건, 강의식 주입의 교수법을 바꾸지 않으면 교육성과에 별 차이가 생기지 않는다는 것은 당연한 일이다.

이 결론은 교사의 양성 · 충원 · 채용의 제도에 깊은 반성이 있다는 것을 뜻한다. 우리나라 초등교사 양성제도에도 문제가 없지는 않지만, 중등교사의 양성제도는 교사의 자질을 양성하고 보장하기에는 너무나 미흡한 지리멸렬의 상태로 거의 제도가 없는 것과 매한가지다. 그리고 대학교수 채용과 승진에서도 질도 아닌 양으로의 '연구 업적'만 따지고, 수업능력 등 다른 인성적 특성은 고려하지 않는다는 것도 문제다. 깊이 성찰해야 할 사항들이다.

또 하나의 문제는 학교 · 대학에 대한 정부의 지나친 권위주의적인 타율행정으로 자율의 습성이 심하게 저상되어 있어서, 자발적 교육개선의 의욕이 거의 없다시피 쇠잔해 있다는 것이다. 그런 타율하에서는 당연히 교육의 잘잘못을 내 탓이 아니라 정부의 탓으로 돌리는 풍토가 생기게 마련이다. 이 문제는 앞 4장에서 길게 논의한 바 있다.

셋째, 매스미디어, 신문 · 라디오 · 텔레비전 등의 교육세력은 현대사회에서는 어쩌면 학교교육을 훨씬 능가한다고 해야 한다. 더구나 전 국민이 하루 적어도 평균 한두 시간은 매스미디어 앞에 앉아서 보고 듣고 하면서 '교육'을 받는다. 매스미디어는 사람들이 세상을 개관하는 눈과 귀와 입과 때로는 감정과 생각과 도덕마저도 대신하면서, 사람들을 대개 매스미디어가 말하는 대로 믿고 따르게 하는 힘을 가지고 있다. '신문에 나왔다', '텔레비전에 나왔다'는 말은 '정말이다'는 뜻으로 쓰인다. 따라서 매스미디어의 언론인들은 그 자신 그렇게 생각하든 안하든 엄청난 교육력을 발휘하는 교육세력이다. 그 막중한 매스미디어에도 두 가지 문제가 있다. 하나는 지나친 선정성sensationalism이고, 또 하나는 지나친 상업성이다. 둘은 물론 관계가 있다.

한국의 텔레비전에서는 살인의 현장검증 장면, 살인의 매장 장소를 생생하게 드러내 보이고, 범행 순서도 여실하게 보도한다. 통곡하는 사람을 근접해서 그대로 방영하고, 가족을 잃고 슬퍼하는 사람에게 인터뷰 마이크를 들이댄다. 폭로기사도 거짓말은 아니겠지만, 아주 극적으로 각색한다. 그래서 센세이션을 일으킬지는 몰라도 인간적 감정과 정서의 섬세성은 말살되어 역겹고, 모방범죄나 모방행동도 부추긴다.

매스미디어도 하나의 영업이다. 옛날에는 그래도 매스미디어를 자타가 공히 영리에서는 꽤 멀리 떨어진 사회 양심의 '목탁木鐸'으로 여겼으나, 지금 그 모습은 점점 엷어지고 사회 전반의 상업주의의 팽창에 밀려 영리가 주 목적이 된 것만 같다. 물론 매스미디어도 자립해야 한다. 그래야 언론의 독립성도 유지된다. 그러나 언론의 지나친 상업성은 결국 언론 자체의 신망에 손상만 갈 것이다.

넷째, 각계각층의 지도층은 국운을 결정하는 막중한 사명을 지닐 뿐만 아니라, 그들의 행위가 미치는 영향의 범위도 넓고 사회적 가시성可視性도 높기 때문에 그 교육적 영향도 넓고 강하다. 지도자, 리더십의 정의 중 하나는 '사람들의 행동을 변화시키는 사람'이다. 사람들을 어떤 목적으로 향하게 하고 그 일을 원활히 수행할 수 있게 하는 영향력을 가진 사람이다. 교육의 정의 중 하나도 학생의 행동에 변화를 가져오는 일이다. 예컨대, 몰랐던 구구단을 알게 하고 예의가 없는 학생을 예의 바르게 변화시키는 일이다. 따라서 지도자와 교육자는 거의 동의어다. 지도자에게 소속기관의 성쇠·존폐도 달려 있지만, 지도자는 휘하 성원의 인간교육에도 크게 영향을 준다. 그 막중한 지도층에도 나는 두 가지 문제가 있다. 하나는 의무지향 대 권세지향의 문제고, 또 하나는 과업지향 대 지위지향의 문제다.

어느 나라에서나 어느 정도는 다 그렇겠지만, 한국에서는 어떤 연유 때문에건 사람들의 출세욕이 매우 강하다. 누가 조금이라도 '출세'하면 '축하'의 인사가 요란하고 축전·축화도 요란하게 답지한다. 하지만 왜 그렇게 출세를 원하고 축하하는지, 그 동기에 의심스러운 점이 없지 않다. 출세의 자리는 매일 노심초사해서 맡겨진 의무를 완수하고 공인으로서의 책임을 다해야 하는 힘들고 막중한 자리라고 본다면, 그 자리가 실은 그렇게 '축하'해야 할 자리가 아니라 도리어 위로하고 '연민'해야 할 자리다. 그렇게 어렵고 막중한 자리로 생각하는 지도자는 의무지향적인 지도자다. 그 자리가 높건 낮건 비유해서 그는 '이순신 장군형'의 지도자다.

반대로, 의무보다는 출세의 자리를 권력과 부와 영예의 자리로 생각하고, 여차하면 그 권력을 배경으로 수뢰 · 부정으로 치부와 호화를 누릴 것을 탐낸다면, 그것은 권세지향적인 지도자다. 일컬어, '변사또형'의 지도자다. 문제는 우리나라 각계각층의 지도자들에는 예나 지금이나 의무지향의 이순신 장군형보다는 권세지향의 변사또형이 너무 많아 보인다는 점이다. 그래서 옛날에는 나라마저 잃었고, 지금도 갖가지 오직의 사건으로 신문 · 텔레비전의 뉴스 장면을 너무 자주 한심하게 어지럽힌다. 이른바 '노블레스 오블리주', 귀한 자는 의무가 있다는 전형적인 지도자를 우리는 그리 많이 보지 못한다.

과업지향이란 맡은 일의 완수에 온 정신을 쏟고 또 그런 과업완수 자체를 즐기는 정신 자세를 말하고, 지위지향이란 업무수행보다는 지위를 유지하고 지위 상승을 획책하는 데 더 정신을 쏟는 자세를 말한다. 업무는 그저 지위의 유지 · 상승에 지장이 없을 만큼만 챙기고, 여력은 지위의 유지 · 상승을 위한 '인기화장'에 쏟는다. 당연히 이 두 지향은 앞의 의무 대 권세지향과 각각 관계가 많다.

우리나라에서 각계각층의 지도자 후보들이 어디에서 어떻게 양성되고 있고, 어떻게 지도자로 충원되고 발탁되고 있으며, 바람직한 지도자의 자질을 어디에서 어떻게 보장해야 하느냐라는 문제는 한국의 사회과학자들이 새삼 심각하게 연구하고 대안을 제시해야 할 문제라고 제안한다.

네 가지 교육방법

사람은 배우는 존재다. 요람에서 혹은 모태에서부터 무덤까지 계속 배우는 존재다. 배움은 인간의 어쩔 수 없는 짐이고, 동시에 더할 수 없는 기쁨이다. 그 배움, 학습을 부축해 주는 일이 가르침이고 교육이다. 사람은 여러 가지 방법으로 배우고, 그에 따라 교육에도 여러 가지 방법이 있을 수 있다. 그래서 심리학의 학습이론, 교육학의 교수이론도 다양하게 전개된다. 그 다양한 이론을 나는 네 가지 학습기제로 종합 · 정리해 본다.[2)] 즉, ① 듣는 학습, ② 해보는 학습, ③ 닮는 학습, ④ 혼자 학습의 넷이다. 각 학습기제에 따라 그 교육방법도 달라진다. 앞에서 논의한 인간상의 여러 특성도 결국 이 네 가지 학습기제를 자극하는 교육방법에 의해서 길러진다.

듣는 학습 청취聽取학습은 주로 남의 이야기를 듣고 또는 읽고 배우는 방법이다. '이것이다', '이것이 옳다', '이래야 한다'고 일러 주는 것을 듣고 배우게 하는 방법이 학교 교육방법의 대종이고, 학교

밖 사회에서도 여러 교육세력이 가장 많이 사용하는 방법이다. 학교에서는 그것을 강의식 교육방법이라고 하고, 교회에서는 설교라고 한다. 강의식 방법은 확실히 효과가 있고, '경제적'이고 손쉬운 방법이다. 더구나 잘 준비되고 명석하게 설명하고 거기에 여러 가지 영상 등 보조수단도 동원하는 강의는 크게 효과적일 수가 있다.

그러나 그 효과에는 한계가 있다. 수영이나 검도는 강의만으로는 배울 수 없고, 도덕적 행위도 설교만으로 몸에 붙지 않으며, 수준 높은 지적 능력도 강의만으로 체득되지 않기 때문이다. 이런 능력이나 특성은 구체적 경험을 통해서만 길러진다.

해보는 학습 경험經驗학습 또는 행동학습은 손수 해보고 또는 직접 당해 보는 경험을 통해서 배우는 방법이다. 수영, 검도는 직접 해보아야 배울 수 있다. 순서 있고 요령 있게 가르쳐 주면 더 잘 배울 수 있다. 착한 일도 '하라 하라'는 설교보다는 어쩌다 해본 착한 일에 칭찬을 받으면 더 자주 하게 되는 도덕성이 길러진다. '뱀은 무섭다'는 타이르기도 필요하지만, 어쩌다 한번 직접 물려보면 다시는 뱀에 접근하지 않는다.

앞의 여러 장에서 논의한 인간적인 특성들, 전인, 공인, 생산인, 자율인 등등의 특성을 학교 · 가정 · 직장에서 강의나 설교로 강조할 수도 있다. 그러나 그보다는 또는 그와 동시에 그런 특성이 길러질 수 있는 행동을 해볼 수 있는 기회를 마련해 주는 것이 교육의 책임이다. 자율은 자율의 경험이 있어야 길러지고, 내재적 가치에 젖음도 그렇게 반할 수 있는 재미있고 보람 있는 일을 해볼 수 있어야 길러진다.

경험학습, 행동학습은 종래 학습심리학에서 그 심리적 기제를 넓고 깊이 있게 연구해 온 영역이기 때문에 제안된 원리도 이론도 많다. 그중에 특히 '강화이론', 간단히 말해서 어떤 경험이 학습효과로 이어지려면 그 경험에 적절한 '강화', 즉 적절한 상 또는 벌, 흔히 말하는 당근과 채찍이 수반되어야 한다는 이론이 많은 각광을 받아왔다. 단, 그 '적절한'이라는 조건이 실은 꽤 복잡하다. 예컨대, 벌의 효과는 일시적이고 상이 더 효과적이다. 그러나 계속적인 상보다는 간헐적인 상이 더 효과적이라는 것이다. 따라서 강화이론의 적용에도 꽤 세심한 배려가 필요하다는 말이 된다.

닮는 학습 모방模倣학습, 관찰학습 또는 사회학습이라고도 한다. 남이 하는 것을 보고 그대로 모방해서 배우는 기제다. 야생 원숭이는 예외 없이 뱀만 보면 기겁을 한다. 그러나 실험실에서 태어나고 자라난 원숭이는 예외 없이 뱀에 태연히 접근한다. 하지만 그런 실험실 원숭이도, 야생 원숭이가 뱀에 기겁하고 놀라는 것을 유심히 보고 나서는, 저도 뱀을 무서워하게 된다. 모방학습이다. 야생 원숭이는 어미가 뱀을 보고 기겁하는 것을 보고 배웠던 것이다. 남이 무언가 맛있게 먹는 것을 보면 나도 군침이 돈다. 심리학에서는 종래에 모방학습에 큰 관심을 갖지 않았다. 그 대종은 앞에 말한 경험학습이었다. 그러나 근래에 그 사정이 크게 달라졌다.[3)]

더구나 최근에, 2장에서 언급한 것처럼 대뇌 여기저기에 남의 행동을 보고 자기도 그런 행동을 할 때의 신경을 똑같이 움직이게 하는 거울뉴런이 있다는 것이 발견됨으로써[4] 모방학습은 무섭게 넓은 학습기제로 크게 관심을 모으고 있다. 기실 우리가 배운 것의 엄청 많은 부분, 어쩌면 그 태반이 직접경험에 의한 학습보다는 간접적인 관찰 · 모방학습의 결과일지도 모른다. 진화론적으로도 모방은 생존을 위해 가장 손쉽고 안전한 '경제적' 인 학습전략이기 때문이다. 그래서 옆으로는 각종 유행이 급속하게 번지고, 세로로는 대에 대를 이어 모방함으로써 풍습과 전통이 생긴다.

문제는 모방학습은 어릴 때일수록 더 강하고, 또한 '의미 있는 남' 일수록 더 강하게 모방의 대상이 된다는 점이다. 어린아이들은 부모의 행동을 그대로 닮는다. 부모는 아주 '의미 있는 남' 이다. 학생들은 슬그머니 선생님을 닮고, 깡패들은 두목을 닮는다. 특히 자아 정체성의 탐색이 중요한 과제인 청소년기에는 가시성이 높은 영화, 스포츠 · 연예의 스타들, 출세한 지도자들이 따갑게 그 모방의 대상이 되고, 텔레비전의 뉴스 · 드라마도 모방의 대상이 된다. 이렇게 모방학습은 '무서운' 학습기제다.

모방학습기제가 주는 간단명료한 충고는 결국 부모, 교사, 언론인, 지도자들이 그들 자신이 말하고 표방하는 바람직한 인간형의 모범이 되어야 한다는 따르기 심히 어려운 충고다. 기성세대가 말로만 더 좋은 사회를 외치면서 그의 행동은 그 모범이 되고 있지 못하는 데에 사회 진보가 더딘 큰 이유가 있다.

혼자 학습 자발自發학습이라고도 하며, 밖으로부터 아무 교육적인 도움 없이 스스로 혼자 필요해서 또는 재미있어서 또는 궁금해서 알려 하고 배우려 하고 깨달으려 하는 노력을 말한다근래에 '자기주도 학습'이라는 거창한 이름의 교육방법을 의미하지는 않는다. 그런 자발학습은 실은 인간의 학습에서 가장 원초적인 학습기제라고 해야 한다. 인간은 갓 태어날 때부터 자발학습에 몹시 바쁘다. 그리고 죽을 때까지 온갖 교육을 받지만, 스스로 앎을 찾아가려는 자세는 자연적이기도 하고 필요하기도 하다. 문제는 그런 자발학습의 동기와 습성이 강한 사람이 있고 약한 사람이 있다는 점이다. 자발학습의 동기와 습성은 학교교육에서 길러야 할 아주 중요한 특성이다. 그러나 지루한 시험 위주의 학교교육은 도리어 자발학습의 습성을 위축시키고 있을 가능성이 짙다는 것이 문제다. 지난날의 성공적인 학습경험의 누적이 혼자서도 계속 배우려는 자발학습의 동기를 형성하기 때문이다.

교육력

거의 모든 사람이 교육은 중요하다고 공언한다. 교육은 백년지대계라고 소리 높인다. 대통령 시정연설에도 교육문제는 빠지지 않는다. 그러나 사람들이 속으로 얼마나 정말 교육이 중요하다고 믿고 있는지는 의심스럽다. 그렇지 않고서는 한국 교육이 이 지경을 헤매고 있을 수는 없다. 잘된 교육이 의외로 크고 희한한 이득과 축복을 가져다 줄 수 있으며, 반대로 잘못된 교육은 상상 외로 어둡고 비참한 손실과 재앙을 안겨 줄 수 있다는 것은 별로 믿지 않고, 교육이란 그럭저럭 적당히 하면 되고, 이렇게 하나 저렇게 하나 별다른 차이가 나는 것은 아니라고 믿고 있는 것이 대세인 양 싶다.

자타가 공인하는 한국의 무서운 교육열은 실은 아이들의 출세를 위한 '점수 올리기 열'이지, 아이들의 사람다운 성장을 위한 교육열은 아니다. 미국 오바마 대통령이 걸핏하면 한국 교육을 찬양하는 것은 듣기에는 좋지만, 실은 한국 교육의 현실을 잘못 짚은 찬양이라는 것은 한국의 부모 자신이 더 잘 알고 있다. 한국의 중학생이 40개국 학생들의 수학 · 과학 성적 비교에서 매년 3위 이내에 들지만, 수학 · 과학을 하고 싶어 하는 흥미 · 동기 · 효능감에서는 꼴찌인 38, 39위를 맴돈다. 억지로 공부해서 성적은 좋지만, 수학 · 과학은 지긋지긋하게 싫다는 말이다. 한국에서 수학 · 과학의 걸출한 인물이 나오기는 어렵다는 뜻이다.

교육은 실은 무서운 힘, 무서운 교육력을 지니고 있다는 것이 나의 신념이다. 교육이 내 전공이니까 당연하다 하겠지만, 실증적인 증거도 많다. 문제는 생리적 수준에서부터 시작한다.

가끔 여러 모양으로 계속되고 있지만, 한때 유전론 대 환경론의 문제가 꽤 시끄러웠다. 사람의 여러 가지 특성은 유전이 대부분 결정한다는 것이 유전론이고, 환경이 그 대부분을 형성한다는 것이 환경론이다. 근자에는 노골적인 유전 대 환경의 논쟁은 사라졌고, '유전과 환경은 서로 껴안고 같이 춤춘다'는 절충론으로 대부분의 사람은 만족하고 있다. 그러나 근래의 신경생리적인 연구는 우리를 점점 더 환경론에 기울어지게 하고 있다.

유전은 있다. 아무리 강력한 환경적 방법으로도 흑인을 백인으로 만들 수는 없고 백인을 흑인으로 만들 수는 없다. 혼혈하기 전에는 피부색도 바꿀 수 없다. 그러나 문제는 거의 모든 중요하고 의미 있는 인간적인 특성은 피부나 사지나 내장에 있는 것이 아니라, 인간의 머리, 대뇌 속에 있다는 점이다. 그리고 그 대뇌는 엄청난 신경가소성neuroplasticity, 즉 환경 속에서의 경험에 의해서 대뇌의 기능만 아니라 그 구조 자체가 바뀌어 간다는 점이다. 그런 신경가소성이 깊고 넓게 긴 세월에 걸쳐 작용하는 것이라면, 그럴수록 적절한 경험을 제공하는 교육의 힘은 더 크게 작용하게 마련이다.

한 30년 전만 하더라도, 인간의 뇌는 태아 때 그리고 유아기에 폭발적으로 발달하면서 신경세포와 신경연접을 대량으로 생산하고, 그중 안 쓰이는 연접은 부지런히 제거하는 발달과정이 대략 10세 전후에 끝나는 것으로 여겨져 왔다. 그러나 20년 전쯤부터, 대뇌발달은 그렇게 소년기에 끝나는 것이 아니고, 사춘기에 다시 왕성하게 발달하고, 판단 · 결정 · 집행의 중추기관인 대뇌 전두엽은 20세 전후까지도 발달한다는 것이 발견되었다.[5)] 심지어 전에는 성인기 이후로는 뇌세포의 수는 줄어들고 뇌는 쇠퇴의 길에 들어선다고 여겨 왔다. 그러나 근자에는 그것도 아니고, 노년기까지도 활동과 경험 여하에 따라 계속 대뇌의 신경세포가 형성되어 간다는 것이 밝혀졌다.[6)] 인간의 대뇌는 죽기 직전까지도 신경가소성을 유지하고 있다는 말이다.

뿐만 아니라, 유전인자의 작용에 관한 연구도 점점 요지경 속으로 들어가면서, 유전인자의 작용 자체에도 경험의 영향이 크게 관여한다는 것이 발견되고 있다. 수년 전까지도 유전인자 속의 DNA의 구조가 직접 그것이 담고 있는 정보대로 생체를 구성해 간다고 여겨왔다. 그러나 최근에, DNA의 위에 얹혀 있는 epigenome후생유전자이라는 섬유질 물질이 그 DNA의 작용 여부를 결정하는데, 그 '후생유전자' 자체의 작용이 경험 여하에 따라 크게 달라진다는 것이 발견되었다.[7] 경험 여하가 유전인자의 작용을 마구 흔들어 놓는다는 말이다. 더 나아가 그런 작용의 연장선상에서 부모, 조부모 그리고 더 먼 조상의 행실 여하가 자손들의 정자와 난자 속 DNA의 작용에 영향을 준다고도 말하고 있다. "조상의 유령이 우리 자신의 유전자 속에 떠돌고 있는 셈이다."[8]

모두가 요지경 속이지만, 하나 확실한 것은 유전도 그렇게 호락호락하게 유전정보대로 유전되는 것이 아니라 환경 속에서의 경험 여하에 따라 그 작용과 표출이 크게 달라진다는 결론이다. 따라서 그 경험을 계획하고 제공하는 교육의 중요성도 그만큼 더 심각성을 띤다.

심리적 수준인 교육실험에서도 강한 교육력의 증거가 있다. 한 교육실험에서 집단수업과 개별수업의 학습성과를 비교했다. 예를 들어, 60명의 중학생을 무작위로 30명씩 두 반으로 나누어, 수학을 집단 반에서는 보통대로 한 명의 교사가 30명을 가르쳤고, 개별 반에서는 30명의 교사가 학생 한 명씩 맡아 개별로 가르쳤다. 그 결과는 학기말 시험성적에 '무서운' 차이로 나타났다. 즉, 집단 반에서는 흔히 그렇듯이 A성적 수준 학생이 15%였는데, 개별 반에서는 A성적 수준 학생이 무려 85%가 나왔다. 곰곰이 생각해 보면, 이런 차이가 학생 자신에게 주는 성취감 · 행복감의 차이, 그리고 그것이 결국 국력 신장의 차이로 이어질 가능성을 생각하면 이것은 실로 '무서운' 차이이다.[9)]

그렇다고 학교라는 상황에서 교사의 수를 학생의 수와 똑같이 하기는 현실적으로 불가능하다. 하지만 이 실험은 교육력이 교육하기 나름으로는 그만큼 강력할 수 있다는 확실한 증거를 드러낸다. 개별교육의 최대 강점은 학습과정에서 생기는 오류 · 실수를 반드시 발견하고, 드러나면 반드시 그때그때 바로 잡아 주고 나서 다음 학습으로 진행한다는 점이다. 이 원리 자체는 보통의 집단수업 상황에도 적용해서 흡사하게 교육 성과를 크게 향상시킬 수 있는 방법도 있고 그 실험 예도 있다. 한국에서도 시행했던 완전학습完全學習 원리의 실험이다.

또 한 교육실험에 문제아동 교정의 실험이 있다. 초등학교 한 학급에는 대개 서너 명의 문제학생이 있다. 수업시간에 자주 소란을 피우는 아이, 공부에 집중하지 않고 딴짓 하는 아이, 잘 싸우는 아이 등이다. 연구진과 협동해서 담임교사는 4주간 그 문제학생들을 '행동수정이론'에 따라 종래와 다르게 대했다.[10)] 즉, 문제행동을 했을 때에는 야단도 치지 않고 거들떠보지도 않고 무시해 버리고, 어쩌다 좋은 행동을 하면—떠들지 않고, 수업 잘 듣고, 고분고분하고 등—놓치지 않고 즉시 칭찬하는 방법으로 대했다. 그 결과 문제아동들이 하는 행동의 75%가 문제행동이었던 것이 4주 후 25%로 격감했다. 실험을 더 계속했더라면 '완치'될 수도 있었을 것이다. 질책보다 칭찬이 행동수정에 더 효과적이라는 간단한 원칙을 적용했던 것이다. 실험 후 그 담임교사는 "교사가 하는 일이 이렇게 희한한 결과를 가져온다는 것에 내 자신이 놀랍다" 고 술회했다. 지적 교육만 아니라 정서의 교육에서도 교육은 힘이 있을 수 있다.

또 한 교육실험은 4개월간 계속되는 초 · 중등학교 교장 연수과정에서였다. 그 과정의 일부로, 8주에 걸쳐 1주에 한 번 3시간의 '성취동기 훈련과정' 을 실시했다. 성취동기이론을 응용해서, 성취동기의 해석, 그 사례 분석, 그 역할극 등을 마치 영화의 각본처럼 다양하고 면밀하게 준비한 프로그램이었다.[11] 목적은 교육자의 종착역 비슷한 교장직에 이르면 일을 더 열심히 훌륭하게 해내야겠다는 '성취동기' 도 쇠퇴하기 쉬운데, 그 성취동기를 다시 고취시킬 수 있느냐에 있었다. 결과는 교장 자신들의 자체평가도, 그리고 학교에 귀임한 후 교사들의 교장평가도 교장들의 성취의욕 향상을 증언했다. 성인들의 의지의 교육에도 적절한 교육은 그 힘을 발휘한다는 한 증거다.

교육: 철학 · 과학 · 예술

나는 교육은 철학이고 동시에 과학이고 또 동시에 예술이라고 믿는다. 철학이기에 교육하려는 목적과 의지와 정열이 생기고, 과학이기에 그 현실적인 구현 방법의 시사를 얻을 수 있으며, 예술이기에 교사의 독창적 지혜와 통찰로 그의 교육력이 가일층 그 격조가 높아질 수 있기 때문이다.

그런 철학과 과학과 예술을 동시에 지녀야 할 사람은 결국 교육철학자도 아니고 교육과학자도 아니고 교육행정가도 아니며, 교육실천자로서의 교사다. 교사는 교육의 중심에 서 있고 또 그 중심에 서 있어야 한다. 교육에 관한 모든 철학이나 이론은 교사의 예술을 통해서만 그 의미가 있고 또 구현된다.

교사가 스스로 밝힐 수 있는 교육철학과 교육과학에 관한 깊은 온축蘊蓄이 있으면 더없이 바람직하다. 그러나 그보다 더 긴요한 것은 교육예술, 즉 더 아름다운 교육 성과를 이루어 내려는 예술적인 '반성적 사고'와 창의와 정열일 것이다. 부처, 공자, 예수는 교육의 철학자나 과학자는 아니었다. 그러나 고매한 교육이념과 인간심리를 깊이 통찰한 격조 높은 교육예술가였다. 범상한 사람인 우리 교사가 물론 그 성현들의 고매함과 격조를 따라갈 수는 없더라도 교사의 범례로는 항상 흠모해야 할 것이라고 믿는다.

주

01 전 인

1. 한영우, 한국선비지성사, 서울: 지식산업사, 2010, 58–174.
2. Boorstin, D. J. *The Creator*, Vintage Books: New York, 1992, 163–170.
3. Damasio, A. R. *Decartes' Error*, New York: G. P. Putman's Sons, 1994, 165–187.
4. Lehrer, J. *How We Decide*, Houghton Mifflin Harcourt: New York, 2010, 196–218.
5. Medina, J. *Brain Rules*, Seattle: Pear Press, 2008.
6. Begley, S. "Can You Build A Better Brain?", *Newsweek*, Jan. 10, 2011, 34–39.
7. Bloom, B. S. et al. *The Taxonomy of Educational Objectives*, New York: Longmans Green, 1956.
8. Goleman, D. *Emotional Intelligence*, New York: Bantam Books, 1995, 9–27.
9. Kohlberg, L. *Essays on Moral Development I*, San Franciso: Harper and Row, 1981.
10. 정범모, 교육의 향방, 서울: 교육과학사, 2009, 196–199.

02 공 인

1. Cattaneo, L. and Rizzolatti, G. "The Mirror Neuron System", *Archives of Neurology*, *66*(5), 2009, 557−560.
2. Blum, D. *Love at Goon Park*, New York: Perseus, 2002.
3. 정범모, 한국의 내일을 묻는다, 서울: 나남, 2004.
4. Tocqueville, A. *Democracy in America*, New York: Alfred A. Knopf, 1945, 288−330.
5. Prezeworski, A. and Limongi, F. "Modernization: theories and facts", *World Politics, 49*(2), 1997.
6. Bandura, A. *Social Learning Theory*, Engelwood Cliff, N. J.: Prentice Hall, 1977.

03 생산인

1. 이광수, "민족개조론", 이광수 전집, 서울: 우신사, 1979.
2. Maclean, R. and Wilson, D. (Eds.) *International Handbook of Education for the Changing World of Work*, UNESCO-UNEVOC: Springer, 2009, Ixxvi-Ixxvii.
3. Scott, J. L. and Sarkees-Wircenski, M. *Overview of Career and Technical Education, Vol. 1*, American Technical Publishers, Inc., 2008, 16.
4. Coyle, D. *The Talent Code*, New York: Bantam Books, 2009.
5. McClelland D. C. *The Achieving Society*, New York: The Free Press, 1961.
6. 박용헌, 성취인의 심리, 서울: 배영사, 1976.
7. Schumpeter, J. A. *The Theory of Economic Development*, Cambridge: Harvard University Press, 1950, 93.

8. Bloom, B. S. (Ed.) *Developing Talent in Young People*, New York: Ballentine Book, 1985.
9. Gardner, H. *Creating Minds*, New York: Harper Collins, 1993.
10. McClelland D. C. 앞의 책.
11. Schwartz, J. M. and Begley, S. *The Mind and the Brain*, New York: Harper Collins, 2002, 323–364.
12. Gardner, H. 앞의 책.

04 자율인

1. Milgram, S. "The Perils of Obedience", *Dialogue*, *8*(314), 1975.
2. 정범모, 한국의 세 번째 기적 – 자율의 사회, 서울: 나남, 2008.
3. 정범모, 인간의 자아실현, 서울: 나남, 2000.
4. Riesman, D. *The Lonely Crowed*, New Haven: Yale University Press, 1950.
5. Fromm, E. *Escape from Freedom*, New York: Holt, Rinehart, 1941.

05 내재가치

1. 정범모, 미래의 선택, 서울: 나남, 1989, 119–129.
2. Maslow, A. H. *Toward a Psychology of Being*, New York: Van Nostrand, 1962, 67–91.
3. May, R. *The Courage to Create*, New York: Norton, 1972, 34–56.
4. Csikszentmihalyi, M. *Flow*, New York: Harper and Row, 1990, 3.
5. Wallis, C. "The New Science of Happiness", *Time*, Feb. 28, 2005, 30–36.

6. "Economics discovers its feelings", *Economist*, Dec. 23, 2006, 33–35.
7. Begley, S. "How the Brain Rewires Itself", *Time*, Feb. 12, 2007, 37–40.
8. May, R. *Love and Will*, New York: Norton, 1968, 98. 재인용.
9. Csikszentmihalyi, M. 앞의 책. 83–93.
10. Schwartz, J. M. and Begley, S. 앞의 책, 323–364.
11. 오병남, 미학강의, 서울: 서울대학교 출판문화원, 2008, 13, 21.
12. 정범모, 교육의 향방, 서울: 교육과학사, 2009, 324–326.
13. 오병남, 앞의 책, 39.

06 역사적 현재

1. Kluckhohn, F. R. and Strodbeck, F. L. *Variations in Value Orientations*, Evanston, Ill.: Row, Patterson, 1961, 1–48.
2. Tillich, P. *The Courage to Be,* New Haven: Yale Univ. Press, 1951, 182–190.
3. 진단학회, 한국사: 현대편, 서울: 을유문화사, 1963, 929.
4. 함석헌, 뜻으로 본 한국사, 서울: 제일출판사, 1965, 355–356.
5. 고병익, "유교사상에 있어서의 진보관", 발전론서설(방동서 편), 서울: 박영사, 1965, 57–82. 재인용.
6. Friedman, G. *The Next 100 Years*, New York: Anchor Books, 2009.
7. Sharot, T. "The Optimism Bias", *Time*, June 6, 2011, 34–37.
8. Hawking, S. *The Universe in a Nutshell*, Bantam Books, New York, 2001.

07 보편과 특수

1. 정범모, 교육의 향방, 서울: 교육과학사, 2009, 317–318.
2. Popper, K. R. The Logic of Scientific Inquiry, London: Hutchinson Ltd., 1959, 27–48.
3. Kant, I. 도덕형이상학원론(이규호 역), 서울: 박영문고, 1974.
4. 오병남, 미학강의, 서울: 서울대학교 출판문화원, 2008, 11.

08 자연과의 조화

1. Kluckhohn, F. R. and Strodbeck, E. L. *Variations in Value Orientations*, Evanston, III.: Row, Patterson, 1961.
2. 니체, 비극의 탄생(세계사상대전집 9) 서울: 대양서적, 1970, 384.
3. Meadow, D. H. et al. *The Limits to Growth*, New York: New American Library, 1972.
4. Schumacher, E. F. *Small is Beautiful*, London: Blond and Brigge, 1973.
5. 정범모, 미래의 선택, 서울: 나남, 1989.
6. *Encyclopedia Britanica, Vol. 11*, Chicago: William Benton, 509.
7. Campbell, J. *The Power of Myth*, New York: Doubleday, 1988, 42–43.

종 장

1. 정범모, 한국의 교육세력, 서울: 나남, 2000.
2. 정범모, 교육의 향방, 서울: 교육과학사, 2009, 180–185.
3. Bandura, A. *Social Leaning*, N. J.: Prentice Hall, 1977.

4. Dobbs, D. "A Revealing Reflection", *Scientific American, Mind*, April/May 2006, 22–27.

5. Schwartz, J. M. and Begley, S. *The Mind and the Brain*, New York: Harper Collins, 97–131.

6. "Use it or lose it", *The Economist*, October 21, 2006.

7. Cloud, J. "Why Genes Aren' t Destiny", *Time*, January, 2010, 31–36.

8. Begley, S. "Sins of the Grandfathers", *Newsweek*, November 8, 2010, 30–31.

9. Bloom, B. S. "The 2 Sigma Problem", *Educational Researcher*, June/July, 1984, 1–16.

10. 박성수, 오성심, 국민학교에서의 행동수정, 서울: 한국행동과학연구소, 1972.

11. Chung, B. M. *Developing Achievement Motivation*, Unpublished Paper, 1968.

찾아보기

인 명

내 용

저자 소개

정범모

서울대학교 사범대학 졸업
미국 시카고대학교 철학박사
서울대학교 사범대학 교수 및 학장
한국교육학회장, 충북대학교 총장, 한림대학교 총장
대한민국학술원 회원, 한국행동과학연구소 회장
현재 한림대학교 명예 석좌교수

〈저서〉

교육과정 | 교육평가 | 교육심리통계적 방법
가치관과 교육 | 교육과 교육학 | 미래의 선택
인간의 자아실현 | 한국의 교육세력 | 창의력
한국의 내일을 묻는다 | 학문의 조건 | 그래, 이름은 뭔고
한국의 세 번째 기적 | 교육난국의 해부(편저)
교육의 향방 | Development and Education 등

내일의 한국인

-성숙하는 사회의 교육이념-

2011년 11월 1일 1판 1쇄 발행
2013년 7월 30일 1판 2쇄 발행

지은이 • 정범모
펴낸이 • 김진환
펴낸곳 • (주) 학지사
121-837 서울특별시 마포구 서교동 352-29 마인드월드빌딩 5층
대표전화 • 02) 330-5114 팩스 • 02) 324-2345
등록번호 • 제313-2006-000265호

홈페이지 • http://www.hakjisa.co.kr
커뮤니티 • http://cafe.naver.com/hakjisa

ISBN 978-89-6330-769-5 03370

정가 13,000원

저자와의 협약으로 인지는 생략합니다.
파본은 구입처에서 바꾸어 드립니다.